首都基础教育发展报告·2016

首都师范大学首都基础教育发展研究院 著

CAPITAL INSTITUTE OF BASIC EDUCATION DEVELOPMENT

首都师范大学出版社
CAPITAL NORMAL UNIVERSITY PRESS

图书在版编目(CIP)数据

首都基础教育发展报告. 2016 / 首都师范大学首都基础教育发展研究院著. —北京：首都师范大学出版社，2017.9

ISBN 978-7-5656-3591-5

Ⅰ. ①首… Ⅱ. ①首… Ⅲ. ①基础教育—发展—研究报告—北京—2016 Ⅳ. ①G639.21

中国版本图书馆 CIP 数据核字(2017)第 134735 号

SHOUDU JICHU JIAOYU FAZHAN BAOGAO

首都基础教育发展报告·2016

首都师范大学首都基础教育发展研究院 著

责任编辑 罗 菁

首都师范大学出版社出版发行

地 址 北京西三环北路 105 号

邮 编 100048

电 话 68418523(总编室) 68982468(发行部)

网 址 http：//cnupn. cnu. edu. cn

印 刷 北京九州迅驰传媒文化有限公司

经 销 全国新华书店

版 次 2017 年 9 月第 1 版

印 次 2017 年 9 月第 1 次印刷

开 本 710mm×1000mm 1/16

印 张 13.75

字 数 220 千

定 价 32.00 元

编　委　会

主　编： 张景斌

副主编： 刘晓玫　王海燕　杨朝晖　苏尚锋

编　委：（按姓氏笔画排列）

刘晓玫　卢慕稚　陈妮娜　郑开义　苏尚锋
孙素英　肖　静　徐　月　张景斌　张彬福
张晓龙　李兵红　李延林　王海燕　杨朝晖
杨　光　黄鸣春　黄燕宁

目　录

前言

区域教育发展

专题一　教育治理体系变革的探索
——海淀区学区制模式探析 …… 3
一、协商共治：新型教育治理体系的建立 …… 3
二、积极探索：新治理体系下学区功能发挥 …… 6
三、初战告捷：海淀学区制实施一年成效 …… 11
四、有待探索：学区治理探索面临的问题 …… 13
五、期待破解：转型升级中的政策建议 …… 17
专题二　内升外引与开拓创新
——北京城市副中心的教育发展及实践变革 …… 21
一、城市功能调整背景下的通州教育大发展 …… 22
二、“一体化”管理方式加强名校校区建设 …… 25
三、加强教师专业发展，保障基础教育可持续发展 …… 30
四、思考 …… 35
专题三　PISA 国际测试·北京 …… 39
一、北京市参与 PISA 测试概况 …… 39
二、房山区基于 PISA 独立测试的行动 …… 40
三、结语 …… 49

学校质量提升

专题四　深化供给侧改革：北京基础教育“扩优”项目 …… 55
一、优质教育需求攀升——供给侧改革的必要与可能 …… 55
二、四位一体“扩优项目”——供给侧改革的政府行动 …… 60
三、整体调节供给侧——持续“扩优”的项目反思 …… 69

专题五　北京市中小学学校治理现状的调查研究 …………………… 75
一、学校治理政策内容与特征 …………………………………… 76
二、学校治理办学主体的权力行使与赋权增能 ………………… 78
三、学校治理运行机制的决策、执行、监督与效果 …………… 81
四、学校治理文化和影响因素的交织 …………………………… 87
五、学校治理实践与反思 ………………………………………… 90
专题六　重视“实证”：基础教育课堂教学改进新特征 ………………… 93
一、案例分析：课堂教学改进研究呈现“实证”特征 …………… 94
二、调查访谈：教师课堂教学改进的“实证”意识与实践 ……… 99
三、走向“实证”：课堂教学改进研究任重道远 ………………… 107

育人体系建设

专题七　北京市中小学培育学生发展核心素养之行动与反思 ………… 115
一、学生发展核心素养：科学内涵与时代价值 ………………… 116
二、北京市中小学培育学生发展核心素养之行动概览 ………… 120
三、关于北京市中小学培育学生发展核心素养的若干反思与建议
…………………………………………………………………… 126
专题八　基础教育公共服务的智能化探索 …………………………… 131
一、建立教育高精尖创新中心，构建精准到个人的公共教育服务
体系 ……………………………………………………………… 131
二、“高精尖中心”在通州区的实践探索 ………………………… 136
三、对大数据背景下教育质量诊断与提升的再思考 …………… 140

特别观察

专题九　精准施策：北京市乡村教师支持计划 ………………………… 145
一、《实施办法》的出台 …………………………………………… 145
二、《实施办法》的亮点 …………………………………………… 148
三、《实施办法》稳步落实的思考 ………………………………… 155
专题十　中考改革的政策行动、内涵及影响 ………………………… 161
一、中考改革的系列行动与制度创新 …………………………… 161
二、中考改革的均衡化追求与政策分析 ………………………… 164
三、中考改革的综合化导向与政策分析 ………………………… 169
四、中考命题改革的适配功能与独立价值 ……………………… 173
五、中考改革的涟漪效应与主体行为 …………………………… 176

专题十一 “全面二孩”政策对学校的挑战：基于教师的理解 …………… 181
一、师资队伍波动的不确定性 …………………………………………… 181
二、学生规模扩容的可能性 ……………………………………………… 185
三、学校关系结构的复合性 ……………………………………………… 187
四、学校应对与研究反思 ………………………………………………… 189

北京市基础教育 2016 年大事记 ……………………………………………… 196
后 记 ……………………………………………………………………………… 206

Contents

Preface

Development of Regional Education

Special issue Ⅰ: Innovation of education governance—exploring the pattern of Haidian school district ········ 3

1. Consultation and co-governance towards a new system ········ 3
2. Initiation of operationalizing the new system ········ 6
3. First-year accomplishment in Haidian school district ········ 11
4. Further quest for problems in governing school district ········ 13
5. Policy implication of transformation and upgrading ········ 17

Special issue Ⅱ: Improving local schools, introducing external resources and promoting new exploration—educational development and innovation in Beijing's subsidiary administrative center ········ 21

1. Tongzhou's educational development through its adjusted administrative position ········ 22
2. Improving elite branch schools in Tongzhou by integrated management ········ 25
3. Strengthening teachers' professional development to ensure sustainability of basic education ········ 30
4. Implications ········ 35

Special issue Ⅲ: Beijing's participation of PISA international test ········ 39

1. Introduction of Beijing's participation ········ 39
2. Action of Fangshan district based on independent PISA test ········ 40
3. Conclusion ········ 49

Improvement of School Quality

Special issue Ⅳ: Deepening the supply-side reform—programs of expanding Beijing's basic education with high quality ········ 55

1. Increasing demand of high quality education as necessity and possibility of the reform ······ 55
2. Government's initiation of the four-in-one reform program ······ 60
3. Overall regulation of the supply side—reflection on continuous school expansion ······ 69
Special issue Ⅴ: Research on school governance in Beijing ······ 75
1. Policy and features ······ 76
2. Right and empowerment of school agents ······ 78
3. Decision-making, execution, supervision and effect of the operating mechanism ······ 81
4. Interwaving of culture and affecting factors ······ 87
5. Practice and reflection ······ 90
Special issue Ⅵ: Attaching importance to "evidence"—characteristics of class teaching improvement in schools ······ 93
1. Analysis of class teaching improvement characterized by"evidence" ······ 94
2. Investigation of teachers' awareness of "evidence" and their class practice ······ 99
3. Role of research in class improvement through "evidence" related teaching ······ 107

Construction of the Cultivation System

Special issue Ⅶ: Developing students' core competencies in schools of Beijing ······ 115
1. Essence and values of developing core competencies ······ 116
2. Overview of implementation ······ 120
3. Reflection and suggestion ······ 126
Special issue Ⅷ: Artificial intelligence in public service of basic education ······ 131
1. Building the "sophisticated innovation" center to construct a customerized education system ······ 131
2. Practice of the center in Tongzhou district ······ 136
3. Reconsidering the diagnosis and improvement of education quality through big data ······ 140

Special Observation

Special issue Ⅸ: Precise implementation of Beijing's support programs for teachers in rural schools ······ 145
1. Issuing of the implementation policy ······ 145
2. Highlight of the policy ······ 148
3. Reflection on progressive implementation ······ 155

Special issue Ⅹ: Policy, essence and impact of the reform on entrance examination of high school ······ 161
1. Action and system innovation about the reform ······ 161
2. Pursuit of equalization and policy analysis ······ 164
3. Tendency of comprehensiveness and policy analysis ······ 169
4. Adaptation function and independent value of examination design reform ······ 173
5. Ripple effect and agent performance ······ 176

Special issue Ⅺ: Challenge of schools in face of the universal two-child policy—the perspective of teachers ······ 181
1. Fluctuation and uncertainty of the teaching staff ······ 181
2. Possibility of increasing number of students ······ 185
3. Compounding of school relations ······ 187
4. School measures and research reflection ······ 189

Chronicle of Beijing basic education in 2016 ······ 196
Postscript ······ 206

前　言

从2007年编撰出版第一本绿皮书《首都基础教育发展报告》至今，这一系列图书已完整地走过了十年。

十年，是一个容易让人感伤的时间丈量单位，也是一个让人一听、一想，便难免心生惶恐的时间词汇。“十年一觉扬州梦”“十年生死两茫茫”“浮云一别后，流水十年间”，就连温婉如冰心者，也写诗喟叹：“谁说人生似浮萍？暂住……一暂住又已是十年！”

2007年，在首都基础教育发展研究院的同仁最初萌生每年编撰一本反映北京区域基础教育发展年度状况的绿皮书这一想法时，也许尚未有长时段的十年意识，而只有以一年为单位的年度意识与把握当下的研究意识，但是，这项工作却延续了十年。美国作家莫顿·亨特(Morton Hunt)曾说：“不要想着远在下面的岩石，而要着眼于那最初的一小步，走了这一步再走下一步，直到抵达我所要到的地方。这时，我便可以惊奇而自豪地回头看看，自己所走过的路程是多么漫长。”我们就是这样，一步，又一步，走到了今天。

每一年，我们都坚持追踪并展现首都基础教育发展中的年度热点与主题的一贯风格，对首都不同区域、中小学学校在基础教育发展的诸多方面进行不同主题的描述、总结、分析和预测，以宏观多维的时空参照与微观聚焦的精细刻画相结合的方式，形成地区基础教育发展年度报告。

这是一个十年周期的节点。我们在编撰本书的过程中，难免也会略带惊奇地恍然回首，却不敢存有丝毫自豪的念想。学术研究的达摩克利斯之剑一直悬挂在我们头顶。每一次为了章节或专题的面红耳赤的讨论，都是编者内心深处难以放下的敬畏之心的所托之所，也是编者如履薄冰、剑下苟存的不敢自我免责的惶恐之举。

在我们心中，所有的学术研究者都是理想主义者，他们无止境地漫步在地球上，梦想着一个充满事实与见解的世界，并常常把它误认为是我们不再居住其间的世界，以保证我们能够不受任何干扰地观察、记录、描述事实，并把我们所“见”转化成我们所“解”的知识与观点。

这个假设的苦楚只有编撰者才能真正体会到。因为我们所观察的世界恰恰一直与我们自身的利益休戚相关。作为一个不可避免带有人性弱点的个体，所有的研究者都难免拥有一些盲点、误区、惰性与陋习，致使所有的研究在设计上便难免带有一定的局限性，在实施过程中伴随各种无法预见的困难以及在语言表达上的各种艰辛。

作为以教育学术为业的工作者、以自觉服务首都教育的实践者与参与者，我们的写作与我们特定的反思地位无法分开，也与本书编撰者的视野、理解、参与程度有着必然的关联。正是这些地缘、事缘、人缘、机缘等因素决定了本书各个专题的选择、内容的取舍以及基本立场的确立。它们传递着作为第三方研究群体的声音，也毫无保留地反映着我们在知识和视点上的不足与局限。

编撰的过程不仅仅是对外部世界的求真过程，也是一次次面对复杂人性自身局限性的内省过程。也许我们无法保证对首都基础教育发展十年历程记述、发掘的确切质量，但我们却着实通过对学校与社会、自我与他人、主体与世界、研究与生活的碰撞这一体认过程，从而获得了真切的成长。

“桃李春风一杯酒，江湖夜雨十年灯”，绿皮书编撰十年的滋味，应该正是如此。

已经成为过往的2016年，在纪念红军长征胜利80周年大会上，习近平总书记强调，每一代人有每一代人的长征路，每一代人都要走好自己的长征路。我们不知道，编撰首都基础教育发展年度报告是否也是我们这一支小分队的长征？十年风雨兼程，我们是否已经越过逶迤五岭、磅礴乌蒙、雪中岷山？

2016年，我国经济缓中趋稳、稳中向好，实现了“十三五”的良好开局。这一年，我国正式实施“全面二孩”政策，最早因“全面二孩”政策而出生的儿童将在3年以后即2019年达到学前教育的入学年龄。“全面二孩”政策不仅会对基础教育阶段的适龄儿童规模产生影响，而且还会直接对相对来讲编制紧张的中小学教师队伍产生影响。

在这一年举行的中共十八届六中全会上，习近平总书记被正式确立为党中央的核心、全党的核心。对于这一年度的首都基础教育发展来讲，最为重要的事件便是9月9日，习近平总书记到北京市八一学校看望慰问师生。他在讲话中强调，基础教育在国民教育体系中处于基础性、先导性地位，必须把握好定位，全面贯彻落实党的教育方针，从多方面采取措施，努力使我国基础教育越办越好。广大教师要做学生锤炼品格的引路人，做学生学习知识的引路人，做学生创新思维的引路人，做学生奉献祖国的引路人。

这一年，基础教育的公平与质量依然是教育发展的主题。5 月 20 日，中央全面深化改革领导小组第二十四次会议审议通过《关于统筹推进城乡义务教育一体化改革发展的若干意见》。7 月 2 日，国务院正式发布《意见》并提出，要按照全面建成小康社会目标，加快缩小城乡教育差距，促进教育公平。公平、有质量的义务教育成为各地基础教育发展的方向。

这一年，未成年人权益保护依然是基础教育管理的重要话题。11 月 11 日，针对近年来时有发生的校园欺凌和暴力事件现象，教育部联合中央综治办、最高人民法院、最高人民检察院、公安部、民政部、司法部、共青团中央、全国妇联等部门联合印发《关于防治中小学生欺凌和暴力的指导意见》。《意见》指出，必须加强教育预防、依法惩戒和综合治理，切实防治学生欺凌和暴力事件的发生。而 12 月 8 日晚，一篇题为“每对母子都是生死之交，我要陪他向校园霸凌说 NO!”的文章，开始在微信朋友圈等平台刷屏，成为北京基础教育的一次重大舆论热点。

本年度的绿皮书依然不设章节，共分为十一个专题，分别是“教育治理体系变革的探索——海淀区学区制模式探析”“内升外引与开拓创新——北京城市副中心的教育发展及实践变革”“PISA 国际测试·北京”“深化供给侧改革：北京基础教育‘扩优’项目”“北京市中小学学校治理现状的调查研究”“重视‘实证’：基础教育课堂教学改进新特征”“北京市中小学培育学生发展核心素养之行动与反思”“基础教育公共服务的智能化探索”“精准施策：北京市乡村教师支持计划”“中考改革的政策行动、内涵及影响”“‘全面二孩’政策对学校的挑战：基于教师的理解”。它们既反映了本文开头所介绍的全国以及北京市基础教育发展的年度热点，也体现了我们在参与首都基础教育实践中的重点工作和研究兴趣领域。因为不设章节，因此不过于强调专题之间的逻辑关联和整体框架设计，而将重点和关注点放在专题内部的设计与论述逻辑之上，我们希望各个专题能尽可能地体现专题调查的深度和广度、分析论证的角度和力度、叙述呈现的清晰度和灵活度。

全书将十一个专题分为四个板块：区域教育发展、学校质量提升、育人体系建设、特别观察。这些板块的开设，一方面集中反映首都基础教育发展研究院在首都基础教育研究和服务工作中的组织视野和学术领域，另一方面也在各板块的命名中有意突出这一学术群体在今后一段时间内的关注重点和视角凝聚，比如“区域教育”“质量提升”等研究领域，这些都是希望能够召唤大家共同参与的重要话题。而在最后一个板块的命名中，对到底是选用“特别聚焦”“特别关注”还是“特别观察”，我们都做了推敲斟酌，最后择定的“特别观察”，既考虑到我们与教育现象本身之间的适切距离，也反映出我们对待某些专题挖掘深度上的自我质疑，同时，“聚焦”与“关注”常常有一种置身局外、从外部投射某个兴趣点的姿态，而“观察”则是一种对研究者与实践参与者合一的角色的自我觉知。

观察不仅是一种研究方法，更是一种学术态度。正是出于这种审慎的观看和察觉，首都基础教育发展报告坚持着一种在实践参与、理论探索过程中时时进行内外部观察的文化自觉。

“理论是灰色的，而生命之树长青。”又是一年春来到，我们坚持了这一片森林绿。

2017年4月

区域教育发展

专题一　教育治理体系变革的探索

——海淀区学区制模式探析

2013年，中共中央第十八届三中全会正式提出“推进国家治理体系和治理能力现代化”的发展战略。针对教育领域，则强调“义务教育免试就近入学，试行学区制和九年一贯制对口招生”。作为推动义务教育均衡发展和促进教育公平的重要举措，2014年教育部颁布了《关于进一步做好小学升入初中免试就近入学工作的实施意见》，提出“试行学区化办学”。① 自此，学区化管理体制改革成为教育领域综合改革中的一项重要工作。

在此背景下，经过一年多的精心准备和试点之后，2016年1月，北京海淀区开始全面推进学区制改革，全区成立了17个学区委员会和学区管理中心。海淀区倡导政府主导、学区统筹、社会参与、学校共建的学区教育治理体系，力图构建政府、学校、社会之间的新型关系。② 我们认为，海淀区这种试图联结教育的内外部系统的新体制探索与创新，是向真正的教育治理迈出的实质性一步，并且对于促进首都基础教育公共服务的转型与升级具有重要的现实意义。

为深入了解海淀区的学区制改革，我们走访了两个学区管理中心，并访谈相关人员9人，获得实物资料若干。试图通过了解学区制改革一线工作人员的日常实践，勾勒出海淀区在构建学区这一新型教育治理体系中的探索轨迹与经验。

一、协商共治：新型教育治理体系的建立

（一）积极稳妥的改革进程

海淀区此次的学区划分与之前的小学学区，无论在地理空间、地域划

---

① 教育部：《关于进一步做好小学升入初中免试就近入学工作的实施意见》（教基一〔2014〕1号）。

② 海淀区教育委员会：《北京市海淀区：全面推进学区制改革》，《北京日报》，2016年12月14日。

分，还是职能定位上，都不尽相同。加之海淀区南北差异、校际差异大，海淀区贯彻了“积极推进、稳步实施”的总体原则，大体经历了规划决策、试点探索和全面推进三个阶段。2014年，在区委区政府领导下，由教委改革与发展办公室、基教一科、招生考试中心开发《海淀区推进学区制改革方案》后，在2015年2月—3月，通过近10轮的论证、征求意见和审议，方案最终确立并落实。随后在南部的羊坊店学区和北部的温泉苏家坨学区进行了半年多的改革试点。2016年1月，学区制改革进入全面推进阶段。海淀区17个学区委员会和学区管理中心全部成立，4月底之前完成各项基础建设和学区组织架构。

新学区是根据一定的行政区划，按照地理位置相对集中、办学水平大致均衡的原则，将地区内中小学及相关教育资源单位结合成片，划分为若干个组团，是规划事业、调配资源、方便就学的教育治理单元。新学区分布以原来的12个小学学区，122所小学，77所中学为基础，依据街镇行政区划界限，划分了17个学区，对应了29个街镇，如图1-1所示。每个学区

图1-1　海淀区17个学区分布图①

① 海淀区教育委员会：《北京市海淀区：全面推进学区制改革》，《北京日报》，2016年12月14日。

内规模相当，小学毕业生平均为1500人左右。[①] 学区内优质教育资源相对均衡，分布合理。以北太平庄学区为例，区域共有10所学校，有4所中学和6所小学，义务教育阶段学生约15000人，教师约1000人。

《海淀区学区委员会章程》和《海淀区学区管理中心章程》呈现出了新的学区制改革与以往学区制的最大不同，以往学区制实际上是承担了上传下达任务的一个管理层级，但现在的学区制机构设置则体现为更具开放性和包容性的治理单元。学区下设学区委员会、学区管理中心，学区委员会是用于沟通协调教育系统内外资源的重要议事机构，而学区管理中心则侧重于服务。

（二）从管理层级到治理单元：学区委员会的设置

学区委员会是议事机构，是具有更大开放性和包容性的区域教育治理机构，对辖区内义务教育改革、发展、稳定等重大事项进行统筹和协调。一般街道的党工委书记是第一主任委员，街道主管教育的副主任是主任委员，学区管理中心的主任是常务副主任委员。以北太平庄学区为例，学区委员会非常好地体现出治理方面的特征。

从对中关村学区的访谈中，我们了解到了学区委员会的成立过程和工作方式。“委员会2016年一共召开了5次例会，除了例会这种集体研讨的形式，另外分散的交流和互动还是挺多的。在学校跟院所的合作之中，我们的校长计划交流会开到了物理所的科学咖啡馆，搞了一次校长沙龙，会议形式很好。我们感觉委员会还是挺凝心聚力的，大家有教育情怀，很有社会责任感。”[②]

因此，经历了学区委员会的设立过程和工作流程，海淀学区的一线工作人员对于治理有了更深入的体会。“治理与管理是有本质区别的。管理是自上而下的，而治理是横向的，搭平台的。学校要有上下的贯通，比如小学与中学；另外是横向的，比如学校和社区、街道的关系。”[③]这就是治理和管理理念在实践中最真实朴素的体现。

（三）从“上传下达”到公共服务：学区管理中心的职责

学区管理中心是隶属于海淀区教育行政部门的独立法人机构，是教育

① 海淀区教育委员会：《北京市海淀区：全面推进学区制改革》，《北京日报》，2016年12月14日。

② 资料来自项目组访谈记录，2017年1月。

③ 资料来自项目组访谈记录，2017年1月。

行政部门、学校、社区之间的重要枢纽。学区管理中心也是学区委员会的秘书处，接受学区委员会的指导。学区管理的中心职能为：统筹规划区域教育改革与发展，组织学区地域内各界人士协商共治；统筹协调学区内义务教育阶段入学工作，切实保证适龄儿童、少年免试就近入学；组织开展学区内中小学教育教学交流研讨活动；配合区政府教育督导室开展督导评估和质量评价工作；统筹学区内各类教育资源，推进学区内设施、师资、课程等资源共享。

海淀各学区管理中心下设三个部：发展规划部、教育教学部、资源统筹部，共设 15 个编制。

发展规划部的职能是调查研究学区内教育现状，整体规划学区教育事业发展并提出合理化建议，促进学区整体优质均衡特色发展；统筹区域内义务教育阶段适龄儿童、少年入学工作，保证学区内适龄儿童、少年接受义务教育，做好学籍管理工作。

教育教学部的职能定位于在学区引领、推广先进的教育教学理念，开展区域内教育教学研讨活动；服务、支持学校做好三级课程建设，开发符合区域特征的特色课程资源；加强学区内干部教师队伍建设，协助主管部门落实干部教师的流动和骨干教师的考核工作；配合区政府教育督导室对学区内学校开展督导评估和质量评价工作，提升区域内学校教育教学质量。

资源统筹部：统筹各级各类教育资源，构建并完善区域资源共享应用平台；强化学校和驻区单位各类硬件教育资源的整合利用，建立资源融通机制；加强内部管理制度建设，保障学区管理中心日常工作的正常开展。①

总体而言，海淀区学区制是介于区域教育治理与学校教育治理之间的一种新型教育治理体制，是学区地域内各界人士探索本区域统筹规划、资源共享融通协商共治、区域教育优质均衡发展的新型治理模式，也是教育管理部门从区域管理到公共服务转向的一个新窗口。

二、积极探索：新治理体系下学区功能发挥

学区成立一年来，海淀各个学区针对职能定位，秉持相同的理念，又根据自己学区的特色开展活动，不断在实践中探索自己新的角色功能定位，其主要表现有以下几个方面。

① 具体内容见 2015 年《海淀区学区管理中心章程》。

（一）协商共治，实现从管理到治理的转型

在访谈中，学区人员说，通过学区委员会的作用，社会各单位给予学区的支持使几个方面的工作顺利推进。“第一，在招生方面就顺畅了很多，比如可以充分发挥学区委员会的统筹协调作用。第二，在治安方面，街道等有关单位发挥了作用，给学校提供相应服务。比如，对私搭乱建、违法摊点进行处理，让校园周边治安得到治理。有的学校想给学生买图书，街道就联系相关企业进行了赠书。第三，治理上还提供了人力上的资源。比如，学期期末学校会邀请检察院、派出所等专业人士给学校做安全讲座。”①

（二）职责转化，实现从管理到服务的转型

任何一项改革都应该以调动育人主体——学校的积极性、激发学校的活力为目标，任何仅仅希望便于管理者掌控的改革都不会得到基层学校、老师、校长的拥护，也就不会具有生命力。在学校层面主要担心目前所进行的集团化管理、学区制改革，在学校和教育行政部门之间加一层“婆婆”。②

这一顾虑是有普遍性的。学校的事情太多，没有精力再去做学区要求的事情。为了打消这一顾虑，一些学区努力做好服务工作，他们从了解学校的需求开始。如北太平庄学区管理中心自成立之初，就走进所辖的中学了解需求和建议。他们精心编制问卷和访谈提纲，调研结束后，认真梳理。他们说：“每次走进学校，既是调研也是宣传。”③

“我们真的是提供服务，比如小升初原来是招办直接统管，这次是通过学区来布置一些小升初的工作。学区带着学校一起研究政策落实工作，让中小学一起参加升学工作，增加相互理解，明白了学区其实也并没有给学校增加太多任务。小学跟中学的文化融合现在来看好多了。这学期的基本思路，是给予学校帮助，不给学校添麻烦。”④

调研后，学区管理中心认真思考和解决中学的需求：“学校给我们提

---

① 资料来自项目组访谈记录，2017年1月。

② 李希贵：《当社会不再旁观，教育怎么办?》，《人民教育》，2015年第1期，第17—21页。

③ 资料来自项目组访谈记录，2017年1月。

④ 资料来自项目组访谈记录，2017年1月。

了这样几大类的需求：第一，师资培训缺少专家引领，能不能给予支持；第二，随着中高考改革，以前作为非中考科目的老师人少，拔尖优秀的老师少，能不能让这部分老师进行流通、互补、联合教研；第三，中考改革以后，实践性课程要求有对应的实践基地或资源单位，学区能提供哪些资源？然后我们再梳理，根据学校需求，进行安排。另外我们在考虑小学与中学要进行交叉衔接，怎么将两个学段贯通起来？"①

学区管理中心正在通过真正的服务工作逐渐消解学校的不理解，努力通过自己的新角色促进各个学校对学区的认同和学区治理文化的形成。

（三）贯通学段，促进中小学有机衔接

探索义务教育阶段一贯制升学路径，打造九年一贯制教育模式是深化教育改革的重要任务，同时也是海淀区学区制改革的方向所在。海淀区学区制改革将中学纳入学区管理，旨在贯通义务教育学段，做好中小学衔接，以学区为平台，促进中小学有机衔接，这有利于加强义务教育阶段人才培养的系统性、整体性和协同性，有利于促进学生全面发展。北太平庄学区在中小学衔接工作中做出了很好的尝试。

2016 年 5 月，学区完成了为期近一个月的中小学心理衔接活动，4 所小学、2 所中学参与其中；6 月，学区承办了海淀区语文教研活动——"聚焦文言教学，开展学段研究"，农科附小、交大附中第二分校展示了中小学衔接下的语文课堂教学；10 月，学区再次承办海淀区跨学科教研活动，北师大实验小学、北师大三附中展示了学区内中小品社——地理课堂教学衔接的研究成果；11 月中旬，海淀区数学学科教研活动也在北太平庄学区举行，通过农科附小、中关村中学分校的课堂展示，对学区中小学衔接数学课堂教学进行了研究。②

据介绍，除了教研活动外，北太平庄学区还计划建立中小学衔接课程体系，包括学校级课程和学区级课程。其中，学校级课程建设以学校作为实施主体，学区帮助学校优化现有毕业课程和入学课程；学区级课程建设着重在小学毕业到中学入学前的时间段内，由学区统筹开设小升初衔接课程，为学生及家长提供有效的支持和引导。

此外，北太平庄学区还计划探索中小学活动、德育及其他资源的衔

① 资料来自项目组访谈记录，2017 年 1 月。

② 海淀区教育委员会：《北京市海淀区：全面推进学区制改革》，《北京日报》，2016 年 12 月 14 日。

接，提升区域整体教育质量。这些尝试和探索，改变了以往中学和小学之间缺少交流、学生培养“断层”等现象，也将以往分散的中小学教育教学交流活动、教师交流活动集纳到学区这个统一的平台上，进行整体推进。

其他学区也有类似做法。如羊坊店学区以“融合、学习、共享、共赢”为主题，开展了覆盖学区各校的走进学区中小学系列活动，帮助各校改进教育教学，提升教育教学质量。上庄西北旺学区以学生学业质量的提升为核心抓手，通过全学科的听课调研，了解学校教育需求，构建了“教师发展学习共同体”，发挥了学科带头人及骨干教师的引领示范作用，夯实了教师内功。永定路学区打破中小学之间的“壁垒”，组织举办了“聚焦中小衔接，共谋教学改进”的测试反馈分析系列培训会、全体教师培训会，并在学区内开展了“学生喜爱的好老师”评选表彰活动，聚焦教师专业水平提升。

（四）打破壁垒，建立资源共享机制

作为打造一体化育人模式的重要举措之一，学区制改革的深入推进引领各个学区，在围绕育人的一贯性、打破校际及社会资源的壁垒中做出了有益探索。

“学区制改革是希望推开两堵墙，一是学校和驻区单位之间，让学校融入社会，让资源流动起来；二是中小学之间的这堵墙，原来小学之间联系多一些，小学与中学间接触不多。所以通过学区制改革将这两堵墙推开，让学校更加活跃。我们学区希望通过我们的努力让学校充满活力，充满动力，充满生命力。”①中关村学区的负责人准确表达出了学区制改革的核心任务之一：打破壁垒，共享资源。

2016 年 10 月 25 日，中关村学区教育资源共享平台正式启动上线。抓住“互联网＋”的契机，中关村学区搭建学区教育资源共享平台，学区内中小学校、街道、科研院所共享资源，网约课程、师资及场馆等成为可能。资源共享平台首批上线的资源就有 219 个，涵盖“场馆资源”46 个、“人力资源”58 个、“课程资源”43 个、“在线资源”68 个、“定制资源”4 个。②

中关村学区资源共享平台的成功建设应用，是海淀区各个学区探索优质资源重组的一个缩影。其他学区也在此做了积极的探索。如八里庄学区凝聚资源单位力量，开发了探秘海洋课程、阅读推广课程、汽车文化体验

---

① 资料来自项目组访谈记录，2017 年 1 月。

② 海淀区教育委员会：《海淀区优质资源向薄弱校倾斜》，《北京晨报》，2016 年 11 月 24 日。

系列课程。青龙桥学区挖掘学区内富集的中草药与传统文化教育资源，在农大附中、东北旺中心小学试点开设了中草药与传统文化系列课程，努力为中小学生创造一门“活的课程”。四季青学区挖掘区域内浓厚的农耕文化色彩，开辟了社会大课堂和劳动教育基地，逐渐形成亲近与探索自然、体验与融入社会和认识与完善自我三个维度的实践课程内容。紫竹院学区整合国家图书馆和中央电视塔的丰富资源，研究开发区域资源课程“走进国家图书馆”和“美丽的中央电视塔”。学区还编写了《紫竹院学区教育资源手册》，提供了资源共享的菜单式服务。①

（五）积极探路，有效化解入学矛盾

在入学矛盾的解决上，海淀学区管理中心的作用表现尤为突出。2016年的入学工作中，学区借助多种力量，提前探清幼升小、小升初的生源信息，作为探路者，对化解义务教育阶段入学矛盾，起到了积极的作用。

从调研中得知，2016年入学期间，海淀区教委接待来电来访的数量比往年明显减少，这得益于学区在一线化解了很多矛盾。如清河学区在招生季到来之前，就多次进行调研，深入街道、派出所、村委会、社区、学校，摸清了教育底数，预测出的学位缺口数和实际协调安置学生数基本一致。建立了学校、学区、招办的微信群，及时解决工作中遇到的政策性、技术性问题。学区还自制了地图，细致分析了每个小区到学校的实际距离、乘车路线、步行时间等，制定了多套协调方案，择优实施。在与家长的沟通过程中，学区也是大多站在家长的角度考虑，给家长解释入学政策，介绍各校的特色，转变家长的择校理念。

还有部分学区创新开展工作，积累了可供借鉴的宝贵经验。如温泉苏家坨学区在全区首次实行非京籍适龄儿童计算机派位入学，并请家长、媒体、公证人员到场见证，使252位非京籍适龄儿童顺利进入志愿学校，实现了地区入学的零投诉。花园路学区用图文对比、表格数据的形式，细致梳理义务教育阶段入学情况；对各小学毕业生的去向、各中学的生源数据，各学校的资源情况进行比对研究；对所辖学校的服务范围进行摸底，建立数据库。

总之，海淀区的学区制改革，打破了学校与学校、教育与社会之间的壁垒，为社区、驻区单位、家长和其他方面的代表参与学区的共建、共

---

① 海淀区教育委员会：《北京市海淀区：全面推进学区制改革》，《北京日报》，2016年12月14日。

治、共享创造了条件，实现了教育资源社会化及社会资源教育化的有机融合。为学区内每所学校实现优质特色发展提供了不可替代的服务。这些功能和变化是以前的学区所不能及的。

从目标来看，学区制注重"优质均衡"与"特色发展"，强调学区内各中小学及驻区单位各级各类资源共建共享，盘活资源存量，打破资源壁垒，优化资源配置，帮扶、带动薄弱校，强化优质校特色建设，实现共同发展，学区整体提升。

从纵向结构上看，学区制管理强调在学区内建立终身教育体系，努力探索从学前、小学、初中到高中、职业教育等教育链条的连贯性，完善公民教育现代化体系，突出学区承上启下的治理功能。据介绍，目前是中小学九年一体化管理，未来还要再融入学前、高中、社区教育等，以有利于促进区域教育整体均衡发展。

从横向结构上看，学区与街镇对应，有利于与地方政府密切合作，协同推进教育发展。学区委员会与管理中心架构的设置，打通了教育系统与社区、社会的关系。

从工作机制上看，通过《海淀学区委员会章程》和《海淀学区管理中心章程》明确职责边界，为今后的工作开展提供了依据。学区委员会例会的召开和各种活动的开展，也拉近了教育与各行业之间的距离，促进了学校与周边单位的交流。

由此可以看出，海淀区的学区制改革构建了政府、学校、社会的新型关系，实现了政府主导、学区统筹、社会参与、学校共建。一种新型的学区教育治理体系在海淀区初具雏形。

三、初战告捷：海淀学区制实施一年成效

面对人口超过2100万的特大城市，面对人民享受优质教育资源的普遍需求，北京市教委采取的改革路径如下：严格义务教育免试就近入学——以"两个杠杆"撬动"两个突破"，即以优质教育资源的重组和整合为杠杆，撬动公平与均衡问题的突破；以入学改革和考试评价改革为杠杆，撬动素质教育与减负问题的突破。

在这一战略思想引领下，北京市教委重新配置教育资源、铁腕治理"择校热"、强力校正中考中招"指挥棒"导向，从解决学生和家长最关心、最直接、最现实的利益入手，积极回应人民群众对"更好的教育"的现实期

待，努力提供适合每个学生的教育。①

由此可见，首都基础教育领域深化综合改革的实质就是基础教育基本公共服务模式的转型升级，是消费观引导下的广义教育资源供给，即“供给侧”的结构性改革。② 从这一意义上说，海淀区的学区制改革可以说是一种积极回应，践行了北京市总体改革理念与路径，并取得了成效。

(一)突破了瓶颈，化解了入学矛盾

据报道，2016年的幼升小，清河地区的102名非京籍适龄儿童，在一天之内都上了自己满意的学校，全部实现了在学区内就近入学。清河学区的非京籍适龄儿童入学工作第一次实现了零聚集、零上访、零投诉。③

作为两委一室的助手，各学区落实海淀区义务教育阶段入学工作的决策部署；作为学校的帮手，各学区要与各校沟通配合，发挥统筹协调职能，为学校解决实际困难。他们的工作和努力，有效化解了入学矛盾，为入学工作平稳有序发挥了重要作用。

(二)调动多主体参与热情，扩大教育供给

学区委员会的建立和运转，使政府及社会各界对教育的了解更加深入，对教育的支持热情也空前高涨。许多街道表示，学区成立后，地方政府支持区域教育发展终于找到了落脚点。各街道和地方政府通过多种途径关心支持区域教育发展：义务教育入学摸底调研、入户调查、五证联审等工作，街镇与学区配合默契，紧密携手；“六一”儿童节街镇向各校赠书；教师节期间，街镇走进学校，组织座谈、研讨、慰问活动。还有一些街镇在经费投入上对区域教育发展给予了大力支持。比如，2016年的“六一”儿童节，海淀区学院路街道党工委的领导和工作人员来到北科大附中、石油附小、清华东路小学，给孩子们送去节日的祝福和问候。在高考、中考前夕，他们又检查了街道内的各个考点，表示街道会协同其他职能部门治理好考试期间的周边环境，为考生创设良好的考试环境。在一年级新生登记

① 编辑部：《首都教育新生态》，《人民教育》，2016年第16期。

② 北京市教育委员会：《基础教育综合改革的“北京理念”》，《人民教育》，2016年第16期，第13页。

③ 海淀区教育委员会：《北京市海淀区：全面推进学区制改革》，《北京日报》，2016年12月14日。

入学日，街镇工作人员冒着酷暑到每所学校了解情况，解决问题。[①]

部分学区在学区委员会和学区管理中心的框架下，尝试将更多的驻区单位纳入治理体系。例如位于东北部地区的西三旗学区就成立了西三旗地区教育联盟，将政府部门、区域内的中小学、幼儿园、校外教育机构、大中专院校、民办大学、地方教育机构，以及驻区的部队、企业、科研院所，全部纳入联盟成员单位，进一步推动地区资源整合优化，加强校企深度合作，促进教育体系科学发展，全面提升地区教育发展质量，打造西三旗地区优质教育品牌，全面提升地区教育服务经济社会发展能力。

正如一位学区人员所言，在资源利用、学校之外的资源的共通上，“很多单位对教育的热情超乎了我们的想象”。

总之，协商共治、贯通学段、资源共享、就近入学，成为海淀区学区制改革全面推开一年来的关键词。它初步实现了多主体协商共治，更好地调动社会支持教育的积极性，打造区域教育发展新格局。

四、有待探索：学区治理探索面临的问题

学区制改革是一种充分发挥优质教育资源的辐射作用、缓解因择校而产生的诸多矛盾的有益探索，力图促进区域教育从单一垂直的管理走向多元多向的治理。回顾海淀区一年来的改革，也遇到一些问题。2016 年 11 月，海淀区组织了学区改革的座谈会。有些人说学区管理中心比较闲，没有什么实质性的工作。有些学校对学区工作有反感情绪，对一些常规的业务有些学校也不积极，尤其是中学，它以前直接面对的是教委，但现在又多了一个管理机构。

学区制研究者们一再申明学区不是一个新的管理层级，只是实现教育资源的纵横交融和深度整合的管理单元，[②] 因为受命于上级教育行政部门，因此学区相对于成员学校而言，应该具备一定的管理职能。但在实践中，教育系统内部对于这种新的管理职能的实施方式和成效存在质疑。如何深入理解和理顺教育资源纵横交融背景下架构出来的这一深度整合治理单元，是学区实践工作中所面临的重要议题。

---

① 海淀区教育委员会：《北京市海淀区：全面推进学区制改革》，《北京日报》，2016 年 12 月 14 日。

② 程艳霞：《从捆绑式区域管理到学区制治理的跨越》，《中国教育学刊》，2016 年第 11 期，第 29 页。

（一）学区职能定位的模糊

对学区职能定位的模糊来自两个方面，一是在学区制改革设计之初，区教委对学区管理中心的定位，二是学区工作人员对自己工作的认识。

海淀区教委在学区制改革之初的定位主要在于三个方面：解决招生被动局面，破解招生统筹难题；打破资源壁垒，盘活学区内教育资源；促进中小学教育贯通衔接。[①] 显然，传统的学区管理功能并没有被纳入学区的制度和功能设计中，因为学区的主要功能是治理而不再是管理。

“用‘管’肯定是不合适的。我们没有财权、人事权。更多的是协调。有些地方我们有业务的指导权，比如，在教学上我们有义务去指导，但不是具体的，像今年的说课比赛，骨干、学科带头人这些群体，还要去听课，帮助教师成长；我们也有部分管理权，比如招生，有的学区要统筹安排，比如集体户口，由学区统筹安排，分配之后学校要接，有点强制性。在治理方面，主要是把学校的围墙打通，和街道、资源单位贯通，聚合在一起，形成学区委员会。以街道为第一委员，实际操作在学区管理中心，形式上共商共议，有点像政协。所以委员会成立任用的第一部分人是辖区内学校校长，第二是相应的资源单位，比如派出所所长，第三是政府机关、街道办事处，与文教方面对应的副主任、辖区内重要单位的负责人、学区管理中心的负责人共同形成这个学区委员会。”[②]

可见，海淀学区管理中心从权限上而言，实际上不是一个严格的管理机构，因为他们从事的主要不是“管理”，而是“协调”与“服务”。当学区对辖区没有制约的时候，很多事情是很难推进的。“比如教师的流动据说是纳入学区，但是并没有真正放权，所以权责没有对应，教师方面的工作在学区层面很难进行。”

不仅与上级的职能关系没有厘清，即使是学区管理中心内部各职能部门的关系也没有完全厘清。

“学区分不同的部，设计的时候看似清晰，实际模糊。”[③]以学区管理中心规划部为例，这个规划部的职能是什么？规划与招生的职能如何很好地协调？规划什么？为谁规划，如何规划？如果为学区规划，学区不是一个实体的行政级别单位，因此，学区不具有规划的地位和能力。如果为规划

① 具体内容见2015年《海淀区学区管理中心章程》。

② 资料来自项目组访谈记录，2017年1月。

③ 资料来自项目组访谈记录，2017年1月。

管理中心自己做发展规划，显然职能又太小了。

(二)学区管理职能的回归

据了解，随着实践的发展，学区的行政管理功能也开始有所回归。目前学区已经开始对应十几个科室了。据说还要继续扩大对应的科室。时任区委办公室主任傅首清在区动员会上表示：第一，学区改革必须要做，方向是对的；第二，将来会有更多科室跟学区对接。海淀区教工委书记尹丽君在2016年海淀教育系统暑期领导干部会议上的讲话中，针对学区制改革提到，要“发挥学区在党建、招生、督导、科研等方面的统筹协调作用”。①

学区的核心职能到底是什么？目前多数学区是围绕中小衔接和资源的统筹协调这两个方面做的。但是，现在一些常规的上传下达的工作逐渐增多。这一职能的不清晰使得教委的管理部门、学校和一线教师对学区的定位也不清楚：一些人认为学区是管教研的。比如教科院管理室的人希望跟学区对接，以后以学区为单位派研究员。这实际上也是一种误解。

据介绍，目前这种琐碎的行政职能回归是比较多的。以往小学学区承担各科室下达的200多个任务，后来学区就不堪重负了。关键是到底授权到什么程度，如何做到简政放权，这些问题还需要进一步思考。

从实际工作的层面看，学区行政职能的回归也是可以理解的。海淀区作为一个大区，很多行政职能需要由一个中间环节来加以缓解和融通，这也是之前小学学区存在的合理性。但是，当新的学区建立以后，已有学区的行政功能被取消了，而区教委各职能部门的工作职责与方式并没有发生改变，因此，经过一年的实践之后，区教委一些职能部门出于管理方便的考虑，又将上传下达的行政职能赋予学区，似乎又要回到多层管理的老路上。

于是，这种“不能偏离，又不能跟原来完全一样”的定位让学区管理中心的实践者有种“摸着石头过河”的感觉，没有特别明晰自己的定位。

(三)与其他组织机构之间关系的交叉

教育集团化是教育改革中加深资源共享的另一个重要的改革举措，但在目前的学区工作中，存在与教育集团化之间关系的交叉问题。

教育集团一般是以优质的学校作为龙头校而组建的学校联盟。学区是

① 尹丽君：《深化综合改革，提高全面育人质量》，《海淀教育》，2016年第4期，第1页。

按街道划分以升学为单位的区域组织。目前有些集团化学校横跨了好几个学区，结果就出现了交叉。

“学校的工作量比较大。不同的学区布置工作的风格是不一样的。比如招生，区里给17个学区开会，让回去布置工作。如果某个集团化学校横跨3个学区，每个学区开会都要参加，就比较难弄，很乱。小学都是大校长负责几个分校。比如万泉小学，就是本部在海淀学区，分校在另外一个学区，这种情况下，学校工作会非常混乱。有的时候有些数据是本部上报，有的时候是分学区上报。”①

造成这种业务交叉关系的主要原因是学区制刚刚推行一年，区里各科还没有统一步调。

（四）学区管理中心工作能力的局限

从治理的角度来说，对学区的要求不只是上传下达，还要起到统筹、协调、引领、服务的作用。这对学区人员的素质要求其实是很高的，所以学区的工作压力非常大。

从工作节奏上来看，学区管理中心的工作是非常密集的。据介绍，2016年有关学区主任的培训和会议一共达24次。包括筹备预备会、入学方面的工作会议，还有党建、协作委员会、督导等各类会议。很多学区主任是从中学过来的，对这些工作内容都不是非常熟悉。

从三个部门的设置上来看，发展规划部的职能比较高也比较虚。如要做的实，就需要有特别高的站位，对学区内的教育整体发展有构思，同时也要具有研究问题、进行数据搜集、了解趋势的能力。但以目前学区人员的工作能力来说，实际上无法把握。学区人员做得更多的是盘活、优化、打通、协调，是润滑剂，是协助工作。因此，有的学区人员认为，学区不应该承担超出自己能力范围之外的事情。

教育教学部的职能也受到一些质疑。据一位中学校长说：“从业务来说，我们更希望参加教研部门组织的活动，他们更有权威性。我们不认可学区有组织教研的能力。”

学区到底承担什么角色？

“区里常说的学区是教委的助手、学校的帮手、改革的推手。助手和帮手是可以的，都是一种从属服务地位，最终推动教育改革的发展。助手是区教委、党委制定的政策，我们都不折不扣的落实。帮手是学校有什么

---

① 资料来自项目组访谈记录，2017年1月。

困难我们帮助协调解决。但助什么、帮什么我们不好厘清。我们是两委一室的助手，到底应该怎样建立组织架构？两委一室科室很多，是一个庞大的机构，是不是两委一室科室的所有工作都要跟学区对接？怎么对接？”① 一位学区管理人员对此深表忧虑。

五、期待破解：转型升级中的政策建议

在北京市的综合改革中，北京市教委提出了公共教育服务的转型与升级。何为“转型与升级”？北京市教委在《以教育民生观引领首都基础教育综合改革》一文中曾有过这样一段话：

“首都基础教育综合改革的核心在于解放思想，关键在于攻克体制机制上的顽疾，通过全链条的改革，突破利益固化的藩篱。以‘学生为本’的先进教育理念最大限度地激发潜力，以‘更多获得感’的教育制度红利最大限度地汇聚合力，以‘更加现代化’的教育治理创新最大限度地激发活力，让改革成果更多更公平地惠及广大群众。”②

我们认为，这段描述就是公共教育服务转型与升级的内涵。这是一个非常美好的目标，也是一个可以实现的目标。目前转型正在进行时，而升级还需要时日，更需做好以下工作才能实现。

(一)厘清概念，有效借鉴国际经验

综观世界教育发展，学区化管理在欧美等教育发达国家已有几百年的历史，积累了大量的管理经验，这为我国推行学区化管理提供了参考依据。以美国为例。美国的学区管理体制的设计基于国家的行政体制和教育权力的分配方式。19 世纪中期，美国各州已普遍采用学区制。学区制因便于就近入学和符合当地居民自治的愿望等而受到欢迎。

在美国，教育的权力不在联邦，而在各州的教育委员会。学区则是美国各州行使教育行政权力的最基本的单位。美国的学区一般分为基层学区和中间学区两种。州与学区之间存在着教育权力划分。州教育委员会负责制定本州教育的基本方针和政策。例如，制定本州的教育和教学标准以及评价标准等。学区则拥有相对独立的财政权、人事权、课程权、负责设立

---

① 资料来自项目组访谈记录，2017 年 1 月。

② 中共北京市委教育工作委员会、北京市教育委员会：《以教育民生观引领首都基础教育综合改革》，《人民教育》，2016 年第 16 期，第 8 页。

和管理地方公立中小学、征收筹集地方教育经费并编制预算以及教学计划规划、公共关系处理等。①

从美国的学区制运作来看，“学区制”是一个特定的概念。作为一个相对独立的治理结构，它只有成为一个具有独立法人地位的组织，才能承担起政府与公民所赋予和期待的责任。责权利相统一，向来是构建任何一个组织或管理层次的首要原则。因而真正的“学区制”必须“制”字当前，认真厘清每一个学区所拥有的责任，履行如此责任所必需的权力。从这个意义上说，目前以县、区行政区划形成的公共教育基本管理单位，基本具备了这样的“学区制”要素，作为独立的法人实体，他们的责权利在制度设计上是相对完整的。而海淀的学区制却不具有这样的要素。因此，从概念内涵上看，目前海淀的学区与美国的学区是不同的概念与运作方式。由此，如何从中国的实际出发，认真研究中国与国外的不同教育背景与制度内涵，在现有的体制之下，进一步扩大点上突破的优势，倒逼整体深度改革是北京“深综改”要解决的一个问题。

（二）厘清权责关系，整体协同变革

公共教育服务的转型与升级意味着从治理的角度对已有的制度、关系与结构的重构和管理运行方式的转变。

相对“管理”而言，“治理”更强调主体的多元性、参与性、协同性，它要求优化内部组织结构，完善制度体系，不断提升治理能力，推动教育发展从人治走向法治、从封闭走向开放、从控制走向协同。它并不依赖于自上而下的权力统治，而是依靠多元主体共同治理与权力共享，主张通过合作、协商、伙伴关系等方式来管理公共事物，是一种尊重不同主体平等地位，更加民主、平等的管理方式。这种治理模式要求政府从自上而下的单方发力转为多主体共同参与的共同发力，转为从微观到宏观，从内部到外部的整体改变和系统运作。

而从系统论的观点，系统各要素之间的结构组合关系决定了治理的整体功能。目前，值得肯定的是，无论是学区制改革还是教育集团化改革，都在向着“从结构要效能”的方向发展。然而，结构的变革是最深刻的变革，牵一发而动全局。以海淀区学区制改革而言，区域教育部门、学区、学校是三位一体的教育系统。目前，“学区制”改革仅仅是教育治理体系中的一部分，是教育体系链条中的一个链条。如果仅从学区——这一中间层

---

① 郭元婕：《国外学区制的启示》，《人民教育》，2014 年第 7 期，第 38—40 页。

进行了结构性的改革和治理方式的转变，却未从整体，从区一级、学区、学校三个层面同时进行改革，那么，学区自然就会发生与原有结构和功能的冲突与角色尴尬。因此，如要进一步突破现有制度的藩篱，就要以整体的视角，系统的运作，进一步开展优化治理结构，实现对权力的合理分配，明确各自职责，形成既相互制约又相互协调的治理结构，实现治理功能的效益最大化。

美国学区化管理带给我们的启示如下：学区化管理制度需要与其他教育管理改革配套实施。美国学区化管理均有财政、人事和督导等制度乃至法律上的保障。我国学区管理同样需要理顺学区财政管理、人事管理和督导制度之间的关系，但是这些涉及我国的财政管理制度和人事管理制度的变革。因此，进一步开展制度之间的协调与匹配是教育“深综改”更为艰巨的任务。

（三）扩大视角，提升总体驾驭能力

公共教育服务转型的背后实际是教育治理社会结构的转型，背后需要有更高的站位和整体的统筹和协调能力。而这对于长期寓于象牙塔里，只关注教育内部和本身的教育者来说，无疑是一种巨大的能力挑战，需要在实践中进行解决问题的行动学习与能力提升。

目前，北京市改革的立足点仍然是从解决人民群众眼前最迫切的择校问题着眼，背后的实质性追求是促进教育、社会的公平，切入点是从供给侧的教育资源的优化与配置入手的。但是，扩大资源是否就可以解决教育公平的问题。平均化、均衡化是否就能带来公平？如何从生态化、复杂化的角度理解公平？其实，作为政治概念的公平具有更加复杂而丰富的内涵，需要从各个利益主体的权力、义务、起点、过程、结果各个角度加以思考和界定。而且公平永远是相对的。因此，如何从更深更广的角度思考社会发展，制定更加合理的教育运行规则也是今后“深综改”所面临的课题。

值得深思的是，随着教育改革的发展，教育管理要逐渐去行政化，但目前又离不开行政部门强有力的领导和管理。改革还处在刚刚起步阶段，原有的制度优势也是不能轻视和丢弃的，因此，我们还要打破一蹴而就的简单思维，接受变革起步初期和过渡阶段的模糊与困顿，甚至回归。这也许才是真正的变革形态——不断在复杂的教育变革情境中动态地获得平衡。

总之，以海淀学区制改革为代表的北京市“深综改”路径和改革理念，是在中国整体变革背景下的治理创新，我们无意评判这一实践改革的成功或失败，任何简单化的标签和结论都是武断的，研究者所做的是考察身在其中的

实践者的话语和行动的具体情境，理解他们与外部社会结构和制度环境的互动。虽然在已有体制的惯性作用下，学区出现了一些职能回归，但仍然需要对这样的一种体制性探索加以肯定。因为，它已经向教育治理现代化迈出了重要的一步，并为首都基础教育公共服务的转型与升级做出了贡献。

（杨朝晖　王志明）

专题二　内升外引与开拓创新

——北京城市副中心的教育发展及实践变革

随着中央和北京市政府对通州区作为北京行政副中心战略地位的一再确认，通州区迎来了前所未有的发展机遇。2016 年 5 月，习近平主席主持召开了规划建设北京城市副中心会议，以不断提升通州新城的功能定位和规划层次，开发进程也在持续加速。

在通州新城的建设中，教育事业的发展始终是改善民生、加快公共服务建设的核心内容，也是社会舆情最为关心的热点问题。2012 年之前，通州区通过名校办分校等方式已建成北京二中通州分校、育才分校、史家小学通州分校、北京小学通州分校和实验二小通州分校 5 所名校分校，另外与北京教科院合作建设了北京教科院第一实验学校。① 这些措施均以缓解本区优质基础教育资源供给不足的矛盾为目的。随着行政副中心战略地位的确立，特别是国务院明确提出"打造国际一流和谐宜居之都示范区、新型城镇化示范区、京津冀区域协同发展示范区"的发展目标②之后，通州区教育面临更为紧迫的跨越式发展的要求。

面对强烈的社会需求，北京市和通州区提出"内升外引"的教育优质资源建设思路，加快推动区域教育的创新与发展。然而，教育发展不仅需要得到外部资源、制度的支持，也要遵循自身的科学规律。从教育效果的滞后性来看，改革成效往往要经历一定的实践周期后才能体现出来。因此，有必要在教育改革初期梳理政策思路、收集过程性证据，为明晰政策目标、及时调整具体策略提供必要的参考。当前通州教育改革以整体提升中小学学校办学质量为焦点。本文以影响学校办学质量的最关键因素——教师专业发展及支持——为主要对象，选择典型学校和区域教师专业研修支持机构作为分析对象，点面结合地回应通州在推进北京城市副中心建设过

---

① 《11 所名校入驻通州，打造强大教育资源》，《京华时报》，http://edu.sina.com.cn/ischool/2015—07—23/1547479030.shtml，2015 年 7 月 23 日。

② 新华社：《习近平主持召开规划建设北京城市副中心会议》，http://news.qq.com/a/20160527/064283.htm? qqcom_pgv_from=tips，2016 年 5 月 27 日。

程中教育资源建设与实践创新的过程与挑战。相关思考有一定的局限性，但也具有鲜明的时代性，可以对后续政策和实践探索提供必要的参考。

一、城市功能调整背景下的通州教育大发展

（一）通州城市功能调整的政策背景分析

通州历史悠久，自西汉设县建治以来，距今已有2000多年历史。元代京杭大运河贯通之后，通州成为京东交通要道和享誉全国的漕运仓储。元代以后历朝均视通州为商贾行旅、水陆进京的必经之地，同时也是北京城的军事要冲。新中国成立后，通州最初划归河北省管辖，分为通县和通州市。1958年4月由河北省划归北京市；1997年后正式撤县设区，称为北京市通州区。[①] 作为北京重要的郊区县，通州因其独特的地理优势、便利的交通条件和相对低廉的居住成本，自20世纪90年代以来吸引了大批在市区工作的上班族在此居住。当时通州的定位是北京"卫星城"，同时因大量常住人口每天在市区和居住地之间往返而被市民戏称为"睡城"。[②]

在2012年北京市第十一次党代会上，北京市委、市政府提出"聚焦通州战略，打造功能完备的城市副中心"，明确了通州作为城市副中心的定位。[③] 2014年年初，习近平总书记在北京视察时，提出要"调整疏解非首都核心功能，集中力量打造城市副中心"；[④] 时任北京市委书记郭金龙在之后通州调研时进一步明确了通州作为北京城市副中心的战略地位，提出要加快发展与新城需求相匹配的教育、医疗卫生等公共服务。[⑤] 2015年4月30日，中共中央发布《京津冀协同发展规划纲要》，首次提出以高起点、高标准规划北京市行政副中心。3个月后，7月11日，北京市委全会通过了《中共北京市委北京市人民政府关于贯彻〈京津冀协同发展规划纲要〉的意见》，正式提出要聚焦通州，加快北京市行政副中心的规划建设，并在

① 《通州建制沿革》，《通州史志》，http://tz.bjnewgen.cn/jzyg/4.jhtml,2015年5月15日。

② 潇琦：《"睡城"能否变"商城"，北京通州九大商务区规划引出新话题》，《北京房地产》，2007年第9期，第4—5页。

③ 刘淇：《全力推动首都科学发展　为建设中国特色世界城市而努力奋斗》，《首都之窗》，http：//zhengwu.beijing.gov.cn/gzdt/ldhd/t1232263.htm，2012年7月5日。

④ 新华网：《习近平在北京考察就建设首善之区提五点要求》，http：//news.xinhuanet.com/politics/2014—02/26/c_119519301_3.htm，2014年2月26日。

⑤ 《郭金龙通州调研：建好通州这个城市副中心》，《北京晚报》，http：//news.ifeng.com/mainland/detail_2014_04/04/35487291_0.shtml，2014年4月4日。

2017年取得明显成效。至此，加快推进通州作为北京市行政副中心建设上升为北京市乃至京津冀协同发展的战略任务，相关工作开始围绕预期目标快速展开整体规划和具体推进。2016年5月27日，中共中央政治局召开会议研究部署规划建设北京城市副中心有关工作，提出建设副中心是“历史性工程”。通州新城的建设要坚持世界眼光、国际标准、中国特色、高点定位，以创造历史、追求艺术的精神进行北京城市副中心的规划设计建设，着力打造国际一流和谐宜居之都示范区、新型城镇化示范区、京津冀区域协同发展示范区。① 这次会议在进一步推进首都城市功能调整、通州新城建设力度的同时，对通州新城的建设目标提出更高要求，明确了通州将在未来发展中承担更加艰巨的城市职能和改革探索的重任。

从上述政策的历史梳理能够看出，通州区在北京城市功能定位上经历了一个由边缘到核心逐渐演变的过程。由早期的郊区卫星城到城市副中心、北京市行政副中心，以至于与国家层面京津冀协同发展政策相结合成为京津冀一体化的桥头堡，力争创建国际一流城市，这些规划定位充分说明了通州区的重要地位和作用，不断开拓着人们对未来通州城市功能的期待与想象。

(二)城市功能调整下的通州教育规划与行动

面临城市功能定位的大跨度调整，通州区政府紧跟上级政策要求，相应出台《通州新城规划(2005—2020)》《加快推进通州现代化国际新城建设行动计划》《通州区国民经济和社会发展第十三个五年规划纲要》等重要文件。结合“十三五”工作规划的拟定，各职能部门立足于通州未来的城市功能定位及发展目标，拟定出各领域在未来五年的工作方向和重点，理顺改革思路，并加快推进相关工作的管理、实施与监督过程。

教育事业的发展，尤其是基础教育的资源建设与质量提升是通州推进公共服务资源建设、提升公共服务能力的重要组成部分，也是区域百姓迫切希望得到改进的民生问题之一。在历次城市规划及建设计划文本中，通州区政府及相关职能部门都特别强调“加快中心城区和国际优质公共服务资源向通州新城转移聚集的鼓励政策”②。2016年2月出台的《通州区国民经济和社会发展第十三个五年规划纲要》当中，特别以单章详细阐述“打造

① 新华社：《习近平主持召开规划建设北京城市副中心会议》，http://news.qq.com/a/20160527/064283.htm?qqcom_pgv_from=tips，2016年5月27日。

② 北京市人民政府：《加快推进通州现代化国际新城建设行动计划》，2011年8月26日。

教育强区”的发展目标以及“内升外引，补短板、强基础”的行动思路。

具体而言，“外引”资源分为两个层面。一个层面是引入和扩展高等教育资源，其中包括重点建设中国人民大学通州校区、北京电影学院新校区，引进北京师范大学、首都师范大学等高校、科研院所的专业资源；另一个层面落在基础教育上。在前期引入优质名校办分校的基础上，通州区进一步与北京市教委、中心城区合作，加快建设一批优质学校，全面引入核心城区、传统名校的办学资源和管理经验。“十三五”期间，通州区计划按示范高中标准建设的学校将达到8—10所。① 2016年4月，首都师范大学附属中学通州校区、北京市第二中学通州校区、中国人民大学附属中学通州校区、北京理工大学附属中学通州校区四所学校正式落户通州。作为名校校区，这四所学校将采取与本校一体化的管理方式，学校法人由本部校长直接担任，另外本部还需派驻教师和管理团队，直接将成功的教学管理模式“复制”到新校区，实现名校的跨区发展。② 除已揭牌的四所学校之外，景山学校、北京五中、北京二中、人大附小也将在通州建设校区，北京第二外国语学院将在通州开办附属中学。③ 除了学校层面的合作，北京市还在大力推进区域层面的合作以及区县教育管理经验的打包式交流。西城区通过“3＋3＋1”的教育计划，希望将本区优质教育资源“复制”到通州，与通州区共同构建与城市副中心相适应的教育公共服务体系。其中，第一个“3”是指由西城区最具代表性的三家单位：北海幼儿园、黄城根小学、北京四中，在通州区筹划新建三所学校(园所)；第二个“3”是全面提升西城区名校现已在通州开办的分校：北京育才学校通州校区、北京第二实验小学通州校区、北京小学通州校区；最后一个“1”是指由北京市第十三中学分校和第十四中学重点支持通州张家湾中学的发展，开展优质教育资源的共建共享。在支持学校的过程中，西城区力推的教育集团制、学区制等教育管理制度也有望在通州进行推广和生长。④

在大力引进区域外优质资源和经验的同时，通州区还着力以“内升”策略加快促进本土学校的质量提升。一方面通过建立潞河中学等教育联盟打

---

① 北京市通州区人民政府：《通州区国民经济和社会发展第十三个五年规划纲要》，2016年2月18日。

② 《四名校进驻通州》，《北京晚报》，http：//china.huanqiu.com/hot/2016—04/8832437.html，2016年4月28日。

③ 《八所名校确定进驻通州》，《北京青年报》，http：//epaper.ynet.com/html/2016—01/24/content_180104.htm? div=—1，2016年1月24日。

④ 《西城教育资源将“复制”到通州》，《京华时报》，http：//education.news.cn/2016—06/07/c_1119000615.htm，2016年6月7日。

造一批本地名校，扎实推进教育领域综合改革。另外，通州区准备按照国际化城市的标准，建设一个国际教育园区和一所国际学校，提升区域国际教育水平。整体而言，“十三五”期间，通州区将新建、改扩建中小学45所，新建、改扩建幼儿园(所)32所，新建一园(国际教育园区)一校(国际学校)，最终希望达到增加学位、优化布局，扩大优质教育资源的目的，力争打造与市行政副中心相适应的教育体系，教育教学水平处于北京市前列，实现通州教育事业的跨越式发展。①

在确立北京行政副中心的发展定位之后，通州区在教育优质资源的引入和发展方面取得了令人瞩目的成效。目前通州区教育资源建设涉及的范围之广、规模之大、种类之多、合作层次之深入、配套政策之灵活都开创了新历史。这固然与通州高标准、高规格的城市发展目标有关。有高标准城市发展目标在前，相关的政策制定者、教育实践者认识到，未来通州教育势必要走一条超越现行发展经验和实践规则的创新之路，才可能与“三个示范区”的新城定位及社会需求相适应。因此，举“全市之力”支持通州教育大发展，在当前最优质教育资源和实践经验基础上进行整体结构和具体机制的创新性探索，成为教育领域回应“综合性、国际性、创造性”城市发展目标的必然选择。

二、“一体化”管理方式加强名校校区建设

通州确立北京行政副中心发展定位之后，从北京市到各区县以至相关学校都加快了名校资源进驻通州的行动。仅2015—2016年期间，首都师范大学附属中学、中国人民大学附中、北京理工大学附中以及北京二中已经分别在通州区新建或承办、改建各自的分校区。与之前名校办分校的模式不同，这些校区采取“一体化”管理方式。在学校法人、师资配备、课程等软硬件资源输出方面，各通州校区都尽可能与本部校区保持一致，保证名校能持续向通州校区输出对学校办学而言最为核心的优质教育资源。但如何尽快针对当地生源情况、对接本土资源推进学校发展，促进优质教育资源再开发和优质文化的传播也成为影响“外引”名校优质资源政策的关键影响因素。

在上述名校校区中，首都师范大学附属中学通州校区(以下简称“首师附通州校区”)的办学情况相对特殊。与其他学校通过接管、改造通州区原

---

① 北京市通州区人民政府：《通州区国民经济和社会发展第十三个五年规划纲要》，2016年2月18日。

有学校的办学不同，首师附通州校区是在首都师范大学的旧校址上完全新建的一所年轻学校。该学校从办学理念到课程体系、教师支持方式等都采取和首师大附中本部高度一致的“移植”策略。这所学校的办学经历最能体现“外引”的办学文化和资源与本地教育系统、地方文化的融合、碰撞过程，这对于我们观察宏观政策背景下区域学校教育的发展具有典型意义。

(一)首师附通州校区的办学背景

2015 年，通州确定北京行政副中心的定位后，很快与首都师范大学签订战略合作框架协议。合作项目中包括由首都师范大学附属中学承办一所“高起点、高质量、高标准”的现代化中学。成立之初，这所学校就确定了“建设与北京城市副中心发展定位相适应的，特色鲜明、现代化、高水平的基础教育名校”的指导思想。在北京市教委、首都师范大学和通州教委的共同支持下，首师附通州校区与本部实行“同一法人、一校两址、一体化管理”，同属市级示范性高中校，并享受与本部相同的办学资质。在课程设置和教学管理上两校区实行“统一教材，统一课程，统一教研，统一培训”。

另外，首师附通州校区的师资选拔标准与首师大附中本部完全相同，由首师附通州校区自主招聘选拔。在现有教师团队中，该校 90%以上教师拥有重点大学硕士学位，90%以上教师拥有名牌重点大学博士学位。在教师研修等活动方面，首师附通州校区可以参加海淀区各学科研修活动，定期与附中本部各学科组开展教研活动。此外，首师附中为通州校区的年轻教师“一对一”配备特级教师进行“师徒结对”指导，北京市教委和首都师范大学也针对首师附通州校区的发展，成立了学科专家指导团。中高考主干学科均配备至少一名首都师范大学的资深学科教授。大学指导人员定期到学校开展专业教学指导。① 强大的政策和人力资源支持保证了首师附通州校区处于办学的高起点，为后续发展搭建了一个结构优良且可持续的专业支持体系。

2015 年 9 月首师附通州校区正式招生，新校园的建设在 2017 年正式启动。预计在 2019 年，一所能容纳 66 个班、2700 名学生的全新现代化校园将建成并投入使用。

---

① 资料来自北京市通州区教育委员对首师附通州校区的介绍，http：//www.tzedu.gov.cn/n12561883/n12562149/n12754498/c12937064/content.html。

(二)名校校区的本土化办学之路

依托名校本部和大学的丰厚资源，首师附通州校区在办学之初就已经具备得天独厚的发展优势。为深入了解首师附通州校区的办学经历及其思考，我们走进首师附通州校区，就学校的建校过程及挑战与该校校长、教师代表进行访谈。[①] 根据对访谈内容的分析与梳理，我们发现教师专业支持团队建设是学校办学中最为关心的焦点问题。以下我们以首师附通州校区为例，从办学理念的深化、家校协调和教师发展三个面向梳理“外引”优质办学资源如何本土化及教育实践再创造的经验与问题。

1. 以优秀理念引领学校建设，辐射周边地区

首师附通州校区在一年半的办学实践中，始终面临社会各界对学校在短期内取得学生高测评分数的质量期待。针对这一期望，学校一方面理性关注学生成绩，通过对学业测评成绩的深入分析，科学引导家长和社会各界对考试成绩的态度；另一方面，秉承首师附中“成德达材”育人理念，首师附通州校区坚持在新校区办学实践中建设“四修”课程体系，发挥“活动育人”的价值原则和课程特色。在“四修”课程框架的基础上，学校目前已初步完成四大类课程内容的建设：①基础通修课程，其特点是分层备课、分层教学、分层辅导、统一教材、统一进度、统一考试；②兴趣选修课程，以激发兴趣、发展特长、有效补充为目标；③特色必修课程，包括初中博识课、高中艺术素养、外教口语课，综合实践活动等内容；④专业精修课程，目前开设有阅读课、精修课、先修课、竞赛课等内容。

在推进学校各项工作的同时，首师附通州校区也尽可能通过扩大特色活动的资源覆盖范围在区域内建立与兄弟学校、机构团体的合作，增进彼此间的专业交流。例如，在 2016 年的校园科技节活动中，学校向周边 30 多所学校师生开放大门；学校邀请著名航天员景海鹏到校演讲时，主动向通州六中的师生发出邀请。另外，校长积极在通州区相关会议上介绍首师附通州校区的课程体系、育人理念和实践探索经验，就实践类课程的开发、走班制管理等热点问题与其他学校同行展开讨论。作为一所新建的学校，首师附通州校区坚守本部的办学理念和育人传统，同时勇于实践创新，在区域范围内呈现出不一样的教育文化和生态，发挥着自身独特的影响力。

① 资料来自 2017 年 1 月 18 日上午课题组对首师附通州校区丁伯华校长和刘天津老师的访谈。

2. 针对本地家长特点，建设家校沟通网络

家长是影响学校办学、学生发展的重要力量。海淀、西城等核心城区的名校办学经验在落地通州的过程中不可避免地要面对学生家庭环境、家长背景差异带来的冲击。首师附通州校区在运行过程中，遇到过一系列家校矛盾。矛盾的化解过程，也是学校的发展过程。例如，在学校实施“四修”课程过程中，就曾遭遇学生家长的质疑和反对，一些家长认为和中高考没有直接关系的学生活动都是不务正业，对学习的理解过于狭隘。还有一些家长对学校组织的家校共育或需要家长协助的活动表示不理解，表现出将孩子教育的责任推给学校的简单化倾向，没有充分意识到家庭教育与学校教育形成合力的必要性。诸多家校沟通、家庭支持力度不足等问题都是“外引”名校所在区域不熟悉或不常见的问题，相关分校必须实事求是分析问题，争取家长的支持，提升家校合作的质量。

面对不信任，首师附通州校区的校长和老师们通过家长会、家委会等沟通平台加强与家长的对话，甚至提出在学校发展过程中，要肩负起对家长进行教育、引导的责任。学校要求每一位教师要能够在日常工作中如实回答家长提问，坦诚面对家长的各种担忧，让家长看到学校及教师的努力和专业能力。另外，学校积极帮助年轻班主任提高与家长沟通的能力，定期举行班主任例会，通过经验介绍、问题研讨、专家引领环节，帮助年轻老师成长。从家校沟通机制建设方面，家长会、家委会、家长培训、家长课堂等各个层面的沟通管道正在不断壮大，从而整体上构成系统的家校沟通平台。家长会、家委会等平台起到定期向家长通报学校重要工作计划和实施进度的作用；家长培训、家长课堂等活动则周期性地向家长们宣传学校办学理念、介绍优秀教育经验、引领家长教育理念的发展。这些沟通平台在改进家校信息交流情况的基础上，起到了开阔家长视野、改变家校双方行动方式的作用，使得学校和家庭的沟通和合作具有了扎实的共同基础。

3. 统筹多方资源，创新教师校本支持体系

教师团队的专业水平是制约一所学校办学水平的关键因素。通州区“外引”名校在提升学校办学质量的过程中，往往选择以教师的校本支持体系建设作为内涵发展的主要途径。其中，首师附通州校区在教师团队建设与专业支持方面的需求尤为典型。从学科背景、学历层次而言，首师附通州校区的教师团队无疑是一支精英队伍，但从教育教学经验和专业发展阶段来看，这支队伍中大多数人是新入职教师，还有相当比重是非师范专业教育背景。他们中很多人需要在工作中发展自己的教育教学观，快速提升理论及实践能力。

学校首先从分析外部专业支持资源入手，明确了首师大学科专家指导团、首师大附中本部教师研修以及海淀区、通州区教师研修学院教研活动这三大专业资源板块。综合考虑本校教师的发展需求、学习特点，并结合一定的专业活动比较，首师附通州校区最终选择了首都师范大学和通州区教研活动作为主要合作方，集中力量搭建校本研修平台，形成科学、可持续的教师发展机制。一方面，学校加快与首都师范大学的合作，落实“学科专家指导团”的成员及指导机制，保证大学的支持力量覆盖到各主干学科教研组；另一方面，学校综合比较海淀区教研、通州区教研和首师大附中本部教研活动对促进本校教师发展的效益和成本，选择以通州区教研活动为主线，有侧重地向附中本部教研活动和海淀区教研活动借力。在引入外部教师研修资源的基础上，首师附通州校区特别注重由外至内促进校本研修机制的建立和完善，特别是大学“学科专家指导团”的很多工作内容都采取了“外部支持专家与学科组校本研修”相结合的方式来推进，从内容到研修方法以至于整体机制都在促进学校校本研修的发展。

在建设校本研修机制的同时，学校还着力引入有经验的教师，以调整教师队伍结构。2016 年，首师附通州校区开始从通州本土学校中引进一批教学经验丰富的成熟教师担任部分学科的教研组长。这些教师将带领年轻的同事们开展校本研修活动，进一步整合、用好丰富的教师专业学习资源。就研修方式而言，目前学校采取“3＋3”自我研修计划，即听 3 节其他老师的课，录 3 节自己的课，写感想、写对问题的反思，并且由校长亲自批阅。这样一种听课、研讨、自我观察、反思相结合的序列学习方式旨在鼓励年轻教师关注问题、正视自我，从而不断激发教师的学习力，实现自我提高和不断调整。

目前，首师附通州校区正在旧校址上阶段性地推进教学楼的修建计划。相关设计方案充分体现出“以人为本”“面向未来”“科技、智能、绿色”的指导思想，同时也充分考虑了学校的课程理念和走班制等管理方式。在未来几年内，这所学校的规模和办学质量要求还将逐步扩大和提升，教师的专业发展要求也会随之上升。我们相信随着校园育人环境的变化，首师附通州校区教师整体的专业水平还将随着软硬件条件的改善而不断提升，学校教师专业支持体系将在机制和管理上迎来更深层次的创新。

然而，从目前的发展情况来看，以首师附通州校区为示例的这一批名校校区，在课程建设、教师支持体系建设等学校主要工作领域仍处于机制形成与功能稳定期。很多被实践证明是有效、有创意的做法或资源材料还是一种随机、分散出现的状态，尚待全面整合并形成稳定、成熟的办学机制及行为。后续的政策和资源支持可酌情向引导学校形成稳定的办学机制、内涵特征这一方向集中。此外，在推动优质资源和办学行为本土化的过程中，一些具有本土特征和创新性的实践探索，例如，首师附通州校区如何综合利用外部专业资源，创造性地与通州区的教研活动、大学专业支持活动相结合形成独特的校本教研支持体系，这些优质资源的整合利用与本土化创新是北京市推动优质教育资源扩大化的实践成果，值得相关实践者、研究者进行进一步的记录和研究。相关分析对于处在高速发展期的通州教育而言也具有深远的启发和研讨价值，值得进一步挖掘和使用。

三、加强教师专业发展，保障基础教育可持续发展

通州区在整体开展教师研修、专业支持工作方面，过去的目标和要求是能跟上市里步伐，现在则期待通州教育在“十三五”末达到几个教育水平较高的城区的水平，并要求有示范引领的亮点和突破点。在区域政治、经济、文化迅速发展的大背景下，作为支持全区教师专业发展的专门机构，通州区教师研修中心(以下简称“研修中心”)充分感受到了教育质量提升的紧迫性，同时也在积极探索工作突破的可能性。

立足于北京城市副中心的城市定位目标和教育规划格局，研修中心在稳步推进教师研修内容与学习方式变革的同时，着重探索本机构在区域教育和城市公共服务中承担的职能定位和具体发展规划。为深入了解通州区教师专业支持工作推进整体规划、提升管理能力的思路和进程，我们走进了研修中心，与机构负责人进行了深入、细致的访谈。[①] 以访谈内容为主，结合研修中心“十三五”发展规划、相关政策文本分析，我们系统梳理出了通州区教师研修支持体系在区域教育资源结构重组背景下的规划和变革思路。

(一)打破内部壁垒，以学术品质引领教育发展

对通州区教育质量的高要求，促使负责本区教师发展的研修中心重新思考职能定位，并聚焦在如何通过机制的转型升级，系统高效地实现教研员的提升问题上。负责人认为把研修中心打造成为一个学术基地，向生产思想的学术型机构转型，方能实现教育的跨越式发展。为实现向学术型机构方向的转型，研修中心通过超越学段和学科边界，来创造思想产生的制

---

① 资料来自 2016 年 11 月 7 日下午课题组对通州区教师研修中心李万峰主任和全斌副主任的访谈。

度环境。在借鉴先进地区的教师培训机构亮点以及中国科学院之前采用的学部制基础之上，研修中心提出了如下建设学术型机构的改革设想。学术委员会作为该学术机构的最高层，其下拟设立教育人才发展、教育科研、课程教材研究等十大学术中心，并以课题项目的形式来推进。课题向全院招标，以人员组合的方式打破部室间的界限，这需要通过各学术中心协同研究。除学术中心外，学术委员会下面还拟设置十几个学部，如语文、数学、英语、自然科学、人文与社会等，将以邀请国内外知名专家参与的高峰论坛形式来推进。①

向学术机构转型的高战略定位，是为适应通州成为城市副中心对快速提升教师专业能力的高要求。随着部室间边界的打破，教研员惯有的学习边界也将被打破，新的学习内容和方式将形成。高峰论坛的举办和大学资源的引入，也将为这种新型教师学习共同体的形成和发展助力。对大学资源的更好利用，将有力帮助教研员提高学术能力，从而更有效地支持本区教师专业能力的快速发展。教研员学术能力的提升，要求他们对教师专业发展的理解更为深入。教研员不仅要擅长学科上的指导，还要善于倾听一线老师的声音，发现一线教师的深层困境，帮助他们梳理造成困境的原因，具备将教师的问题转变成发展动能的眼光和能力。如何利用大学的专家资源提升教研员全方位的学术能力，是研修中心在职能转变过程中不容忽视的一个方面。

（二）打通外部连接，探索联动共生的教研模式

通州区对教师专业发展的支持，不仅呈现出贯通内部学科学段的态势，也在打通与外部的多层连接。

其一，它是以开放的心态，连接引入的名校。据介绍，研修中心把选择培训区域的权力交给引入的名校，既可以回本部所属区域培训，也可以选择通州区。选择权下放的同时，研修中心也对自身教研活动提出了更高的要求，以满足名校老师的需求。据首师附通州校区的教师代表说，能感觉到近年来通州教研正在向海淀靠拢。研修中心不仅把名校进通州带来的压力转化为动力，也将其视为发展的机遇和资源。例如，人大附中通州分校选择暑假不参加通州区的培训，而是由分校校长对教师进行自主式培训。研修中心看到了联动教研的契机，与外引分校共同研磨培训方案，让本区其他学校也得以参加这样优质的校本研修。开放包容的态度，有助于

① 资料来自《通州区教师研修中心机构改革构想（2016 年内部讨论稿）》。

打破封闭下的僵硬，发现并利用所有资源，促进多方的共生性发展。

其二，均衡区域内的教研资源。通州教研在以行政上横向划分城区和农村地域的同时，基于均衡发展的考虑，再进行纵向的划分。把城区校、城区接合部以及农村校结成组，统筹开展教研活动。区域教育的整体推进还需探索更多元的均衡和联动方式，帮助结对的学校在学习型社区的视角下，实现互补和共生。

其三，形成品牌效应，打造中国一流的教师培训是研修中心“十三五”规划中的一项目标。“十二五”期间已创建国家级教师培训基地，承接了国培省培项目，为教育发达地区做过培训，也支援了欠发达省份骨干校长和教师培训，其中包含河北省。在京津冀协同发展这项重大国家战略的大背景之下，笔者建议研修中心创造更多京津冀教研协同发展的机会，这不仅能促进自身的发展，同时也能加深对国内师资培训的整体理解。

此外，研修中心还希望“十三五”期间能走出国门做培训项目。上海PISA测试成绩让国外逐渐了解中国教研员队伍的重要性，这也意味着向国外输出教研培训的市场潜能。通州教研如能跨越国别边界，将反哺自身的内涵发展，并成为通州区走向世界的一座桥梁。

通州区在支持教师专业发展上，显现出跨机构、跨区域、跨国界的互动思考。这些打破边界的思考有利于跳出固有的思维框架，但需要关注在跨越边界的挑战中引发对话的可能性，培养教研员学术能力中应包含的不带价值判断的提问和对话能力，通过自主对自身引领教师学习的经验进行重构，帮助教师对教学事件的意义进行更为深刻的探求。另外，研修中心在利用外引学校自身资源的基础之上，还可以继续发掘外引学校背后的资源，如为首师附通州校区的师资建设提供高效支持的首师大专家资源。如何把目前单校扶持的大学资源，整合到区域教研的整体层面，进一步为区域教育均衡发展服务，是值得思考的。

（三）转变身份，以学习为中心开展研修

除了打破机构内外的边界，通州区的教师发展还呈现出以学习为中心的特点，如研修中心的“十三五”规划与“十二五”相比，教研从教法与学法的二元对立走向了以学习为中心。

“十二五”规划中提出的研修一体化，把割裂的科研与培训相结合，“十三五”中进一步提出“研学共振”①的新目标。“研”指的是教研员对教师、

① 资料来自《通州区教师研修中心“十三五”规划（2016年内部讨论稿）》。

学生、学校管理者如何“学”展开研究，从而更好地指导他们的“学”。“学”分为教研员学、教师学、学生学以及学校管理者学，这四个主体共同学习，协同发展。教研员的“学”则指教研员去学校授课，直接了解学生的学情、学法、实际获得感等，这种走进课堂“下水”教研的模式，受到了一线教师的欢迎。基于教研员对学情了解不足的现状，研修中心希望在“十三五”中借助大学的大数据平台来实现突破，例如首先在通州做起的北师大“高精尖”项目，能精准定位学生的学习问题，提高学生学业成绩。而正在联系中的首师大“靠谱”项目，则可以诊断老师的教学问题，以提高教师的专业水平。

“研学共振”的提出是研修中心实现“十三五”期间师资跨越式发展在理念上的一个创新。这个新理念把学生和学校纳入学习的主体中，不偏废各主体的学习，而是教研员围绕学习这个中心，通过“下水”研修制，以“研”助“学”，以“学”促“研”，形成“研”与“学”间相辅相成的合力。从“研修一体”到“研修共振”的发展演变，要求教研员身份的变化，由之前的指导教师怎样上课的指挥者，到需要进行示范性教学的实践者。从原来的理论指导，到要把理论变成示范性的案例，更有效的指导教师提升课堂教学效率及教育教学质量。

大学资源的进入，将丰富通州区研修队伍的专家力量，助力教师的专业发展。值得进一步思考的是，如何与“高精尖”“靠谱”等大学项目进行更深层的合作，既能依靠大数据进行普遍性的诊断，又能发现本区教师独特的问题和发展契机。在本区域还未对内部独特资源进行系统梳理和深入理解的情况下，大学资源的引入未必能达到预期的效果。毕竟教师发展除共性以外，还有区域或自身的独特性，而这些大数据诊断所不能触及的地方，可能是教师专业发展中更为关键的桎梏所在。

（四）突破常规思维，寻找发展中的制高点

为实现通州区“十三五”规划中达到城区教育水平的目标，支持教师专业发展的研修中心在尝试寻找教育发展的制高点。据介绍，通州区将在北京第一个进入5G时代，研修中心希望能抓住这个机遇，借助互联网，改变学习方式，实现教育的深度变革，推动教研向更加个性化，私人定制的方向转型，通州已有教研员开始用互动式直播方式开展教研。负责人认为通州教育如果能把握智能化的先机，就将成为智能教育时代的引领者。

大力推进信息化是通州区期待实现“十三五”期间教育跨越式发展的重要契机，但信息化对研修模式的变革性作用，不能仅体现在方式的便捷性

上，更要着重去思考如何为研修的内涵发展服务。以教研员为中心的研修方式，通过互联网的助推，将出现更多自下而上动态生成型的主题研修，形成更多样态的教师研修共同体。在寻求“互联网＋教育”更多可能的同时，不能忽视信息化工具性与教师教育人文性的融合问题。

在缺乏面对面情感交流的互联网上，教研员要能创建安全的心理环境和交流氛围，并对教师内心的需求和变化有细腻的发现力和敏锐的感知力。如果不考虑这些情感因素，基于互联网的教师研修将落入形式化的窠臼，而不能真正助力更为个性化的教师专业发展。

（五）发掘本土特色文化资源，开辟与国际教育的对话空间

为适应通州国际新城建设，研修中心希望获得更多跨国文化体验式的培训机会，以培养具有国际视野和专业水准的卓越教研员和教师，并认为国际教育是通州教育快速发展的潜力区之一。但目前通州教师境外学习的机会和比例较低，引进有资质的外教也不容易，这些都制约了国际教育的发展。在注重教育国际化的同时，研修中心还关注国学教育和本土运河文化，但却忽略了本土化与国际化关联的可能性。

教育的国际化，并不是教师单向地出境学习，更是植根于本土文化的双向交流。研修中心可以以大运河申遗成功为契机，挖掘运河文化及其蕴含的校本课程资源，将对运河文明的理解嵌入国学教育中，建设有通州区域特色的教育文化和课程资源。当教育扎根于对本土文化特殊性的深刻理解基础之上时，才能与不同的文化形态进行理性的对话，而不是盲目地复制或借鉴他国的教育经验。地域特色的差异性，是跨国交流的驱动力之一，可以尝试以回归的视角，把对本土特色文化资源例如运河文明的发掘，看成吸引发达国家教育资源的一条蹊径。而教研员如何通过自身获得并培养教师的国际理解和对话能力，可能是比出境学习更急需解决的问题。

从以上五大规划特点中，可进一步梳理出在发展城市副中心的大背景下，通州教师发展支持体系为实现教育强区这一目标，在资源利用、内升外引、创新发展方面进行了探索，从而以保障基础教育可持续的快速发展。区域行政定位的改变为通州区带来了大量优质的教育资源，外引学校和大学专家资源的进入，将助推本区教师质量的提升。但外来资源并不能保证师资质量的必然提升，还需将内外零散资源进行对接，推进与教育实践的对话和整合，如此才能更好地利用外来资源，提升内部教研员有效助

推本区教师专业发展的学术能力。

面对建设城市副中心对通州区教育提出的高要求，通州区在为教师专业发展提供支持方面，始终把学习和发展放在中心位置，积极寻求不违背教育规律的可持续发展的飞跃点。旧有工作的边界和形态的打破，为教育教学关系的重建助力，为推动通州区域教师研修的自身变革提供坚实保障。研修中心在内升自身经验和问题视角的同时，也很看重外引学校带来的优质资源以及他们在本土展开实践探索积累的经验，注意促进区域内跨校共享和合作，同时针对外引学校提出的培训需求和教师专业特点，反思、调整原有研修模式的桎梏所在，进而推动区域教师的整体发展。

围绕对教师专业发展本质的探究，研修中心提出“研学共振”的创新理念，突破“研”与“学”的二元对立思维形态，寻找教育创新的可能性。服务教师发展的核心价值观是教师发展支持体系创新的内驱力，这个稳固的价值观体系，能激励创新，生发新的学习样态，发掘新的发展契机。教研员学术能力中基于问题发现和理解的创新性思维的形成，在研修创新从理念到实践的落实过程中尤为重要，将引领全区教师释放出更多的创新空间，不断探索有助于实现教育跨越式发展的独特突围之路。

四、思考

面向北京市行政副中心的城市定位，通州区大力引入基础教育优质资源，在丰富教育资源的同时，更需要促进当地教育实践内在的交流和创新，整体提升区域教育质量。我们以首师附通州校区为例，集中剖析一所学校在“外引”优质资源基础上所做的教育本土化探索。这样的探索需要实践者充分比较和选择教育资源，从具体问题出发推动资源的创造性利用和组合，很多时候甚至要主动挖掘本土资源，以问题解决为导向促进外引资源与本土资源的结合。例如，首师附通州校区针对本校教师发展的实际需求，对大学、海淀区、校本部的相关资源进行合理的取舍，搭建起更具适切性的校本教师研修体系。这个过程不仅需要梳理资源的相互关系，还需要转换单一的资源视角，建立起资源开发的管理机制。这样一种从资源视角走向实践机制创新的思路在学校办学的方方面面工作中都需要循序渐进地推进，并最终成为学校办学机制的一部分。

从通州区域教育整体发展的角度来看，通州研修中心这类区级业务部门承担着宏观或中观层面的规划、统筹、实践变革等重大责任，同时面临着巨大的制度创新的机遇。随着教育资源的快速丰富以及专业对话机构的多元化，不论是“外引”学校还是“内升”学校的成员，整体的专业水平和发展需求都在随之不断提升，区级管理部门和业务部门需要及时跟进这些需求，并调整自身功能定位和工作方式，展开必要的专业引领。通州区教师研修中心从自身发展基础出发，在对区域教育格局进行整体研究之后，拟定了向学术型机构转型这一方向优化机制建设。其中重要的改革抓手是以提升教研员的学术能力促进通州区教研水平和教育质量的跨越式发展。但值得注意的是，构成学术能力的一个核心要素是独立思考，思想的产生不仅是知识的积累和整合，更重要的是要有审辨式思维能力，既能冷静观察到现有视角的不完备以及现存理论的偏见或偏差，又能分析出现状的模式和瓶颈，并看到重新建构的可能性。这样一种综合能力的提升需要一定的发展周期，而且需要突出与教研工作相对应学术能力的特点和发展规律。通州区教研员的学术能力水平现状如何？如何快速、有效地提升教研员队伍整体的学术能力？这些问题还需要区教研中心在推进向学术机构转型的过程中进一步调研、思考。

另外，作为区级层面的业务部门，区教师研修中心这一类机构在推进自身队伍建设的同时，还需要加强对区域教育整体格局变化的宏观思考，并相应规划业务引领的改革方向。以区教师研修中心的案例而言，目前该部门比较重视对“外引”学校和重点“内升”本地学校发展需求的研究，也有意识地结合区域内优质教育资源的建设情况推进教研方式和内容的变化，搭建校际之间的经验交流和资源再开发。但从宏观规划层面来看，教研中心对于区域教育的整体发展目标还未达成稳定的共识，对于区域内城乡、学区等均衡发展问题的研究和讨论还远远不够。随着未来通州区域城市定位和基础建设的进一步完善，区级教育管理部门和业务支持部门对于整个区域教育发展定位及其核心问题的把握会日渐明晰，区域教育的整体规划和工作推进也必然会向系统性和深刻性同时发展。但是，这一步需要相关教育部门尽早开始做持续、深入的调研和整体性思考，如此才能配合政策和城市发展的走向，准确把握区域教育发展的核心问题。

本文以通州区教师研修中心和首师附通州校区两个典型案例，试图点面结合地剖析在“内升外引”教育政策之下，通州区域教师专业学习需求及其支持体系正在发生的变化。通过相关梳理我们能够看到不论是学校的具体办学实践还是区域整体的规划和业务支持，都在积极进行资源的最大化开发，并体现出由资源建设向深层次实践机制创新迈进的行动方向。这一方向在通州区推进与北京行政副中心相匹配的教育建设过程中应当处于核心地位。资源建设是教育质量提升的基础，但在多样、丰富的资源基础上，各级各类行动主体还要以教育实践的发展、教育质量的提升为问题主线，跳出单向的资源建设视角，将有效、有益的建设行为上升至教育实践变革的支持机制。这个过程既需要保护各级行动主体的主动性，允许大家在合理的范围内进行实践探索，允许试错，积累有价值的经验，同时也对各级机构的管理、协调和整体规划能力提出更高的挑战。如何引导大家在共同的改革目标和实践中走向进行多样、高效的实践探索？搭建何种机制促进实践经验的交流和资源共享？怎样促使优秀的实践成果转化为知识，甚至成为相关机制自我发展的一部分？这些问题不仅在教师专业支持领域需要关注，也值得通州教育在推进各方面发展过程中优先思考，并相应地进行政策设计。

（徐月　肖静）

专题三　PISA 国际测试·北京

欧洲中部时间 2016 年 12 月 6 日 10 点 45 分，经济合作与发展组织(The Organization for Economic Co-operation and Development，简称 OECD)公布了 PISA 2015 测试的结果。北京、上海、江苏、广东组成的中国部分地区联合体(B-S-J-G，China)位居总分第十。① 北京市共有 11 个区县(含房山区)77 所学校的 2700 多名学生参加测试。② 这次测试将北京基础教育放到了国际比较的平台上，使我们对北京教育有了新的认识视角。

一、北京市参与 PISA 测试概况

PISA(Programme for International Student Assessment)即国际学生能力评估项目，是由经济合作与发展组织 OECD 于 1997 年发起的为 OECD 成员国协作监控教育成效的评价项目。该项目应用现代教育测量理论测试不同国家和地区 15 岁学生在阅读、数学、科学等领域的发展水平，还通过学生和教师问卷了解学生所处的学习环境，以及学习动机、态度等，从而建立国际化数据平台，进行国际比较，评价各参与国家和地区的教育成效，促使他们审视自身的教育质量、公平性和发展效率，建立和完善教育检测指标体系，推动教育改革与发展。2015 年 70 多个国家和地区参加测试项目，是世界上颇具影响的国际教育评价项目之一。

为跟踪国际最前沿的教育评价理念、方法和技术，服务于国家的宏观教育决策，我国教育部考试中心 2006 年与经济合作与发展组织签署了 PISA 中国独立研究科研项目的合作协议，按照 PISA 的技术要求和标准、使用 PISA 评价工具，由教育部考试中心相关部门在中国独立开展 PISA 的试测研究，研究结果仅限内部使用，不向 OECD 提供测试数据与结果，不

① 《2015PISA 测试结果公布：中国名列第十，数学表现突出》，http：//edu. qq. com/20161208/020427. htm，腾讯网教育新闻，2016 年 12 月 8 日。

② 《PISA2015 测试在北京顺利实施，2700 多名学生参与》，http：//edu. china. com. cn/2015—04/27/content _ 35427114. htm，中国网，2015 年 4 月 27 日。

参加国际排名。2009 年和 2012 年，中国上海地区正式参加 PISA 国际测试，2015 年，北京、上海、江苏、广东 4 个地区组成中国部分地区联合体，中国以参与国身份正式参加 PISA 国际测试。2006 年、2009 年、2012 年、2015 年，除了正式参加的地区外，还有其他中国地区参加中国 PISA 独立测试。

2009 年、2012 年北京市房山区都参加了 PISA 独立测试，2015 年北京市作为中国样本区域，按照 PISA 测试规范抽样要求正式参加 PISA 测试，其中房山区既作为北京市样本参加正式测试，又保留了房山区独立测试的身份。也就是说，在 2015 年 PISA 测试结果中，只公布中国部分地区联合体的有关数据，不公布北京市独立数据；房山区有独立测试数据，但不向 OECD 公布，不参加国际排名；房山区的数据包含在中国部分地区联合体的数据中。

2015 年 PISA 测试，北京市(不包括房山区)有 32 所学校被正式确定为测试样本校，最终实际参加 PISA2015 的学校共有 31 所，学生 1162 名，教师 739 名。参加测试的学校分布在东城、西城、朝阳、海淀、石景山、通州、顺义、密云、昌平和大兴 10 个区县①。房山区作为独立测试区全区所有学校(含职教)全样本参与学生抽样，根据 PISA 抽样规则，房山区共抽取 46 所学校、1600 名学生参加测试。结合北京市其他地区抽样结果，北京市共 77 所学校参加测试，涉及学生 2700 多名。②

二、房山区基于 PISA 独立测试的行动

房山区在 2009 年和 2012 年先于北京市参与了 PISA 测试。他们不仅获得了区域测试数据，对区域教育有了一个新的审视视角，还借鉴 PISA 测试理念，完善区域教育评价，发展区域教师培养模式，推动了区域课程改革。房山区先行参加 PISA 测试及其跟进的研究与实践，为北京市其他区域提供了经验。

(一)房山区参与 PISA 独立测试的缘起

考试评价改革是课程改革的重要组成部分。从 2007 年起，房山区教委着手进行考试评价研究。他们希望找到一种评价方式对教育过程进行有效

① 资料数据由北京教育科学研究院相关工作人员提供。

② 资料数据由北京市房山区教育委员会相关工作人员提供。

监控，并以此引导教师关注学生能力培养，推进区域教育改革，提升区域教育质量。

房山区教委邀请教育部考试中心的有关专家指导研究工作，而此时教育部考试中心也正在寻找乐于参与 PISA 独立测试的区域。就这样，房山区成为 PISA 独立测试区域。

参加 PISA 测试的区域要配合 PISA 组织完成提供全样本信息、抽样、试测、准备考场、组织考试等一系列工作，需要有一批人员配合，且每个环节都要严谨，而且很多环节需要保密，这对组织者来说，还是很烦琐的。在刚刚接触 PISA 时，房山区教委抱着与考试中心合作的态度，考虑到既支持了考试中心的工作，又能获得一些国际比较数据，所以同意参与。但是，与 PISA 接触后，房山区教委发现，在以往考试评价体系中无法回答的问题，如“当下的教育质量与孩子们未来成长需要的能力是否一致？现在培养的学生能否引领未来区域的社会经济发展？基础教育管理改革的方向是否正确?”恰恰是 PISA 力求回答的问题。一些参与 PISA 工作的教师，虽然有保密要求，但是他们的评价观、课程观等明显发生了变化。于是，房山区教委决定把 PISA 当成一项重要工作来做。

(二)房山区 PISA 评价项目的工作目标

房山区教委希望通过参加 PISA 评价项目，从国际视野了解本区域教育质量，找到描述学生能力和思维发展水平的方法，并借此建立区域考试评价系统，引领教师专业发展、改进课程设置，指导教育综合改革的方向。为此，房山区教委明确提出了 PISA 评价项目的工作目标。

1. 学习新的评价理念和方法

PISA 是建立在终身学习的动态模型基础上设计的测试，测查目的是测量 15 岁青少年对于迎接现今高科技和知识社会挑战的准备情况，所以 PISA 关注学生运用知识技能处理对现实生活的挑战能力，而不仅仅是考查他们对学校特定课程的掌握程度。PISA 测查领域包括阅读能力、数学思维和科学素养，2012 年又增加了财经素养测试，结合相应的问卷调查，PISA 从个体学习者、教学、学校及教育体制四个层面对测试数据进行分析，同时从社会、文化、经济以及教育因素等方面考查评价学生和学校的特征。

房山区希望利用先进的评价观念和方法改造本土的考试评价系统，在全区建立命题科学、评价体系完整、评价方法多样的考试评价体系，改革考试内容和形式，实现考试的标准化和科学化，深化对学生能力素养、学习力和学习潜质的测评，实现对基础教育质量的全面监控。

2. 审视评价房山教育

PISA 评价项目包括四个子目标：学习成果的质量，学习成果的等价性和学习机会的均等性，教育过程的有效性和效率，以及教育对社会经济的影响。① 相对于一般的考试测验，PISA 更关注群体测查结果，其测量目标是发展常规的、可靠的、与政策相关的学生成就指标，从而实现对国家教育体制的质量、公正性和教育效率的评价。对于政策制定者而言，通过 PISA 测查，能够对比自己国家和其他国家教育系统的成就表现，总结已有政策的经验，改善教育体制，并基于 PISA 提供的指标更好地评价和监控教育体制的效力与发展。房山区教委也希望借助 PISA 评价项目，从国际视角评价房山区教育发展现状，并基于未来人才的发展需要，审视房山区的教育发展方向和路径，为区域教育决策提供依据。

3. 以“评”促“教”推动教育改革

房山区希望充分发挥考试的评价、导向、咨询功能，利用 PISA 数据诊断教育问题，同时在区内建立科学的评价数据统计工作机制，促进教育评价，推动学生的全面发展。

4. 拓宽路径变革教育管理模式

利用 PISA 测评结果中对区域教育的分析，创新教育管理模式，注重基于数据和研究的教育决策建议，提升教育管理水平，优化教研指导能力，以研究、指导、服务型的教育管理模式替代以往监管型的教育管理模式，促进教育参与者的专业水平，提升区域教育质量。

（三）房山区基于 PISA 促进教育发展的工作策略

为了落实 PISA 评价工作的项目目标，房山区教委做了很多努力。

1. 引导教育参与者认同 PISA 测试理念，接受 PISA 测试

在引入 PISA 之初，并不是所有人都乐于加入该项目，甚至还有很多反对者。因为 PISA 测查对象是 15 岁的孩子，他们正处于初三年级中考备考期，升学的高利害关系使家长、学生和老师都担心额外的测查负担会影响孩子的中考成绩，学校领导也会顾虑测试对学校正常教学秩序的影响。为此，房山区教育行政部门一方面通过对干部、教师、家长的层层宣讲详细说明 PISA 的测查理念，指出 PISA 的测试方向是考试改革的发展方向，

---

① OECD(2016)，PISA 2015 Results（Volume Ⅱ）：*Policies and Practices for Successful Schools*，PISA，OECD Publishing，Paris. http：//dx. doi. org/10. 1787/9789264267510-en.

参加PISA测试无论对于参与的学生还是对房山区教育整体发展都是有意义的；另一方面拿出切实的工作方案，使试测、抽样、测查等工作清晰有序，这将对孩子的影响和对学校教学的影响降低到最小程度。通过做这些细致的工作，获得了学校、教师和家长的认同，终于在区域内达成参与PISA的共识。随着PISA 2009年测试完成，参与PISA的学生和教师，都对PISA的评价理念、运作过程持肯定态度，也为PISA后续工作的推进打下了基础。

2. 使全区各领域党政干部了解PISA测试

教育部门做教育的事，但教育不仅仅是教育部门的事。PISA测试的目标是评估15岁学生——部分学生即将走向职业领域的年龄——是否具备了应对未来生活工作挑战、促进社会发展的能力和素养；PISA不仅关注了学生阅读、数学、科学等方面的能力素养发展，也关注了参与国家和地区的教育卓越、公平、包容的程度。PISA测试实际上是对社会发展的预估。房山区教委借鉴PISA测试理念，提出"站在未来发展的人才需求高度，评价现在教育成效"的区域教育发展理念，并将这种理念向全区教育系统内外的党政干部进行宣传，使全区干部队伍了解教育发展的方向。除此之外，房山区教委还邀请教育部考试中心PISA中国独立研究专家和学生素养发展的有关专家做了多次专项培训，部分培训纳入了全区党政正职培训的计划中。

3. 创立专门机构负责结果研究和成果转化

为了组织参与PISA中国独立研究及其后期结论研究和成果转化推广，房山区教委在考试中心成立了考试评价研究办公室，任命专项负责同志并引进研究人员在教委领导下专门从事考试评价日常工作。该机构承担了房山区2009年、2012年的PISA中国独立测试和PISA 2015正式测试的组织工作。该机构更重要的工作是基于PISA测试开展区域教育评价研究和推进工作，包括：整理分析PISA测试结果和结论；对区域内教师开展考试评价技术的培训，促进考试评价与教学的融合；策划和组织区级大型考试、组织阅卷和数据分析；解读考试分析数据，指导教师提高课堂教学实效；探索按照增值评价理念进行考试结果与背景分析相结合的评价方法等。

4. 设立专项研究，引领教学改革

PISA通过学生在阅读、数学、科学领域的发展水平预测学生未来发展能力。据此，房山区分别于2011年、2013年和2014年启动了阅读能力提升项目、数学思维能力提升项目和科学素养提升项目，这3个项目均为教学实验项目，邀请相关学科的教学专家和区内骨干教师，通过跨学段、跨学科、跨地区的研究，明确学生相应能力发展和素养发展的基本含义和教学内涵，开发相应课程资源、制定有效的教学策略和合理的评价方案，将能力提升与素养发展的教学理念与日常教学活动相融合，努力实现房山区学生素养培养和能力提升教学的科学化、常态化；同时，探索教师学科能力和素养培养机制，创新教师培训方法和评价机制，为教师和学生的发展构建强有力的保障和实施平台。

（四）房山区 PISA 评价项目的工作效果

1. 房山区三次 PISA 测试的成绩

房山区分别于 2009 年、2012 年、2015 年参加了 PISA 测试。表 3-1 列出了房山区测试的基本情况和数据结果，也列出了新加坡（PISA 测试 2009 年第五名，2012 年第二名，2015 年第一名）的有关数据。表 3-1 中还列出了 2015 年参加 PISA 正式测试的中国四个地区联合体的表现情况。图 3-1 为三个年份不同地区的 PISA 数据比较。

表 3-1　房山区参与 PISA 测试情况

时间	地区	参与学校数	测试学生数	阅读能力	数学思维	科学素养
2009 年	房山普教	25 所	813 人	472	536	504
	新加坡	—	—	526	562	542
2012 年	房山普教	23 所	817 人	539	580	550
	新加坡	—	—	542	573	551
2015 年	房山普教	42 所	—	534	566	551
	房山整体	46 所	1600 人	529	561	546
	新加坡	—	—	535	564	556
	中国四个地区联合体	9178	145 万人	494	531	518

注：2015 年以前，房山区参与测试的都是普教系统的学生；2015 年，房山区所有 15 岁学生作为测试样本，抽样后，两所职高和两所中专的学生参与了测试。

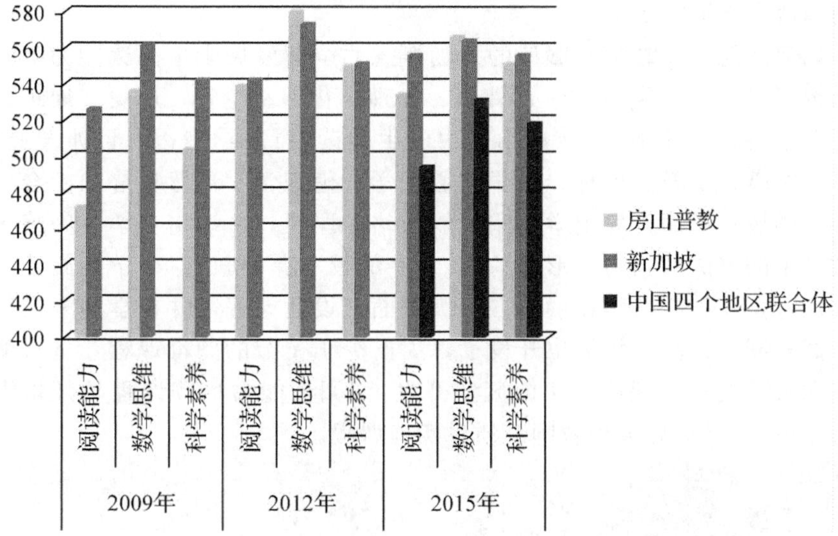

图 3-1　房山普教—中国四个地区联合体—新加坡 PISA 数据比较①

从上述图表可以看出，2009 年中国独立测试中，房山区学生在阅读能力、数学思维、科学素养每个方面都低于当年国际排名第五的新加坡的各项成绩。2012 年中国独立测试中，房山区学生在三个领域的成绩都得到了提升，与当年国际排名第二的新加坡相比，阅读能力分值稍低一些，科学素养成绩与新加坡持平，数学思维成绩已经超过了新加坡。2015 年正式测试，房山区普教系统学生在三个领域的成绩与国际排名第一的新加坡全都持平。可见，在三次 PISA 测试中，房山的进步是显著的。

2. 区域课程的调整

2009 年 PISA 测查的主领域是阅读能力。房山区样本得了 472 分，比当年上海地区样本成绩 556 分低了 84 分，比 OECD 的平均成绩 493 分还低了 21 分。显然，在阅读教学方面房山区存在问题。经过研究，房山区发现，阅读教学中最大的问题是教师对阅读概念的片面理解。本区教师在引导学生阅读时，阅读领域很小，主要以文学作品为主，对学生阅读能力的培养也只集中在检索和获取信息方面。而 PISA 的阅读素材领域包括文学、科技、生活等方方面面，素材形式也不仅限于文字，还有数字、图表等。PISA 的阅读素养既包括运用文本内的信息，如获取与检索信息，形成广义的理解或具体的解释，也包括对已有外界知识的运用，如反思与评价文

① 表 3-1、图 3-1 中房山区参与 PISA 测试的数据由房山区教委相关工作人员提供，新加坡相关数据和中国四个地区联合体的数据来源于 OECD 历年公布的 PISA 测试数据。

本内容或文本形式等。

如何才能改变教师对阅读的片面概念，全面发展学生阅读能力呢？房山区组织了包括语文、数学、外语、物理、化学、生物、历史、地理、政治等多学科骨干教师编订《房山区中学生阅读书目推介》，书目涉及经济、哲思、军事、宗教、地理、医学、心理学、伦理学、自然科普和社会观察等各个领域；进而开发中学生阅读能力培养课程，系统培养学生阅读多种形式文本的方法和技巧，形成约 16 万字的校本课程教材《中学生阅读能力培养》。房山区 35 所学校的初二年级全面开设此课程，并在学期末组织统一考试和阅卷；高一年级也开设了每周不少于 1 节的阅读课程，进行阅读方法和阅读技巧的训练。房山区还开发了《阅读能力培养课程教师培训手册（修订稿）》以指导各校教师高质量实施课程。

图 3-2　房山区阅读能力培养自编手册

类似的，PISA 测试结果显示房山区学生在完成数学思维、科学素养领域的问题时，在获取信息、解释文本、思考判断、图标处理等方面存在突出问题，创新精神和实践能力也较为缺乏。为此，房山区引导教师挖掘学科知识中所蕴含的学科思想，加强基于学科素养培养的课程建设和校本课程开发，并研发了《中学生科学素养提升辅导读本》等教材资源支持学校开设相关校本课程。

3. 区域教育评价理念和方式的更新

房山区引入 PISA，就是为了解决本区考试评价工作中的问题。房山区成立了考试评价研究办公室，开展以 PISA 评价理论为引领的考试评价改革和考试评价研究。从考试管理系统方面来说，房山区制定了大型考试管理流程，涉及“命题、制卷、组考、阅卷、分析（命题质量、教学管理改进)”等环节；特别是研究“命题蓝图”，编制“双向细目表”，规范“数据分析报告”表述结构等，提升了命题的规范性。房山区加强考试信息化建设，建立北京市房山区考试质量分析平台，引入无纸化网络阅卷、有痕阅卷系统等阅卷方式，数据分析等统计分析软件，跟踪学生学业质量，自动生成学生质量报告单和全区学生质量数据库，对改进教学管理和提升教科研水平积累第一手材料。

在评价研究方面，房山区要求领导干部真正重视考试评价研究的重要性，掌握考试评价理论基础。借鉴 PISA 能力测试与问卷调查相结合的评价方式，从 2011 年 9 月开始，房山区在初一年级进行增值评价研究。除了开展数学、英语的学科测试，且通过无纸化网络阅卷和相关分析系统进行精细结果分析外，还聘请教育评价专家设计了涉及“学习环境、兴趣爱好、意志品质、认知能力”等方面的调查问卷对学生进行调查。通过这样的研究，房山区获得对学生的多维度分析报告，了解到房山不同区域小学毕业学生的教育差距，为了解教育现状、调整教育政策、保证教育均衡提供了第一手研究数据。通过调查问卷，研究者还获得了学生学业成就与非智力因素的影响关系，从而为更加全面地制定教学规划提供参考，也为改进家庭教育提供数据支持。

4. 区域教师专业发展方式的变革

为了推进基于 PISA 的区域教育研究，房山区设立的直接研究项目就有十多个，包括评价类研究项目，也包括学生素养提升项目；参与人员从行政部门到教科研部门，从区域整体到实验学校，从考试评价项目组成员到基层骨干教师。在项目研究过程中，陆续有过百人成为房山区教育评价或课程建设的核心骨干。这些骨干教师在一线教学中反复实践，积累研究资源，催生了更多以学校教师为主体的研究课题，激活了很多教师的发展愿望和研究热情。研究成为教师专业发展的一种重要方式。

为了引导和支持教师们的研究，房山区先后聘请了几十位教育部、北京师范大学、首都师范大学的教育界知名专家，帮助教科研人员和教师提升理论水平，并将理论和实践紧密结合。如在科学素养提升的项目中，房山区聘请了首都师范大学、北京师范大学的物理、化学、生物、地理等科学领域的学科教学专家，与本区教研员、一线教师一起展开研究。他们的研究流程大体包括：理论学习、教学研讨、教学实践、教学反思、再实践再反思、概括总结交流等几个环节，每个环节的具体内容如表 3-2 所示。从研究环节可以看出，这些项目强调教师理论和实践的共同发展，强调研究与教学的有机结合。

表 3-2　房山区科学素养提升项目的研究环节①

研究环节	研究内容
理论学习	结合 PISA 科学素养测试的教学启示，选定研究主题和问题，查阅已有文献资料，分享交流，专家指导解读。
教学研讨	每个主题指定专人完成相应教学主题的教学设计初稿，并以说课的形式展示，教学实践团队的其他教师共同研讨，并请学科专家予以指导修正。同时，教研员和学科专家共同主持完成对应教学主题设计的前后测试卷。
教学实践	教师根据研讨后的教学设计进行教学实践，尽量保证有教学实验班级和对照班级以确定教学改进效果。教学实施前后分别向实验班和对照班学生发放前后测试卷，收集教学效果数据。
教学反思	结合课堂观察、学生前后测试卷答题情况、教学后的学生访谈以及实践教师的教学感受等内容反思教学效果，提出改进意见。
再实践再反思	根据改进后的教学设计，再次进行教学实践，并收集各种教学研究数据，再次进行教学反思，为后续教学的改进做准备。
概括总结交流	对一个阶段的教学研究与改进进行总结，形成研究报告，并举行包括主题教学研究、教学评价、教师专业发展等方面的交流展示活动，并推广优秀教学案例。

5. 教育政策的调整

除了上述工作成果是由 PISA 项目直接带来之外，PISA 对房山区还有一些更隐性但也更深刻的影响。PISA 评估报告显示，房山区学生不仅正常的校内课堂学习时间处于很高的水平，而且完成教师布置的作业和课下学习的时间超过其他国家和地区的一倍。此外，有的学生还要参加单独辅导班或课外班的学习，课业负担较重。为了解决这一问题，房山区教育行政部门要求学校改进教育管理，追求教育实效，落实提升生命质量的教育。教育行政部门不再简单地依据考试成绩来给学校排序、打分，而是结合我国基础教育改革要求，参照《北京市中小学德育整体化工作纲要(试行)》《小学德育纲要》《中学德育大纲》《北京市中小学生守则(2015 年修订)》《北京市中小学生日常行为规范(2016 年修订)》和各学科课程标准等系列文件，按照小初高一体化培养模式制定学生阶段质量标准，指导学校的教育教学工作，并正在研究给学校放权，促进学校根据阶段质量标准实现自主办学、自我评价。

① 资料根据项目组 2016 年 1 月工作介绍 PPT 材料整理。

三、结语

北京市参与了2015年PISA测试，房山区参加了三轮PISA独立测试。房山区借助PISA发展区域教育的行动无疑对北京市乃至全国基于教育评价的教育改革有很大的启示。纵然，房山区做得还不够完美。比如，房山区的行动主要集中在对阅读能力、数学思维、科学素养三个领域的教学研究上，也就是PISA测试的教育卓越维度。而PISA同样关注教育的公平性和教育的包容性。房山是多山地区，山区教师发展和学生的教育质量是否实现了与平原地区同等优质，房山区是否给不同背景的孩子提供了多样化的教育服务，这些问题都还没有呈现在房山区基于PISA的教育研究与实践行动中。

北京是作为中国四个地区联合体的样本之一参与PISA测试的。作为样本区，大家自然而然地也想知道四个地区中北京的成绩如何？上海在2009年和2012年的PISA测试中已经夺冠，北京在国际能排到什么位置呢？之前的测试报告显示，上海的学生学业负担重，北京的学生会不会轻松一些？可惜，上述问题在媒体上全都不能有答案，根据PISA协议，可在媒体上使用的数据只能是OECD公布的数据。所以，尽管每个参与地区其实已经拿到了本地区的各项数据，为了遵守协议，也为了避免地区间进行不必要的比较，中国媒体上只能出现四个地区联合体的数据。

不能公布北京的数据，北京参与PISA对北京自身还有价值吗？查阅各大媒体，直接报道北京与PISA 2015的只有两篇。一篇是2014年12月25日教育部考试中心发布的《PISA 2015国家中心受邀参加北京市PISA通识培训会》新闻，北京市教委委员李弈、北京教科院院长方中雄等出席会议，来自北京市16个区县相关单位的600余人参加，目的是保障PISA 2015测试工作的有序开展。另一篇报道则是2015年4月22日发布在北京市教委网站的《PISA 2015测试在北京顺利实施》(如图3-3)。从第二篇报道中可以看出，北京市教委对于参与PISA测试是有更多期待的，希望借助PISA，来推动中小学教育质量综合评价改革。

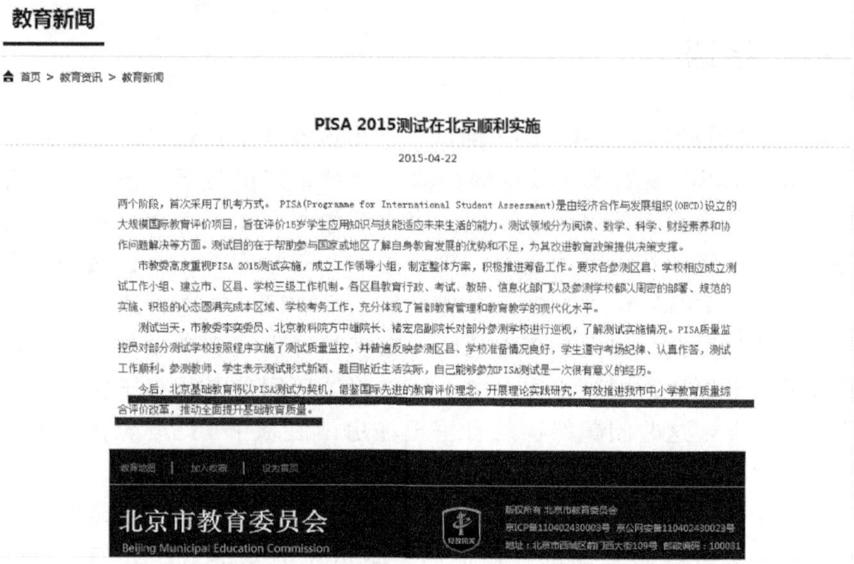

教育新闻

首页 > 教育资讯 > 教育新闻

PISA 2015测试在北京顺利实施

2015-04-22

两个阶段，首次采用了机考方式。PISA(Programme for International Student Assessment)是由经济合作与发展组织(OECD)设立的大规模国际教育评价项目，旨在评价15岁学生应用知识与技能适应未来生活的能力。测试领域分为阅读、数学、科学、财经素养和协作问题解决等方面。测试目的在于帮助参与国家或地区了解自身教育发展的优势和不足，为其改进教育政策提供决策支撑。

市教委高度重视PISA 2015测试实施，成立工作领导小组，制定整体方案，积极推进筹备工作。要求各参测区县、学校相应成立测试工作小组、建立市、区县、学校三级工作机制。各区县教育行政、考试、教研、信息化部门以及参测学校都以周密的部署、规范的实施、积极的心态圆满完成本区域、学校考务工作，充分体现了首都教育管理和教育教学的现代化水平。

测试当天，市教委李奕委员、北京教科院方中雄院长、褚宏启副院长对部分参测学校进行巡视，了解测试实施情况。PISA质量监控员对部分测试学校按照程序实施了测试质量监控，并普遍反映参测区县、学校准备情况良好，学生遵守考场纪律、认真作答，测试工作顺利。参测教师、学生表示测试形式新颖、题目贴近生活实际，自己能够参加PISA测试是一次很有意义的经历。

今后，北京基础教育将以PISA测试为契机，借鉴国际先进的教育评价理念，开展理论实践研究，有效推进我市中小学教育质量综合评价改革，推动全面提升基础教育质量。

教育地图 | 加入收藏 | 设为首页

北京市教育委员会
Beijing Municipal Education Commission

版权所有 北京市教育委员会
京ICP备110402430003号 京公网安备110402430023号
地址：北京市西城区前门西大街109号 邮政编码：100031

图 3-3　北京市教委网站 PISA 2015 测试信息①

从2015年开展测试，到2016年年底公布测试结果，已有近两年的时间，从媒体上我们没有看到北京市源于PISA的任何行动。而房山区，2007年接触PISA；2008年感受到PISA先进的评价理念，立即成立专门机构研究PISA的评价程序并开展测试结果转化研究，同时展开PISA评价理念的宣讲；2009年测试后跟踪测试学生中考成绩，观察测试对学生备考重大考试是否有影响；2010年测试结果公布，基于阅读能力展开专项研究，根据结果中显示的学生负担过重，反思修订教育管理方案……可以看出，当决定参与PISA并认同PISA的理念时，房山区就已经开始将PISA转化为区域教育发展的一项推动力了。

北京在利用PISA促进教育改革方面其实也是有些准备的。比如，测试刚一结束，北京就安排参与测试的学生们写下自己的感受，既是对学生喜欢怎样的评价方式的调查，也是对教师评价理念的触动。其中一个孩子写的感受成了网上热帖(如图3-4)。这个自认为是后进生的孩子用如此生动的语言描述了自己平时怕考试，这次被抽中无奈参与考试，而又被有趣的考试所吸引的心路历程，以及从孩子对教育改革、对考试评价变革的期望。

① 北京市教育委员会：《PISA 2015测试在北京顺利实施》，教育新闻，www.bjedu.gov.cn/jyzx/jyxw/201601/t20160126_5597.html，2015年4月22日。

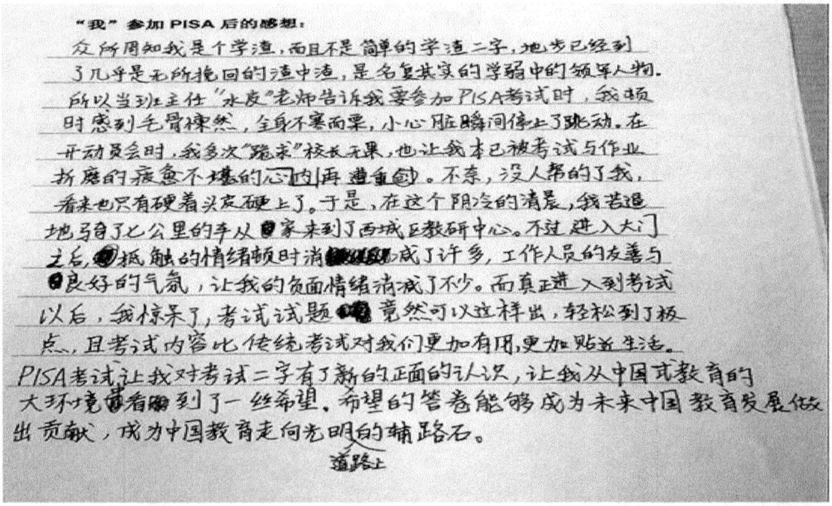
"我"参加PISA后的感想：
众所周知我是个学渣，而且不是简单的学渣二字，地步已经到了几乎是无所挽回的渣中渣，是名副其实的学弱中的领军人物。所以当班主任"水皮"老师告诉我要参加PISA考试时，我顿时感到毛骨悚然，全身不寒而栗，小心脏瞬间停止了跳动。在开动员会时，我多次"跪求"校长无果，也让我本已被考试与作业折磨的疲惫不堪的心内再遭重创。不幸，没人帮的了我，看来也只有硬着头皮硬上了。于是，在这个阴冷的清晨，我苦逼地骑了七公里的车从家来到了西城区教研中心。不过进入大门之后，抵触的情绪顿时消减了许多，工作人员的友善与良好的气氛，让我的负面情绪消减了不少。而真正进入到考试以后，我惊呆了，考试试题竟然可以这样出，轻松到了极点，且考试内容比传统考试对我们更加有用，更加贴近生活。PISA考试让我对考试二字有了新的正面的认识，让我从中国式教育的大环境看到了一丝希望，希望的答卷能够成为未来中国教育发展做出贡献，成为中国教育走向光明的道路上的铺路石。

图 3-4　学生 PISA 测试后的感受

为了开展考试评价研究，北京还确立了一些课题。如《中学生合作性问题解决能力评价研究》就是北京市教育科学规划的重点课题。这些课题已经开题，应该是因为 PISA 数据刚刚公布的原因，很多研究还在缓慢地推进过程中。2015 年 PISA 已经过去，2018 年 PISA 就要到来。如果北京还参加下一轮 PISA，2017 年就该进入试测程序。不知北京最后的决定是什么，无论怎样，我们都希望北京不要把测试当成别人家的事，要真正基于 PISA 审视自己，让国际测试发挥出应有的教育发展指导作用。当然，PISA 并不是北京了解自己在国际教育中的发展水平的唯一途径，如何通过各种信息整合，全面评估完善北京的教育发展，也是北京市教委的重要课题。

（黄燕宁　刘晓玫）

学校质量提升

专题四　深化供给侧改革：北京基础教育“扩优”项目

2016 年注定是不平凡的一年，一方面是总结“十二五”时期各项建设发展的收官之年，另一方面也是全面启动“十三五”时期以新的发展理念深化各项改革的开局之年。2016 年 12 月 14 日，素有“语林啄木鸟”之称的《咬文嚼字》杂志公布了“2016 年十大流行语”，“供给侧”一词位居 2016 十大流行语之首。可以说，调节供给侧、加强供给侧改革，成为贯穿各项改革发展的核心动力和方向。就北京基础教育而言，针对教育需求的日益多样化和高期待，政府的公共教育服务从供给侧的视角主动调节、引领，让更多优质教育资源释放在普通百姓身边，直接促进普通中小学校的教育质量不断提升，以基础教育学校供给的各具特色、多样服务，满足公众对于普通基础教育的优质资源要求和个性需求。在 2014—2016 年期间，北京市政府启动的四个“扩优项目”正是政府加强基础教育供给侧结构调整的一个真实行动。

一、优质教育需求攀升——供给侧改革的必要与可能

21 世纪以来，随着我国义务教育普及入学率的巩固、教育质量的提升，满足受教育者日渐强烈的教育需求已成为教育发展的方向性要求，促进教育均衡发展成为我国教育改革与发展的主要内容。2010 年 1 月教育部印发《关于贯彻落实科学发展观进一步推进义务教育均衡发展的意见》，明确把均衡发展作为义务教育的重中之重。同年发布的《国家中长期教育改革和发展规划纲要(2010—2020 年)》则进一步“把促进公平作为国家基本教育政策。教育公平是社会公平的重要基础。教育公平的基本要求是保障公民依法享有受教育的权利，关键是机会公平，重点是促进义务教育均衡发展和扶持困难群体，根本措施是合理配置教育资源，向农村地区、边远贫困地区和民族地区倾斜，加快缩小教育差距。教育公平的主要责任在政府，全社会要共同促进教育公平”。同时强调“全面提高普及水平，全面提高教育质量，基本实现区域内均衡发展，确保适龄儿童少年接受良好义务

教育”。纵观一系列政策的提出，无不反映着国家和政府通过合理配置教育资源为适龄学生提供公平教育保障的自觉担当。然而，现实而言，在北京这样一个人口超过2000万的特大城市，如何更好地满足人民群众日益增长的优质教育需求，实现“让每一名孩子都能接受公平、有质量的教育”“建设好老百姓家门口的每一所学校”这样的“小目标”，无疑是一个长期而严峻的课题。

(一)学校教育难以适应优质教育需求增长

随着北京城市发展定位为“全国政治中心、文化中心、国际交往中心、科技创新中心”，随着首都经济社会的快速发展和人民生活水平的日益提高，人民群众的教育需求呈现出多样化、多层次、高质量、个性化等特点。教育改革发展的一个严峻课题就是国家、首都经济社会发展以及公众对教育日益增长的多样化需求与教育供给能力之间的矛盾。

有研究显示，尽管北京基础教育近年来不断通过加大政府投入、政策倾斜，已经在义务教育均衡发展上取得了瞩目成绩，特别是近两年“如何调整现有利益格局，北京在基础教育综合改革的进程中找到两个关键支点——改革考试招生评价制度和重组优质教育资源，通过运用这两大杠杆，满足学生在家门口‘上好学’的需求”。① 但是从总体看，随着经济社会发展，家长及其子女们对教育需求的差异化越来越大，如何为广大学生和家庭提供高质量的多样化的教育公共服务，实现教育公平？这依旧是亟待化解的难题。

例如2016年“两会”前后，围绕北京教育的一个热议话题依旧是学区房、择校热。有媒体报道，北京市学区房8年来价格增长了9倍。2016年3月，在靠近号称“北京最牛小学”北京实验二小的一处面积为11.4平方米的房产，卖出了530万元人民币的天价，平均每平方米房价达46万元人民币，创造了北京市最贵学区房的记录。② 又如有研究对于近年来家长对于公共教育的满意度调查发现：尽管总体上看公众对于公共教育的满意度在整体上升，但是家长对于政府责任的满意度总体水平并不高(如图4-1)。

---

① 《北京义务教育均衡发展迎来国家验收　细数4年来3大变化》，《京华时报》，2015年4月30日。

② 《北京名校学区房破破烂烂卖46万/平米创记录》，新华网，http://news.china.com/domestic/945/20160303/21661293_all.html，2016年3月3日。

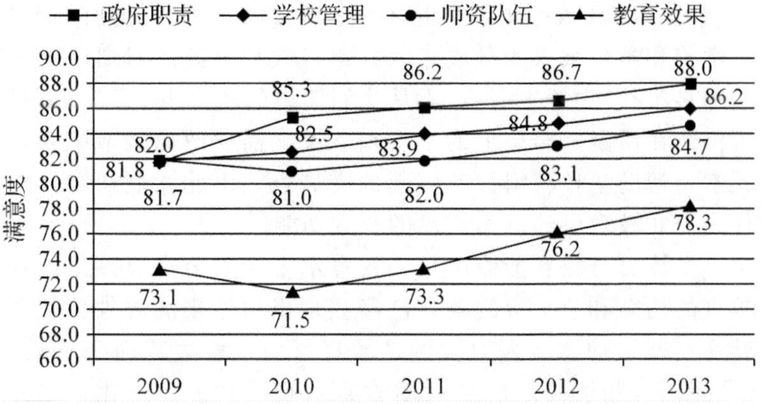

图 4-1　北京市学生家长对基础教育四个维度的满意度年度比较图①

可见，尽管北京基础教育十多年来始终在各种方式的促进下逐渐走向"优质"，但是教育"优质化"的速度依旧滞后于家长对优质教育期盼的增长。教育依旧是在不断满足人们的需要、社会所能提供的可能以及社会对人提出的要求和人自身的可能性之间徘徊。这直接造成了基础教育阶段的主要利益相关者——普通家长和学生们的紧张和焦虑，对于有限的优质教育资源的渴望和需求更趋于一致、更为强烈。

(二)高品质学校教育有待进一步开发建设

2015 年 11 月召开的中央财经领导小组第十一次会议提出："在适度扩大总需求的同时，着力加强供给侧结构性改革，着力提高供给体系质量和效率，增强经济持续增长动力。"供给侧改革的重点是强调生产，核心在于提高全要素生产率。当前国家的经济领域改革直接指向了供需结构的错配矛盾，并直接从矛盾的主要方面——供给侧加以调节。从供给侧与需求侧的关系看，北京基础教育中也存在着矛盾，突出表现在优质学校教育资源存量的相对不足。

首先，学校之间的品牌与品质存在较大差异，造成家长和学生的"择校"心理难以缓解。随着家长对于子女享受到更"优质"的教育愿望不断攀高，他们对于家门口的一些普通学校不予认同，甚至要努力通过各种择校途径选择"逃避"。同时，一些普通中小学校也就因各种政策、基础与条件

① 赵丽娟、王玥、杜玲玲、段鹏阳：《北京市基础教育满意度变化分析——基于连续五年北京市区县教育工作满意度调查结果》，《以改革创新推动首都教育发展——北京教育发展研究报告(2014 年卷)》，2014 年 10 月。

而长期处于“被边缘”状态中，低迷不前。正如报道中所指出的那样，“长期以来，学校和学生被人为分成三六九等，教育资源还习惯于向老牌名校倾斜，教师喜欢教‘尖子生’，这不是我们期望的教育生态”。[①] 可见，中小学校教育供给在质量、声望上的不均衡状况，需要政府调节配置，注入新的品牌元素，帮助学校获得快速崛起的突破点。由此才能切实发挥普通中小学校作为公共教育供给基本产品的育人功能。

其次，学校自身教育能力不足，教育水平受到公众质疑。近年来，关于基础教育的均衡和公平等问题，已经显现出由原来的硬件、教学环境的不均衡转变为办学理念、人力资源、教育行为、教学管理队伍素质等“软件”的不均衡。一些学校面对新时期教育的现代化、信息化、多样化、个性化的发展态势，在育人理念、课程建设、教学实施、学习方式、教育评价等方面上显得较为陈旧、低端或单一。因此，普通中小学作为政府公共教育服务的具体执行单位，亟待通过政府的特殊关注和支持，获得对学校解决面临的实际困难和问题的指导，切实转变学校的服务质量。这本身也是政府调节发展方式，从供给侧方面主动优化，引导家长和学生更为理性地选择“适合”学生成长的教育。

很多资料都显示，今天的家长对于孩子的发展愿望，已经不再单纯是看重学习成绩、考上名校，也越来越看重学校生活所提供的多样、自由、选择、愉悦、新鲜、高端、开放等学习体验。就学校发展而言，一些学校的生源、规模等或在逐渐萎缩，或在聚焦特色；另一些学校则面临新的扩充与定位。如何在区域整体规划布局的基础上，统筹规划学校分布与资源调配，让不同的学校释放出自身独特魅力，从学校供给侧的端头入手“去库存”，丰富供给样态，也是政府在公共教育管理上的现实课题。

应该说，基础教育领域的“深综改”，其实质就是围绕促进不同学生的多样化发展，围绕适合学生的教育，政府全面统筹教育资源带动基础教育基本公共服务模式的全面转型升级，也可谓是政府主导教育“供给侧”的结构性改革，是精准对接新时期人才培养价值取向的自觉变革，是全面追求实现教育公平基础上的优质发展。[②]

---

① 赵琬微：《北京：多项举措破解义务教育阶段“三六九等”》，http：//edu.sina.com.cn/zxx/2015—11—16/doc-ifxksqis4869660.shtml，2015年11月16日。

② 《独家专访北京市教委主任刘宇辉，揭秘北京教改近年来发生了什么！》，《北京教育播报》，http：//learning.sohu.com/20161012/n470115193.shtml，2016年10月12日。

(三)可利用的多样教育资源

北京作为首善之区，拥有着多学段、多体制、多方式、多类型、多主体的多种教育资源，可以为基础教育供给侧的全面调节提供有力的支持。

1. 高等教育资源

从北京高等教育的学校数量与师资数量看，始终处于最密集、高端水平。北京市教育统计数据显示，2015—2016学年北京市拥有各类高等教育学校数量175家，专任教师68506名[①]。公立高校与民办高校、部属院校与市属院校、继续教育与其他机构等并存。近几年来，不同类型的高校都加快了自身建设步伐，特别是在办学质量和学科建设上力争“双一流”的目标，更是尽显在京高校从数量、师资到专业类型上的教育优势，也成为基础教育发展重要的专业支持体系。

2. 教科研机构

北京基础教育拥有市、区两级较为完备充足的教科研团队。就市级层面而言，北京教育科学研究院、北京教育学院都拥有一大批熟悉基础教育、研究基础教育学校发展与课程和教学改革的专职教研、科研人员；从各区层面看，教研室(中心)、教科室(所)、课程室(中心)、培训中心等面向中小学校的研究服务专门机构都很健全。有报道显示，市、区教科研人员约有800多名，他们大多有深厚的教科研理论基础和丰富的实践经验：多年参与教材编写，组织干训师训，指导教师参加市区级乃至全国赛课，主持多项重点课题，有的还常年参与市区级考试命题，被人称为“老师的老师”[②]。如在海淀，其教师进修学校成立于1972年，现有在职教职工164人，其中，特级教师11人，北京市学科带头人和骨干教师44人，博士和博士后15人。[③] 可以说，拥有一支强大完备的基础教育研究指导队伍，也是中小学校发展和热点、难点问题解决的重要力量。

3. 社会教育机构

在北京，各类补习学校、培训班、辅导班、“一对一”等个性化教育补习、补偿活动，不仅普遍存在于很多中小学生的课余生活中，也开始受关

---

① 《2015—2016学年度北京教育事业发展统计概况》，http：//www.bjedu.gov.cn/xxgk/ywdt/ywsj/201605/t20160506 _ 11525.html。

② 《北京17所普通初中“联姻”教科研新建优质校》，http：//edu.people.com.cn/n/2014/0519/c1053—25036340.html。

③ http：//www.hdjx.org.cn/plus/list.php? tid=540。

注于对社会多样化教育服务的研发之中。近年来，各类培训力量都在北京开始寻求和尝试教育的服务转型。据报道，自2012年8月以来，在延庆教委和新东方教育科技集团总裁兼首席执行官俞敏洪的发起下，新东方对延庆县中小学教师、学生开展了一系列学科培训，使得延庆县近年来高考各科成绩实现大幅提升①。俞敏洪提出的一个服务转型构想就是“把新东方这样的优质教育资源用到更多的偏远地区，通过打造一套视频授课系统，让全国几千个不太发达地区的中小学教师都能听到新东方老师授课”。“希望新东方未来十年能成为一个为中国老百姓甚至教育机构提供比较完善的产品、内容、系统、平台的教育服务商。在我们现有的为学生服务的同时，更多的是通过研发向社会提供我们的产品、系统、平台，让别的培训机构，甚至公立教育机构来使用，为它们提供服务。”②可见，社会各种教育力量自身的独特优势和品牌特质，已经成为社会公众多样化教育需求的重要支持力量。随着“互联网+教育”“学习型社会”的建设和融入，多种教育样态的融合、交织，也将成为一种新常态。由此，政府如何通过购买适切的教育服务来提高、丰富公共教育供给的质量和内容，也成为管理教育的一个新课题和新路径。

整体来说，随着新时期社会发展以“供给侧质量提升”为主要推动力，作为一项重要的公共服务产品，政府对于基础教育领域的供给侧改革，必然要致力于提高教育供给端的质量、效率和创新性，使其更贴近学生、家长以及各方公众的消费需求和消费体验、感受，做到既能满足学生个性发展的需要，又能激活和对准未来社会的长远发展需求。只有教育的供给侧实现丰富、多元、可选择，才是对学生和人民群众教育需求的最大尊重，只有良好的教育生态才能够让人民群众乐于分享，而不是“被分享”。由此，必然生发出基础教育供给的转型升级，以有效的、精准的、创新的教育供给回应“办人民满意教育”、满足人民群众对高质量、多样化教育的期待。

二、四位一体“扩优项目”——供给侧改革的政府行动

从近年来北京基础教育需求的现实看，北京市政府针对基础教育质量提升的着力点聚焦在主动调节教育，从政策引导、多点发力、推动落实等方面，扩大优质教育资源的覆盖面和服务方式的丰富性，关注中小学生的

① 罗金萍：《北京新东方名师连续第三年赴延庆支教》，http://bj.xdf.cn/publish/portal24/tab15295/info815284.htm。

② 张灵：《新东方转型教育服务商》，《京华时报》，2014年3月6日。

实际获得和个性化发展，以丰富、多样的教育供给引导公众的教育理解和教育选择，让优质、公平、创新、多元的基础教育供给调节公众教育需求侧，呈现出促进中小学优质均衡发展的多路径与多表达。

（一）制定政策调节供给方式

政策是社会分配一切资源的手段，几乎每一项政策都涉及利益的分配和交换。而任何一项公共政策都是在一定价值选择的指导下产生和运行的。“价值标准直接影响甚至决定公共政策的性质、方向、合法性、有效性和社会公正的程度，因此，价值标准的确认和选择是公共政策决定性的因素之一。”①政策制定是政府在“指导社会和解决问题的多种方案之间进行选择的自觉意识”，② 是一个政治过程，一种理论和模型，一种社会产品。当人们意识到“当前我国教育供给体系存在的主要问题是不同类教育之间横向流通、同类教育之间纵向流通和学校教育与社会教育之间的斜向流通不畅，存在类型壁垒，在普通教育和职业教育之间很难转换，学校教育与社会教育之间互相流动也存在阻力”③等不顺畅、难共享的“羁绊”时，政府作为供给主体，从源头发力给予调节和改善就显得尤为关键。

2014 年，教育部《关于进一步做好小学升入初中免试就近入学工作的实施意见》《全面深化课程改革落实立德树人根本任务》《关于培育和践行社会主义核心价值观进一步加强中小学德育工作的意见》《实施义务教育学校管理标准》《建立各级各类学校培育和践行社会主义核心价值观长效机制》《贯彻落实党的十八届四中全会精神加快推进依法治教》等一系列文件陆续出台，直接推动教育综合改革的多方发力。北京市也在 2014 年开始深化教育综合改革的全面行动。其中从 5 月—6 月份开始，北京市政府整体统筹高校资源、教科研部门资源、民办教育资源以及外籍教师资源，正式启动扩大优质学校教育资源覆盖面、提升中小学校教育质量与水平的四个具体“扩优”项目。即：高校支持中小学发展项目、教科研部门支持中小学发展项目、外籍教师参与中小学英语教学改革项目和民办教育机构参与中小学学科教学改革项目。

2015 年 3 月，北京市教育委员会、北京市财政局先后联合印发了三个文件，专门针对四个扩大优质教育资源项目的定位、内容以及规范管理要

① 张国庆：《现代公共政策导论》，北京大学出版社，1997 年，第 49 页。

② 张金马：《公共政策分析：概念 · 过程 · 方法》，人民出版社，2004 年，第 39 页。

③ 刘云生：《供给侧结构性改革：教育怎么办?》，《教育发展研究》，2016 年第 3 期。

求做出明确规定。从北京市教育委员会、北京市财政局关于印发《北京市高校、教科研部门支持中小学发展项目管理办法(试行)》的通知(京教财〔2015〕3号),北京市教育委员会、北京市财政局关于印发《北京市外籍教师参与中小学英语教学改革项目管理办法(试行)》的通知(京教财〔2015〕4号),北京市教育委员会、北京市财政局关于印发《北京市民办教育机构参与中小学学科教学改革项目管理办法(试行)》的通知(京教财〔2015〕5号)三个文件的规范要求看,体现出集中围绕落实党的十八届三中全会、市委十一届四次全会关于"深化教育领域综合改革"的精神以及《国务院关于深入推进义务教育均衡发展的意见》(国发〔2012〕48号)的基本要求;也体现出北京市在全面推进教育均衡发展针对中小学校的不同发展需求注入不同的专业力量,以不同的资源支持助推中小学教育供给质量与内容的全面优化。

表4-1 "扩优"政策内容对比①

文件名称	《北京市高校、教科研部门支持中小学发展项目管理办法(试行)》	《北京市外籍教师参与中小学英语教学改革项目管理办法(试行)》	《北京市民办教育机构参与中小学学科教学改革项目管理办法(试行)》
项目时间	从2014年启动,为期3年。	从2014年开始,为期3年。	从2014年启动,为期3年。
项目内容	高校支持中小学发展工作的主要内容:帮助中小学提升办学理念、加强品牌建设、优化学校管理、开发特色课程、推进学科建设、深化教学研究、助力师资培养、开放资源共享等。 教科研部门支持中小学发展工作的主要内容:教研员在中小学兼课、做示范课和研究课、组织教师培训、加强骨干培养、健全研修制度、开展教育改革实验等。	委托高校和民办教育机构协助中小学聘请外籍教师,外籍教师以带班授课、开展英语角、英语社团等课外活动,开发英语校本课程,参与教师培训等方式,带动参与项目的中小学校深化课程教学改革,提高英语师资水平,切实改进英语教学方式和学习方式,着力培养学生英语的听说综合应用能力,以英语教学特色带动学校整体办学水平提升。	民办教育机构参与中小学学科教学改革项目主要包括:民办教育机构参与小学英语教学改革、民办教育机构参与中学学科教学改革(以下简称"参与中小学教学改革"),引入民办教育机构开展委托办学(以下简称"委托办学")等工作。其中开展参与中小学教学改革的服务内容包括:开展学科教学和对教学工作实施综合管理;委托办学的服务内容包括开展学科教学、组织专题辅导、参与社团活动、课程开发建设、提供课程教学资源、开展师资培训、介入学校管理等。

① 根据北京市教委官网 http://zfxxgk.beijing.gov.cn/columns/63/2/552449.html、http://zfxxgk.beijing.gov.cn/columns/63/2/552454.html、http://zfxxgk.beijing.gov.cn/columns/63/2/558309.html 等文件编制。

续表

文件名称	《北京市高校、教科研部门支持中小学发展项目管理办法(试行)》	《北京市外籍教师参与中小学英语教学改革项目管理办法(试行)》	《北京市民办教育机构参与中小学学科教学改革项目管理办法(试行)》
支持方式	市教委牵头负责协调高校和市、区(县)两级教研部门支持中小学发展。	以小学为主，兼顾中学；原则上每所中小学配备1名外籍教师。	委托办学采取以一校对口服务为重点、向周边辐射模式。
经费管理	市级财政经费支持该项目的实施。高校、教科研部门支持中小学发展，经费标准为每校每年200万元。	市级经费支持外籍教师参与中小学英语教学改革项目的实施。由高校协助聘请的外籍教师按照每人每年35万元的标准给予支持；由民办教育机构协助聘请的外籍教师按照每人每年不高于21万元的标准给予支持。	市级经费支持该项目的实施。支持项目包括参与中小学教学改革和委托办学。参与中小学教学改革经费，根据政府采购结果支付课时费、综合管理费。其中，课时费标准为小学每课时240元、中学每课时300元，综合管理费标准为不高于5万元/校。委托办学经费主要用于因委托办学发生的委托业务费，标准为每校每年不高于100万元。

从以上文件相关内容可以发现，北京市四个“扩优项目”属于直接撬动优质资源覆盖面与受益面四位一体的多维联动项目。首先是都围绕扩大全市中小学教育供给的优质资源覆盖面为一个基本目标；其次是四个项目分别指向中小学校的整体建设、英语学习、学科教学等不同内容从而加大支持力度；最后是都有政府强有力的专项经费投入做保障。可以说，四个扩优项目的设计与实施，充分显示出北京市政府针对高位实现基础教育优质公平发展、全力提升中小学教育供给质量的改革力度。

(二)采取委托管理跟进供给调节过程

2014年“扩优”项目在具体实施中的最大特点也是难点，就在于参与主体的多元性与实施行动的分散性，直接带来了项目运行总体把握与分类、分散、分层实施的管理挑战。为此，北京教委基教一处从项目启动伊始，就着手组建及时跟进项目推进过程的四个专项研究组，以委托管理方式，分别委托北京师范大学、首都师范大学、北京教育科学研究院和北京市国际教育交流中心等四家机构，开展项目实施的研究、引领和指导，通过

“市—区—校”三级联动、“专业项目组—多家具体参与机构—中小学的对接联动”等多主体的协作共享，确保了政府扩大优质教育资源覆盖面上有了从整体设计到配套落实的有效运行机制。

表 4-2　四个扩优项目的委托管理机构及项目具体参与区域和部门①

项目名称	高校支持中小学发展项目	教科研部门支持中小学发展项目	外籍教师参与中小学英语教学改革项目	民办教育机构参与中小学学科教学改革项目
委托管理机构	首都师范大学	北京教育科学研究院	北京市国际教育交流中心	北京师范大学
项目覆盖区域	8 个区	所有区	7 个区	10 个区
项目参与具体学校和机构数量	26 所高校，56 所中小学	21 个教科研部门，41 所中学	12 家单位协助，76 所中小学	13 家民办教育机构，101 所中小学

在具体项目管理中，四家受委托机构都不同程度地采取了调研培训、交流研讨、月报简报、核心组例会等工作制度。有资料显示，四个项目在三年中累计组织了 23 次市级培训；走进区县和学校实地调研 60 余次。

三年的扩优项目实施，借助“政府宏观调节—委托管理具体组织—参与部门个性化实施—学校师生受益—学校社会认可度提升”等推动过程，在百姓身边不同程度涌现出部门间、校际间资源共享的“新型”学校。正如高校支持项目组在调研中所发现的那样，在项目学校中 93.7%的教师表示“能成为大学的附属学校，作为老师我很高兴”；83.2%的教师感到“成为附属学校之后，学生对学校的认同感增强了”，85.8%的教师感到“成为大学的附属学校之后，学生家长对学校信心提高了”。②

（三）供给侧调节的主要内容

针对 2014—2016 年北京基础教育“扩优项目”走过 3 年一个周期，北京市教委在 2016 年 11 月 16 日召开了“聚焦学生实际获得——北京市扩大优质教育资源改革工作总结推进会”。会上全面展示了 4 个项目实施以来，针对教育供给侧调整带来的变化与成效。根据会议资料，三年中，市级经费投入资金近 5 亿元支持项目运行；26 所高校对口支持 56 所中小学，市、区级教科研部门对口支持 41 所中小学校，13 家民办教育机构对接 10 个区

① 根据《北京市扩大优质教育资源改革工作总结推进会交流材料》整理。

② 材料来自《北京市高校支持中小学发展项目组 2016 年调研报告(内部交流资料)》。

101所项目学校，委托12家单位协助项目中小学聘请英语外籍教师等参与项目之中，整体上支持了全市230余所中小学校，惠及近20万名学生。通过项目实施，优质教育资源在230所学校得到不同程度、不同方式的体现，学生和家长对于中小学教育生活的认同和参与明显增强，并在多样、丰富、优质的教育生活中生成了新的选择、渴望和体验。

1. 加强专业指导，提高师资水平

从参与支持中小学建设项目的高校撰写的项目报告中可以发现，高校在支持中小学教师专业发展上采取了多种策略，如：

(1)大学把关中小学新任教师的招聘；

(2)实施分层、分类、分级教师培训；

(3)大学直接选派优秀教师、研究生赴中小学任教；

(4)组织专家学者走进校园、走进中小学课堂进行诊断、指导；

(5)专家学者进校园、建立教师发展联动共同体；

(6)专家学者进校园举办学科讲座；

(7)高校教师进中小学开展课程与教学研讨；

(8)中小学教师走进大学校园参加开阔视野的学术讲座、学术会议和高端论坛；

(9)依托项目整体推进，开展全员性干部教师团队建设；

(10)支持中小学教师提升学历水平；

(11)以科研为抓手，通过科研合作提升师资水平；

(12)组织对外参观交流，开阔视野；

(13)组织中小学教师走进多种学术机构、场馆参观、访问；

(14)共享高校教育资源等多种多样的形式。

又如，根据来自教科研部门支持学校发展项目的调研结果显示(如图4-2)，项目直接带动了教师从教育理念、教学方式方法、教材分析等方面的较大进步。

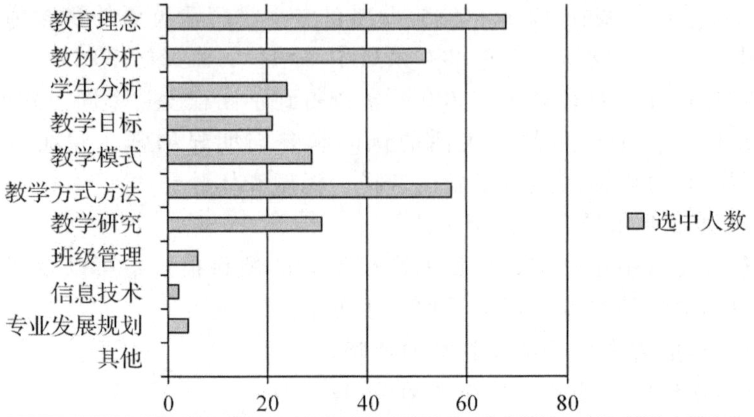

图 4-2　教科研部门支持学校发展项目中的教师进步表现①

再如，针对民办机构参与中小学学科教学项目，从项目学校教师反馈来看(如图 4-3)，教师在学科教学、学生专题辅导和社团活动方面获得了较大提升。

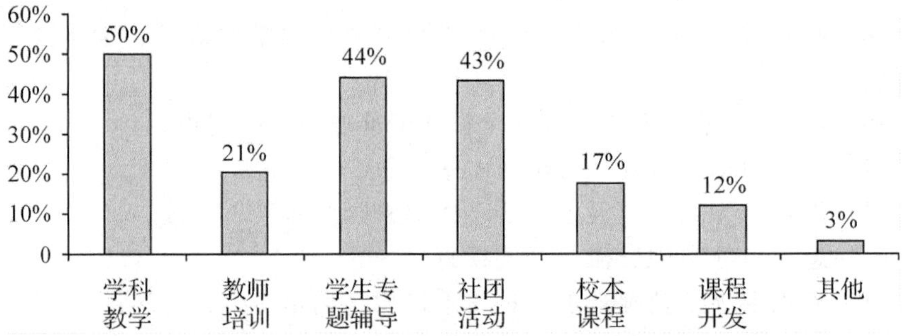

图 4-3　民办机构支持学校项目中教师获得提升的基本表现②

2. 改进日常教学，激活学生学习热情

对于学校而言，校际间的差异往往直接表现在学校教学活动的差异。因此，几个扩优项目都围绕学校各学科教学活动加强支持力度，以此直接促成学校课堂、教学以及教研活动的积极变化，从而更有效地致力于服务学生多样化发展的教学实践。

例如在民办教育机构支持学校项目中，机构老师直接给学生上课来改变学校的教学现状。调查表明，最受学生喜爱的课程是英语，原因包括：

① 《北京市扩大优质教育资源改革工作总结推进会交流材料——调研报告》，2016 年 11 月 16 日，第 50 页。

② 《北京市扩大优质教育资源改革工作总结推进会交流材料——调研报告》，2016 年 11 月 16 日，第 78 页。

一是由于机构参与学校的学科教学主要以英语学科为主；二是机构在英语教学，包括口语、阅读等方面的师资、资源、方法经验最为丰富，可以说是机构的优势所在，而且机构教师的教学方式新颖，善于使用多媒体、教具营造学习环境，使学生身临其境，极大地提高了学生的学习兴趣。

又如在北京市外籍教师参与中小学英语教学改革项目中，外籍教师对其实际承担或参与的教学任务，绝大多数是外语口语课，占到总人数的88%；担任校本课程的人数是36.8%；50%的外教同时会负责中小学校的英语社团活动；能为学校中国籍英语教师提供培训的外教占比为35%；参与学校教材研发的是5人，占比为8.7%。在实际工作中，11%的外教反馈会参与校园文体艺术活动、与英语相关的交流项目，乃至学校的各种例会等。

3. 充实学校课程，丰富学校课程生活

在民办机构支持学校学科教学项目实施过程中，机构为学校提供了各种特色课程和社团活动。例如高思团队在西城区展览路第一小学，帮助学校利用机构的教育资源，成立了英语教材、英语口语、书法、绘画及演讲等20多个兴趣班；还帮助学校编写了《展一小文明用语100句》和《六年级英语课外阅读》等校本教材，从而拓展了学生的英语阅读广度。又如西城区东街小学与瑞思学科英语合作，瑞思教师无偿地将课件提供给学校教师使用，还为所有上课的学生每人赠送了一套机构内部教材；精诚学校协助朝阳区八里庄中心小学完成了戏剧课程和“三一”口语课程的开发；好未来协助石景山区第二实验小学编写了《大声唱　学英语》和《英语电影课》，协助银河小学编写了《自然拼读》和《英文电影课》，协助五里坨小学编写了《字母拼读》，协助同文中学编写了《梦回大唐》等课程教材。①

另据来自高校支持中小学发展项目组2016年的调查显示，“向学校派遣专业人员参与学校课后活动计划”“指导学校既有课程资源的改革和提升”“选派大学生参与中小学学生管理德育活动”等支持方式最为常见，超过90%以上的项目校认为高校采取了这些支持方式。

4. 共享教育资源，扩展教育资源渠道

以高校支持中小学发展项目看，一些大学与其对口支持的中小学在地理位置上本就是一墙之隔的邻居或者各校区之间距离很近，高校在一些专业设施设备、场馆、图书、数据资料等方面相对于中小学而言有着独特的优势，一定程度上可以作为中小学有限的办学条件和资源短缺的补充。而

① 《北京市扩大优质教育资源改革工作总结推进会交流材料——调研报告》，2016年11月16日，第84页。

这正是优质教育资源“盘活存量，共享资源”的一个明显特色。据调查统计，三年间，有近百个大学实验室向中小学生开放，61个大学场馆向中小学开放。而来自中小学的信息统计看，在2014—2015年间，25所中小学表示高校实验室向附属校师生开放参观，23所中小学表示高校实验室向附属校师生开放使用；21所中小学表示高校图书馆向附属校师生开放馆内阅读，18所中小学表示高校图书馆向附属校师生开放图书借阅；29所中小学表示高校体育场馆向附属校师生开放使用。90%以上的中小学校都体会到了高校“向附属校输入优质课程资源”“向附属校开放实验室、图书馆、体育场所等资源”。

参加外籍教师支持英语教学项目的一位小学教师提到：“外教老师来到英语组后，非常热情主动地给我们创造口语交流氛围，英语组的老师们从一开始的拘谨渐渐转变为后来的自由表达。外教老师跟英语组的老师们一起备课、一起上课、一起评课，并给我们带来了国外英语教学的先进教育理念，促进了英语组团队的专业发展。外教入校后，五路通小学从一年级到三年级全部设置了外教课程，外教也是很敬业很专业地上好每一节课。到目前为止，五路通小学还是我们这片区域内唯一一所有外教的学校，外教课程成了我校一大特色。自然地，外教项目也吸引了家长们的眼球，他们争相把孩子送到小学，带动了学校一年级的招生。”①

5. 创新合作机制，探索教育协同共生

四个“扩优”项目的运行，都是政府牵头规划，多部门主体自觉穿越原有边界加强伙伴合作。由于利益关系者的复杂性，必然需要在项目推进中逐渐形成有序、顺畅的协调共赢机制。

以教科研部门支持中小学发展项目为例，教科研部门探索的多种支持推进机制旨在更有效地发展教科研部门优势，增强支持实效，具体包括：

(1)整合统筹协调机制：教科研部门在一个核心部门的管理下制定分工合作的支持计划，多部门共同参与支持活动。

(2)学校需求调研会商机制：教科研部门进入学校，与学校进行充分交流、确定学校主要问题后，共同确定支持方案。

(3)责任分解机制：所支持学校的不同领域不同群体有专人或专组负责。

(4)集体培训机制：通过集体培训统一学校所有教师的认识，明确共同发展理念和方向。

(5)定期入校机制：保证教科研部门与学校的接触密度。

① 《北京市扩大优质教育资源改革工作总结推进会交流材料——调研报告》，2016年11月16日，第107—108页。

(6)辐射、带动机制：通过工作站、交流展示活动等方式，将项目学校作为原点，向周边教师和学校传播发展经验，扩大项目影响。

“扩优”项目个性化实施的合作机制，对于调节学校供给侧水平，创新供给方式与策略，都是新的贡献。在跨部门、多部门的合作中——如大学与中小学、公立学校与民办机构、中国教师与外籍教师、教科研部门与中小学、专业机构与市区政府部门等——原有不同定位、不同性质的部门、单位为了共同提高教育质量、改进学科教学、丰富教育服务、完善学校生态等目标，注重相互理解、包容、借鉴，也注重自身的改进、优化和建设，由此既创新了新的教育供给内容和方式，也带动了原有教育供给的改革。就优质资源的主要输出方而言，无论是高校还是科研部门，无论是民办教育机构还是外籍教师管理部门，都通过项目工作实施的不断推动，挖掘自身潜质和服务领域，都从社会影响力、社会服务范围以及教育服务能力水平等方面获得了更大的提升。可见，“扩优”项目的合作共生，不仅保证了项目的有效合理运行，也促进了参与主体自身的主动发展，是供给侧与需求侧互为转化、协同共赢的教育系统变革。

总之，四个“扩优”项目，不仅是政府专门文件的政策要求与保障机制，也包含着具体运行实施的政策执行过程，由此，“扩优”项目成为凝聚多方力量共同提升教育供给侧质量、引导公众超越现有教育需求侧的政府主动调节。这不仅带动了中小学教育质量的不断提升，延伸了更多优质教育资源的覆盖面，也让多方面的项目主体——高校、教科研部门、民办教育机构及其实际参与人员、市区教育管理人员、中小学教师、学生及其家长等都作为利益相关者，在项目直接与间接的参与、对话和改进中，达成彼此的更多理解和自我调节。可以说，“扩优”项目对于扩大基础教育优质教育资源覆盖面、盘活教育存量并带动优质教育新增量，以供给侧改革带动需求侧调节与满足具有实践意义，“拓展渠道，持续加力，不断满足群众对优质教育的需求”“以群众满意、社会认可为目标，办好百姓身边的学校，推动优质教育资源实质性扩大”。[1]

三、整体调节供给侧——持续“扩优”的项目反思

“到 2020 年，建成公平、优质、创新、开放的首都教育和先进的学习型城市”，而“教育资源供给还不适应学龄人口总量快速增长带来的新需

① 郝庆：《“北京市教科研部门支持中小学发展工作研讨会”在教科院丰台附小召开》，北京教育科研网，http：//www.bjesr.cn/jkydt/2015—06—09/21986.html。

求；教育资源配置还不能跟上城市人口分布的新变化；科学的育人观、人才观、用人观还未普遍树立”[①]等问题的存在，让“实现教育现代化”的改革探索尤为艰巨。随着2016年9月《北京市“十三五”时期教育改革和发展规划(2016—2020年)》的发布，2017年更是成为教育供给侧结构性改革深化之年，在某种意义上也是改革取得突破的决胜时期。以有质量的公平为基本特征，以新思维新办法来推动教育内涵发展，将成为首都教育发展的“新常态”[②]。依照北京市政府部署，2017年将继续推进新一轮的基础教育“扩优”项目，并将适当扩大范围。新一轮的“扩优”项目，必然会基于已有经验，进一步明晰教育价值，进一步聚焦“优质”“适合”的着力点，让政府专门的教育资源配置政策，切实成为调节教育供给、办好百姓家门口学校的有力举措。

(一)“优质”的相对性与多样性

必须承认，由于历史、文化等原因，社会中所谓拥有钱、权、势的家长总是要选择“与众不同”的学校，以使他们的孩子受到“与众不同”的教育(待遇)，同时也彰显他们“与众不同”的身份。选择“贵族学校”，彰显的是家长的“富人”身份；选择“重点学校”，彰显的是家长的“权势”地位。假如“优质教育资源”真的可以“不断扩大”以至于使“所有的”学校都成为“优质教育资源”，那么，家长们依然要在已然“优质”了的学校中选择“更优质”：或者更“贵族”，或者更“重点”。[③] 由此可见，优质教育资源的扩大总是相对的，很难以绝对“量”的补充来实现。即使是所有的学校在“明天”都达到了“今天”“最好的”学校的办学水平时，依然会存在择校问题，因为学校及其质量，从来就只有“更好”，没有“最好”。那么，更好的教育意味着什么？今天人们越来越看到了适合的教育的人本意义。学生发展的差异性，人才需求的多样化，社会生活的丰富性，终身学习的必然性，都让中小学校作为基础教育，要为不同的学生提供不同的教育，让学生能够进入到适合其个性发展的学校。可见，基础教育学校的教育供给，将走向多样、特色发展之路。由此，新一轮的“扩优”项目必将更加强调基于学生、基于学

① 北京市教育委员会、北京市发展和改革委员会：《北京市“十三五”时期教育改革和发展规划(2016—2020年)》，2016年9月。

② 《北京市“十三五”教育改革和发展规划解读》，人民网—教育频道，http://edu.people.com.cn/n1/2016/0928/c1053—28746299.html。

③ 赵敦敏：《择校根源并非优质教育供给不足》，《教育科学研究》，2011年第8期。

校，服务北京基础教育发展目标，与其他各项改革配套推进，既服从政府对于教育供给调节的全面性、系统性，又体现项目自身深化改革的精准发力，精致供给。

近两年北京加快了中考、高考的改革力度，突出以学生为中心的改革理念，“给学生松绑，把学生放在教育的最中央，更加关注基础教育生态均衡”。“学校课程体系需要从单一课程体系、分层加工模式，向多元课程体系、分类加工转变。未来，好中学的标准就是能够给学生提供更好服务的中学。”①北京学生考试评价制度改革更加提出公平性、个性化，尊重学生的个性化发展，让学生拥有更多的学习选择，每个学生都有好的一面以及优势的展示机会，那么，以学生为本的学校教育必然要以课程为载体，搭建起促进学生多样化发展的课程体系，以此来激发和满足学生发现自己的爱好、特长并加以培养、释放。因此，“扩优”项目的深入推进过程，将会进一步营造出发挥政府整体统筹协调职能、发挥学校作为办学主体职责、发挥教师作为教育者的育人责任、发挥各方力量助力学校发展的教育生态，让学生获得适合的、主动的成长。借用利益相关者理论的分析视角，在政府的政策引导下，在利益相关者的共同治理结构中，参与主体间可以在服务功能上进行多种形式的替代，将各种主体所拥有的资源聚集起来形成一股强大的合力，共同参与教育产品多元化供给，以提高供给数量，优化供给水平。

（二）资源的差异性与协同性

“扩优”项目确定之初，是针对当前普通中小学校在教育运行中存在的实际困难和问题进行快速解决的。可以肯定地说，经过改造薄弱校、初中建设工程、小学规范化建设工程等持续投入和支持，普通中小学的办学条件和教育质量已经有了明显改观，义务教育基本均衡已经实现。但是也必须看到，一些学校在办学理念、教育激情、课程实施、师资水平、资源利用、社会声望上都还始终处于“弱势”状态。因此，进一步助推普通学校的教育改革，是政府宏观调节教育供给的一个必然举措。目前在北京市基础教育中，共有小学 996 所，在校学生 850321 人；初中学校 340 所，在校学

① 施剑松、蔡继乐：《“从供给侧给予学生更多选择”——北京中高考改革新方案解读》，《中国教育报》，http：//www.moe.edu.cn/jyb_xwfb/s5147/201604/t20160408_237173.html，2016 年 4 月 8 日。

生 283366 人；普通高中 306 所，在校生 169412 人。[①] 面对众多学校和学生，如何分析和指导不同发展水平、不同发展特点的学校更好地满足周边学生及其家长的教育需求，这对于市区两级政府发挥权力性主体责任，有效调节指导学校发展，都是严峻的课题；如何为北京市中小学十几万专任教师队伍建设提供有力的专业支持和专业学习机会，有针对性地落实“师德为先、学生为本、能力为重、终身学习”的专业发展理念，加快教师育人能力提升，也是政府规划和指导教师队伍建设的现实课题。由此，“扩优”项目进一步对接学校、对接教师，进而对接学生的多样化兴趣、爱好和成长需求，必然成为实施的一个重点和难点。

从参与政府“扩优”项目的支持机构自身看，也呈现出多样性、多元化特点。不同机构和单位有自身的专业优势，也有自己在支持学校发展中的“短板”，在项目推进中有着各自的理解、定位和投入策略。在过去的三年中，4 个项目在其内部推进中都不同程度地存在着差异性。

以高校支持中小学发展项目为例，由于高校专业基础、学术优势以及前期与中小学关系、对中小学的了解等都存在着差异，包括所在区域对于项目的关注度不同，对接学校本身对于高校的期待和要求不同，因此实施过程的校际差异、区际差异还是较为明显的。据项目组的调研发现，中小学教师对于高校支持项目的满意度评价存在着从 60—100 分之间的较大差异；学生家长对于高校支持项目的满意度评价也存在着 2.5—7.5 分之间的较大差异。

又如以民办教育机构参与中小学学科教学改革项目为例，支持机构本身对于项目的认可与项目学校对于项目的认可之间也是存在差异的。

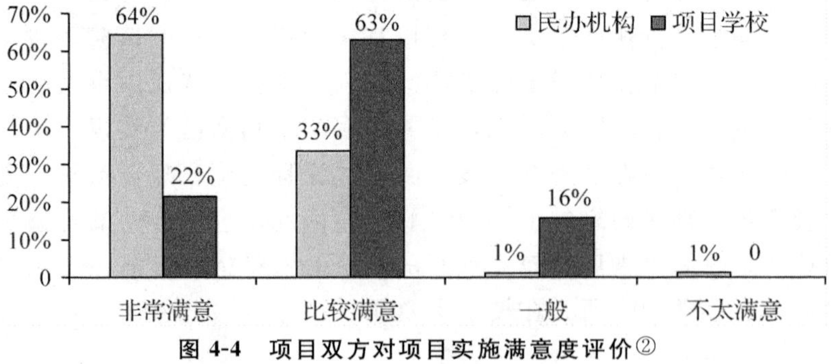

图 4-4　项目双方对项目实施满意度评价[②]

---

① 《2015—2016 学年度北京教育事业发展统计概况》，http：//www.bjedu.gov.cn/xxgk/ywdt/ywsj/201605/t20160506_11525.html。

② 《北京市扩大优质教育资源改革工作总结推进会交流材料——调研报告》，2016 年 11 月 16 日，第 74 页。

如何加强项目内部的资源共享、优质互补，坚持开放、共享、协调的理念深化项目运行，这也是项目进一步深化中有待探索的课题。这既需要从已有政策的完善中加强政府调节引导力度，也需要参与支持中小学发展的支持主体自身的反思和建设。可喜的是，在高校支持中小学发展项目推进中，已经借助已有的高校项目联盟机制，着手开展区域高校支持联盟、专题项目共享与交流等活动。相信在新一轮的“扩优”项目推进中，动态调节、合作共享会带动中小学校的教育供给向更深层的改革与优化迈进。

（王海燕）

专题五　北京市中小学学校治理现状的调查研究*

自2013年十八届三中全会《中共中央关于全面深化改革若干重大问题的决定》中指出"完善学校内部治理结构"①，2016年无疑是"治理"在各个领域深度推进的一年，教育治理是国家治理的重要内容之一。中小学学校治理过程和结构的实践问题已经成为破解学校教育发展的瓶颈。因此，积累学校治理中面临的实践性经验，已经成了当前学校改革走向供给侧改革深入的关键。

北京市作为首善之区，2015年已经关注了不同样态、不同类型学校，特别是集团化学校治理的经验总结；2016年积极推进教育治理深层变革，市教委专门对"义务教育均衡发展的学校治理研究"进行立项，并由首都师范大学召集了"全国基础教育学校治理创新论坛"，学校治理已经在理论和实践层面引起了关注。一些实践层面的问题，例如与以往的学校管理相比，北京教师对学校治理有怎样的认识？学校办学中涉及的不同成员，比如校长、教师、家长等在学校治理中扮演什么角色？学校治理具体是如何运行的？学校治理是否能形成一种文化？影响治理的因素有哪些？等等。

为此，北京市教委委托首都师范大学承担"义务教育均衡发展的学校治理研究"项目，旨在调查当前北京市基础教育阶段学校治理的现状以及面临的问题。"调查"采用问卷和质性研究相结合的方法。其中，问卷着眼于教师对学校治理的政策和办学权情况的了解、学校治理机制以及治理文化和影响因素。问卷通过现场发放的形式获得，并在后期对问卷进行编码处理，研究结果采用SPSS 17.0进行数据统计分析。北京市共计有8区12所中小学校955位教师参与调研。质性研究主要包括对取样学校已有的学校治理制度、校长汇报材料等的文本分析、对学校内部的走访观察，以及

* 注：该研究为杨光主持的2016年北京市教委课题"北京市中小学学校治理：过程、结构及对策研究(SM201610028012)"的阶段性研究成果之一。

① 《中共中央关于全面深化改革若干重大问题的决定》(2013年11月12日中国共产党第十八届中央委员会第三次全体会议通过，11月15日正式发布)，《求是》，2013年第22期，第3—18页。

对其中的7所中小学校长进行的一对一访谈，对干部、教师进行的群体访谈的结果分析。所有访谈均采用NVivo 8进行录音整理和编码分析，以此作为问卷调查的补充验证部分。

一、学校治理政策内容与特征

（一）学校治理的内容多样

学校治理结构比公司治理结构要复杂得多，不仅包括内部结构也涉及外部治理结构及其相互关系。2012年，Kottoff和Merki在前人研究基础上，对欧洲学校治理的结构研究发现，学校治理的内容包括提升自主权；核心课程和标准；学校自我评价；国家或者州的标准化考试；外部学校督导；教师评价。[①] 然而，对于学校治理究竟包括哪些要素并不清晰。有研究表明，对学校治理的研究避免了讨论和分析如何选择自变量，也就意味着对学校或者校长的选择仅仅关注那些高效能或者有突出领导力的样本上。因此，这些研究在一定程度上并没有反映学校治理的真实现象。[②]

本项调查关注的是内部治理的内容，教师认为“课程治理”是学校治理最为突出的内容。通过对教师关于学校治理的概念、政策文本的理解调查发现，教师认为学校治理要做的最核心的内容主要集中在：开展课程治理（28.7%）、减轻学业负担（20.8%）、调整组织结构（15.2%）、提升治理能力（14.0%）、建章立制（12.8%）等方面，占整体的91.5%。

在教师群体访谈中，教师也普遍提到课程治理的问题。L中学的某位老师说：“那我觉得治理有大有小。对于学校来讲，我想有行政方面的管理，也有专业方面的治理。行政方面的包括学校办学目标、制度建设实施等方面。专业方面的治理就是一些对课程建设的开发实施落实这样的一个引领。”多数老师对于治理与管理还是能够区分的，比如某位老师这样提到：“我觉得‘治理’和‘管理’应该是不一样的，‘治理’应该是有法律上的意义，层次更高一点，而且比如说处罚吧，它应该更严厉一些，它一定比

---

① Kotthoff, H. G. , & Merki, K. M. (2012). *Governance Matters? Changing Systems of School Governance in Europe*. In L. Wikander, C. Gustafsson & U. Riis (Eds.), Enlightenment, Creativity and Education (Vol. 19, pp. 113—131): Sense Publishers.

② Wiseman, A. W. (2015). *Globalization and changes in school governance*. In J. Zajda (Ed.), Second International Handbook on Globalisation, Education and Policy Research (pp. 681—686). New York: Springer.

管理更严谨。”但也有人认为治理是学校已有内容的附加，“治理就是带着一个附加的力量，或者说是一个秩序要加给你”。

这些观念反映了教师对“治理”一词有了初步的了解，并且认识到与“管理”有所不同；从学校变革的角度，给予治理更高的期望，更期望法治上带来的变化；从教师理解上，课程治理可能是“离老师最近的”，这一点反映了自2003年以来的新课程改革一定程度上已经深入人心，老师们能够将课程和治理有机地结合起来。

（二）学校治理的特征凸显

有学者认为学校治理与学校管理存在本质的不同，其特征有科学化、民主化、制度化。[①] 也有学者从价值的角度指出，学校治理需要以法治、自由、民主和公正为基础。[②] 也有学者指出学校治理的关键是道德共同体建设。[③] 可见学术界对学校治理的内涵和特征还没有达成共识。

此次调查显示，教师认为民主、法治和自主权是最重要的治理特征。根据教师对学校治理要素的理解，从回答频次上来看，教师认为最重要的前三项分别是“建立民主监督机制”“依法治校”“赋予学校办学自主权”，频次百分比分别为27.6％、22.8％和16.0％，三者合计66.4％，即约有2/3的教师认为民主、法治和自主权是学校治理最为显著的要素；而从个案百分比来看，教师认为最重要的三个同样是“建立民主监督机制”“依法治校”“赋予学校自主权”，占比分别为62.8％、51.9％和37.1％，即有超过一半的教师认为民主和法治是最为重要的治理要素。

访谈中，校长、教师都提到了法治的重要性。L学校的校长认为，“我们觉得将依法办学提到一定高度上，老师也不会跟你急，因为这是法律条文的规定。通过这件事儿，我们要在老师的管理、学生的管理上做到规范、依法”。L学校的副校长也认为，“学校目前来讲，越来越走上法治治理。我们校长很年轻，有些教师比我们岁数大很多，再加上老师的行为不太注意的时候，光说话是没有力度的，而这些规章制度对于每个人都是一样的，所以促使我们在这些方面去实施和探究”。在走访中，我们也发现，新任校长、集团学校校长会比其他学校更加重视和依赖学校的章程和制度

① 贡和法：《提升中小学校治理能力和水平的现实路径》，《江苏教育研究》，2015年第Z1期，第18—21页。

② 石中英：《教育治理的价值追求》，《中国教育报》，2015年4月30日。

③ 杨九俊：《学校治理的关键是什么》，《教书育人(高教论坛)》，2014年第3期，第109页。

建设，这可能与学校的发展阶段有一定的关系，有待进一步研究。

在教师的管理上，法治可以解决以往人情管理的问题，I 学校的校长说："所以我们今天办学就是说，吴校长(前任校长)他们是在人治的社会里头实践办学，而我今天是坐在法治(上)的。所以您看我今天改革谈的所有治理的东西，都要归到法治治理上去，都要回到章程上，都要回到治理上，因为今天不是人治。"这说明了校长和教师对于学校治理在制度层面上的改革寄予了更高的期望，更希望能够通过制度来保障，从而将校长从过去的人情关系中解放出来，真正实现依法办学，获得发展的自主权。

二、学校治理办学主体的权力行使与赋权增能

(一)校长治理权力有限

2014 年 8 月教育部印发了《义务教育学校管理标准(试行)》，该标准提出完善义务教育治理体系，应从政策和实践角度践行"学校治理"中的若干问题，并提出学校治理的原则：法治化和规范化。特别是提出"提升校长依法科学治理能力，拓宽师生、家长和社会民众参与学校治理的渠道，建立健全学校民主管理制度，构建和谐的家庭、学校、社区合作关系，推动学校可持续发展"。校长在学校治理中，是有限制的法人主体，从政策角度来看，拥有的权力相对明晰，但在实际执行中却拥有"受限"的权力。

调查结果显示，教师认为校长最主要的治理权力是"教师调配权"(见表 5-1)。根据对教师校长的权力和责任的理解，从回答频次上来看，教师的回答比较分散，只有三项超过 10%，认为最重要的前三项分别是"教师调配权""校内重大事务决策权""财务计划及使用权"，频次百分比分别为 18.5%、13.2%和 12.0%，三者合计 43.7%，即接近一半的教师认为校长在人权、财权和事权上有重大权力；而从个案百分比来看，教师认为最重要的三个同样是"教师调配权""校内重大事务决策权""财务计划及使用权"，占比分别为 52.0%、37.1%和 33.6%。因此，无论从哪个角度看，教师都认可校长在人、财、物上都有最为重要的治理权力，"教师调配权"是最为重要的内容。

表 5-1　对“你认为校长在学校中实际拥有的权力有哪些？（限选三项）”问题回答统计结果

选项	频次	频次百分比（%）	个案百分比（%）
教师调配权	487	18.5%	52.0%
校内重大事务决策权	348	13.2%	37.1%
财务计划及使用权	315	12.0%	33.6%
财务制度制定权	212	8.1%	22.6%
教师职称评定权	177	6.7%	18.9%
制定和调整招生权	170	6.5%	18.1%
开展大型民事活动权	165	6.3%	17.6%
监督权	154	5.9%	16.4%
制定教学计划、选择教材和组织教学权	149	5.7%	15.9%
课程设置和调整权	143	5.4%	15.3%
与境内外学校合作交流权	136	5.2%	14.5%
招生权	125	4.6%	13.3%
教师薪资分配权	50	1.9%	5.3%
总计	2631	100.0%	280.6%

注：总人数 $N=935$。（计算公式：频次百分比＝选择某项的次数/总次数×100%，个案百分比＝选择某项的次数/总人数×100%。后表均同此计算方式，不再一一注明。）

但在访谈中，校长们普遍认为，对于教师调配的权力，实际上十分有限。例如I小学校长这样说：“自主权我们觉得主要体现在我们对教师的招聘上，就目前我们区来讲，还是允许学校自己直接面向毕业生和社会来招聘，虽然在工作程序上需要规范，比如说针对社会招聘的时候，需要网上报名，需要成立招聘委员会，那是程序的问题，但是毕竟它和有的区、外省是不一样的。……我觉得这个办学自主权，……就是其所有的人事关系、人事权在教委，你可以招，当我们用人单位觉得不好的时候可以辞退他或者调离他。那现在如果是教委招聘的教师，其人事关系或者其他组织关系却需要用人单位来负责，等等，这后期的麻烦就大了。”

由此可见，教师在学校感受到的校长权利和实际上校长掌控的权利之间还存在着差异，这一认识上的差异体现在似乎校长在学校内是“强势的决策者”，实际上当真正出现问题的时候，校长却是无力的，这是当前学校治理面临的一个十分突出的问题。

（二）教师赋权参与治理

在学校治理当中，教师参与治理是衡量治理水平与质量的重要内容，但在以往的管理模式下，教师一直处于被管理者的位置，参与学校管理的空间和内容有限。

在此次调研中，教师认为能参与治理决策的主要是“课程教学管理”。根据教师对参与学校治理的理解，从回答频次上来看，教师认为最重要的前四项分别是“课程教学管理”“学生事务”“学校规划和计划”“教材选择”，频次百分比分别为28.1%、19.6%、15.3%和15.2%，合计为78.2%，即约有2/3的教师认为“课程教学管理”是学校治理中教师可以参与的内容；而从个案百分比来看，教师认为最重要的排序同上，即“课程教学管理”(72.1%)、“学生事务”(50.2%)、“学校规划和计划”(39.3%)、“教材选择”(38.9%)，而“教师评奖和职称评定”“财务预算和使用”等方面的频次百分比和个案百分比则比较少。

在访谈中，教师也提到了自己参与学校课程建设的实例。例如G学校的老师们提到：“国学课程。负责教学的刘主任让我们做一个方案，他只给了几个纲目。于是我们就有了很大的自主权，可以往里面去填充内容。我们是五年制，五年中我们可以学什么，我们的目的是什么，我们采用怎样的学习方式？这些我们都是可以填充进去的。我们可以有很大的自主权去设计。而不是由刘主任一个人决定我们这个年级要学什么、要做什么，不是这个样子的。”这些实践性做法，反映了教师在课程建设上已经有了积极性和自主权，能够站在更高的角度来思考和设计课程，并将其视为自己可为的、能为的资源，体现出教师已经有了课程治理的意识和行动。

（三）其他持份者期望参与治理

从治理的主体来看，学校治理不仅仅是局内人的事情，各方都有学校治理的责任与权力。例如北京十一学校的李希贵校长从学校治理的科学化角度，探讨了教代会、校长及校务委员会、学术委员会、学生会、家长委员会，而这些都是目前大家比较公认的具有不同权力的学校治理主体如何进行权力的来源、分配、制约的问题。① 因此，参与治理的其他持份者也

---

① 李希贵：《权力的来源、分配与制约——对学校内部治理现代化的深思》，《人民教育》，2014年第24期，第16—19页。

不能被忽视，这恰恰是体现治理民主的重要内容。

本次调查结果显示，教师认为“家长”最应参与学校治理的决策。根据对教师认为非学校教职人员参与治理的调查结果，从回答频次上来看，教师认为可以作为主要实际决策者的前三类人群分别是“家长代表”“学生代表”“学术专家”，频次百分比分别为29.7%、20.9%和20.6%，三者合计为71.2%，即教师认为“学生家长”和“专家”也要参与学校治理之中来；而从个案百分比来看，教师认为最重要的三个同样是“家长代表”“学生代表”“学术专家”，且高度集中于这三项，个案比例超过50%，即有超过一半的教师认为“家长”“学生”和“学术专家”要参与学校治理，特别是“家长”居首位。而调查数据同样显示“人大代表或政协委员”“社区街道居委会代表”“集团或学区内其他学校代表”“企业代表”等则很少有参与。

访谈中，教师们提到了家长越来越多地参与学校的治理工作，多数集中在家长参与班级的治理。例如个别随班就读的孩子，需要家长和学校密切合作才可能实现顺利的适应；而深入参与学校治理的是，家长可以参与学校课程的建设，例如L学校的老师这样提到：“我们最近整理出来的类似教材的文本，就是我们要跟家长不断的统一观念、达成共识的产物；家长和学校在一些问题上取得共识，这事儿就好办了。”在当前的教育环境中，家长很乐意并高度关注学校的情况，通过家长参与学校课程建设，打开了家长参与学校治理的切入口，这是在北京部分学校治理取得的宝贵经验之一。

三、学校治理运行机制的决策、执行、监督与效果

（一）学校治理的决策集中

学校治理的决策是治理主体共同形成的，通过对以往文献的分析，哪些持份者能够参与决策，并且在决策中起到决定性作用，在不同的办学类型、办学模式下都有所不同，有待研究。

调研结果显示，教师认为“校长”和“教职工代表大会”是学校治理最主要的决策者(见表5-2)。根据对教师认为学校治理的决策群体的调查，从回答频次上来看，教师认为最主要的决策群体是“校长”“教职工代表大会”“校中层班子”，频次高度集中于这三项，百分比分别为27.2%、24.1%和18.8%，即教师认为“校长”“教职工代表大会”和“校中层班子”是学校治理最为重要的决策群体，特别是选择“校长”和“教职工代表大会”的比例超过

20%；而从个案百分比来看，教师认为最重要的三个决策群体依旧是这三个要素，但“上级教委”“校务委员会”“党支部”也有一定比例的提及。

表 5-2　对“你认为学校事务中发挥最主要的决策作用有哪些人或者组织？（限选三项）”问题回答统计结果

2 选项	频次	频次百分比(%)	个案百分比(%)
校长	686	27.2%	73.3%
教职工代表大会	607	24.1%	64.9%
校中层班子	474	18.8%	50.6%
上级教委	221	8.8%	23.6%
校务委员会	136	5.4%	14.5%
党支部	135	5.4%	14.4%
家长委员会	82	3.3%	8.8%
校学术委员会	70	2.8%	7.5%
学生会	51	2.0%	5.4%
校董事会	28	1.1%	3.0%
社区委员会	18	0.7%	1.9%
相关社会人士	8	0.3%	0.9%
其他	3	0.1%	0.3%
总计	2519	100.0%	269.1%

注：总人数 $N=935$。

此外，在访谈中，个别校长也谈到了地区的街道、单位对学校的高度关注和参与。例如J学校校长就提到：“这块地区的人非常团结，而且大家都互相关注教育的发展。为了教育的发展、地区的发展，大家都在做贡献。为什么我上来说优势第一，这是地域优势啊，这个地区对教育的关注度非常高，就像大家对航天事业的关注度差不多。只有关注你了才会有热心的支持，有不理解的批评，甚至还会有无原则的干预，等等这些交织在一起，既有好的一面又可能带来问题，是吧？但是你不能说人家的关注不对呀，人家就想关注，然后关注完了支持你，干预你，同时也特别的亲和你。”

在北京，一些区进行了学区制改革，打破了过去中小学之间的封闭，如打通了学校与社区、街道、周边企业单位之间的围墙。这些做法极大地推动了学校治理走向深入和融入周边经济、社会环境之中。学校治理的运行机制带动了多元文化、多种样态的组织机构及多元主体的整合，突破了以往学校管理的瓶颈。

（二）学校治理的执行分散

治理最重要的环节是执行，这个环节体现了治理的水平，也反映了治理的难度。调查结果显示，教师认为“中层管理能力”是治理执行中最重要的因素（见表 5-3）。根据对教师认为学校治理在执行过程中，哪些是学校治理的重要因素的调查，从回答频次上来看，教师认为最重要的前三项分别是“中层管理能力”“校长的决策方向”“教师的参与程度”，频次百分比分别为 26.6%、25.2%和 25.2%，即教师认为“中层管理能力”是学校治理最重要的执行因素；而从个案百分比来看，教师认为最重要的同样是这三个因素，即有超过三分之二的教师认为中层、校长和教师是执行环节最为重要的治理因素。

表 5-3　对“你认为学校事务在执行过程中最重要的因素有哪些？（限选三项）”问题回答统计结果

选项	频次	频次百分比（%）	个案百分比（%）
中层管理能力	664	26.6%	70.8%
教师的参与程度	630	25.2%	67.2%
校长的决策方向	629	25.2%	67.1%
专业力量的介入	218	8.7%	23.2%
上级领导的意图	190	7.6%	20.3%
家长的支持	165	6.7%	17.6%
总计	2496	100.0%	266.2%

注：总人数 $N=935$。

治理的执行，需要中层管理者的智慧和能力。在访谈中，校长、教师普遍认可中层领导在学校中的重要角色，特别是工作的细化和执行，需要系统化。“我觉得对于治理能力的科学化和规范化要求应该提到一个更高的水平，让它成为体系化的一个东西。使工作做起来更加规范，治理的目标更加明确。要求更加细化。”某位中层领导这样看待自己的角色。可见，学校内部治理不仅需要理念上的一致，学校内部的章程、制度、执行计划、方案、实施情况等也都需要细化，而这些工作一般都落在起承上启下作用的中层干部身上。

（三）学校治理的监督靠上

学校治理与管理的本质不同就体现在治理的监督权上，以往的学校监督主要是由政府的督导部门来执行，而校内的监督则基本上流于形式。在实践中一些探索学校内部督导的学校则把督导转化为了学校内部治理的内容，然而外部督导仍旧是学校治理的主要形式。

本次调查结果显示，教师认为“上级教委”是学校治理事务的主要监督者（见表 5-4）。根据对教师认为在学校治理事务的监督监管发挥作用的内容调查，从回答频次上来看，教师认为最重要的前三项分别是“上级教委”“教代会”“政府督导室”，频次百分比分别为 20.7％、15.4％和 14.8％，即教师普遍认为教委和督导室等的外部原因和教代会等内部原因是学校治理最为显著的要素；而显著不同的是，从个案百分比来看，教师认为最重要的三个分别是“上级教委”“教代会”“政府督导室”以外，“校长”“中层干部”“教研、年级组长”等内容也有较为集中的提及，教师认为学校事务的督导既有外因，也有内因，“上级教委”是最为重要的治理督导部门。

表 5-4　对“你认为在学校事务的监督、监管中发挥主要作用的有哪些人或者部门？（限选三项）”问题回答统计结果

选项	频次	频次百分比（％）	个案百分比（％）
上级教委	515	20.7％	55.0％
教代会	383	15.4％	40.9％
政府督导室	369	14.8％	39.4％
校长	345	13.9％	36.8％
中层干部	282	11.3％	30.1％
教研、年级组长	223	9.0％	23.8％
教研员	148	6.0％	15.8％
家长	118	4.7％	12.6％
校工会	104	4.2％	11.1％
总计	2487	100.0％	265.5％

注：总人数 N＝935。

通过质性调研进一步发现，学校对上级部门领导的支持非常看重，特别是学校集群、集团发展的学校，没有相关的政策支持，具体工作不对口，这些类型的学校发展很迷茫。正如 J 校校长所说：“集群定位，要有个顶层设计。第二个就是特别希望教委的这个顶层啊，有一套机构来管我们，不能让我们一会儿对着基教一科，一会儿对着基教二科，一会儿又对着体卫科，教委的这些科把我们整蒙了。我们也不知道到底应该听谁的，我们也不知道到底应该干什么。因为我的这个学校，既有小学又有中学，还有外事，所以我们哪个科都要对着，但如果总是这么对下去，就得累死。”J学校校长的话语透出了无奈，可见，学校治理一方面面临来自内部的治理难题，另一方面，需要来自外部的支持，特别是上级领导明确的指引。因此有必要深入研究这类学校的治理需求，给予“基于供给侧”的支持。

（四）学校治理的效果

一方面衡量教育质量的好坏，很大程度上反映在学生的成绩和升学率上，另一方面，老百姓的口碑和社会媒体的宣传也间接地反映学校办学的情况。对于以往的管理模式，上级政府的评价是学校办学质量的主要来源，而如今学校教育质量的好坏，则变成了“自媒体时代”普通人基于网络信息平台下的传播和理解。

此次调查结果印证了这个观点，教师认为评价学校治理效果主要是看“社会满意度”（见表5-5）。根据对教师认为评价学校治理效果的调查，从回答频次上来看，教师认为最重要的前三项分别是“学校社会满意度提高”“教代会、党政工团的职能作用发挥”“学校建立了规章制度”，频次百分比分别为15.9％、15.8％和14.2％，即教师认为外部的评价——社会满意度是学校治理效果最为显著的要素；而从个案百分比来看，教师认为最重要的同样是这三个因素，但“建立了自主发展的学校文化”“学校教学质量提高”“学校取得的成绩、荣誉显著”也均超过了20％，即教师普遍认为学校文化、办学质量和学校成绩同样是重要的治理评价内容。

表5-5　对“你认为评价学校治理效果主要包括哪些方面？（限选三项）”问题回答统计结果

选项	频次	频次百分比（％）	个案百分比（％）
学校社会满意度提高	418	15.9％	44.6％
教代会、党政工团的职能作用发挥	416	15.8％	44.4％
学校建立了规章制度	373	14.2％	39.8％
建立了自主发展的学校文化	286	10.9％	30.5％
学校教学质量提高	280	10.7％	29.9％
学校取得的成绩、荣誉显著	197	7.5％	21.0％

续表

选项	频次	频次百分比(%)	个案百分比(%)
有一定的区域影响力和口碑	149	5.7%	15.9%
家长及社会人士能够参与	144	5.5%	15.4%
校长办学自主权增大	138	5.3%	14.7%
教师得到赋权增能	138	5.2%	14.7%
学生能够参与	41	1.6%	4.4%
有突出的榜样人物	39	1.5%	4.2%
其他	6	0.2%	0.6%
总计	2625	100.0%	280.1%

注：总人数 N=935。

在访谈中，教师提到："学校治理的效果是民生问题，是一个地区名声的重要体现。J学校地属丰台区，临近航天科技单位，周边过去的农村由于土地拆迁，现在变成街道，由于与其自身的利益相关，特别重视这所学校的发展。"J学校的校长这样说："抬高教育是这个地区发展的一个点，街道要解决好民生问题，就要关注教育，把教育做成该地区的一个亮点。街道动不动就把我们叫过去，问问教育的事儿。给我们提供一些信息什么的。"无论是教师还是校长，打亮学校的品牌都是学校治理的重要目标之一，融入周边的社区，同时周边教育环境的改善，既是学校内部治理的目标，也是社会乃至国家治理的重要内容。

其次，有调查结果显示教师认为"提供资源"是非教师群体最能参与学校治理的方面(见表5-6)。根据对教师认为非教职工群体参与学校治理的内容调查，从回答频次上来看，教师认为最重要的前三项分别是"提供资源""学校活动""建言献策"，频次百分比分别为22.6%、22.1%和19.9%，即教师普遍认为非教职工在参与学校治理的时候，"提供资源"等是力所能及的范围，并不宜参与学校决策日常事务等内容；而从个案百分比来看，教师认为最重要的三个同样是以上三个因素，但也关注"配合学校加强对学生的教育工作"，即教师认为家长有责任参与学生培养中来，这也是学校治理文化的一部分。

表 5-6　对“学生、家长和社会人士可以参与学校治理最主要的方面有哪些？（限选三项）”问题回答统计结果

选项	频次	频次百分比（%）	个案百分比（%）
提供资源	581	22.6%	62.1%
学校活动	568	22.1%	60.7%
建言献策	511	19.9%	54.7%
配合学校加强对学生的教育工作	383	14.9%	41.0%
监督和评价学校、教师工作	256	9.9%	27.4%
学校日常事务	127	4.9%	13.6%
参与决策	79	3.1%	8.4%
参与课程建设	68	2.6%	7.3%
总计	2573	100.0%	275.2%

注：总人数 $N=935$。

在访谈中，个别学校特别提到了周边教育资源和社区资源的支持，甚至有一定的引导作用。“××部一分院教育处，不是光搞咱们教师业务的培训，还负责和所有地区的教育牵头，他们教育处的处长，还专门和我们取得联系，我们的教育就是被他们牵着。每年对学校的支持，包括对集群的支持都很大，他们现在每年给我们的集群提供 100 万元的经费支持。所以他就能左右这个地区的教育发展。其实我们这个地区整整合合，合合整整，跟××院里老跟教委提要求有关系。”这些资源给学校治理提供了新的动力和生长点，如何有效地整合周边资源，这些学校在学校治理上的宝贵经验对探索整合教育资源与学校治理的研究有一定启发意义。

四、学校治理文化和影响因素的交织

（一）学校治理文化呈现和谐自由

目前的研究对学校治理文化并未达成共识，而是通过一些特征来描述治理文化，自由、民主、协同、参与等词语多反映在学校文化之中。通过此次调查显示，教师认为良好的学校治理文化主要体现在“和谐自由”方面（见表 5-7）。从回答频次上来看，教师认为最重要的前三项分别是“和谐自由”“民主监督”“群言群策”，频次百分比分别为 20.5%、16.9%和 13.7%，

即教师普遍认为民主、自由和参与是学校治理文化最为显著的要素；而从个案百分比来看，教师对其他多个内容都有超过20%的提及，比如“协同互助”“多元参与”“依法办学”“分享交流”等，即多数教师对学校治理文化的理解较为分散，而自主、民主、参与是较为集中的意见。

表5-7 对“你认为良好的学校治理文化最主要体现在哪些方面？(限选三项)”问题回答统计结果

选项	频次	频次百分比(%)	个案百分比(%)
和谐自由	538	20.5%	57.7%
民主监督	444	16.9%	47.6%
群言群策	359	13.7%	38.5%
协同互助	266	10.1%	28.5%
多元参与	246	9.4%	26.4%
依法办学	233	8.9%	25.0%
分享交流	202	7.7%	21.7%
自主管理	182	6.9%	19.5%
赋权创新	118	4.5%	12.7%
社会参与	36	1.4%	3.9%
总计	2624	100.0%	281.5%

注：总人数 $N=935$。

在访谈中，老师们谈到了多元参与、自由、分享、自主等内容。用“心”来治理是形成学校治理文化的重要内容，例如在L中学的群体访谈中，某位教师提到：“通过这样的事情，不管说多元还是一元，它不是一个独立的角色。它是跟我们老师沟通互动的一个角色，每个人都是参与者，都是多元中的一元。这是我理解的。”从治理行动到治理文化，这是一个循序渐进的过程，需要时间更需要经验的积累，北京市部分学校在探索中，慢慢摸索了治理文化的形成过程。

(二)治理影响因素的多样性与复杂性

影响学校治理的因素，主要包括内部因素和外部因素。学校治理离不开外部环境，上级的政策因素、周边教育资源与社会环境等都会对学校治理产生影响。而学校的内部管理、课程与教学、师资队伍、生源情况等是影响学校治理的重要内因。

调查结果表明，教师认为影响因素主要是“管理能力”“教师意愿与能力”和“学校文化”(见表5-8)。根据对教师认为影响学校治理的因素的调查，从回答频次上来看，教师认为最重要的前三项分别是“管理能力”“教师意愿与能力”“学校文化”，频次百分比分别为18.3%、14.3%和13.1%，即有45.7%的教师认为影响学校治理的内因最重要；而从个案百分比来看，教师认为除以上三要素以外，还有“学校办学状况”“生源状况”“学校财务状况”都超过了20%，即教师普遍认为影响学校治理的因素最主要的是内部因素，而外部因素对其也有一定的影响。

表5-8　对“你认为影响学校内部治理的主要因素有哪些？(限选三项)”问题回答统计结果

选项	频次	频次百分比(%)	个案百分比(%)
管理能力	424	18.3%	54.9%
教师意愿与能力	332	14.3%	42.9%
学校文化	303	13.1%	39.2%
学校办学状况	237	10.2%	30.7%
生源状况	209	9.0%	27.0%
学校财务状况	166	7.2%	21.5%
校长变更	113	4.9%	14.6%
学校名誉	110	4.7%	14.2%
监督情况	108	4.7%	14.0%
上级政策	101	4.4%	13.1%
学校规模	87	3.8%	11.3%
家校合作	74	3.2%	9.6%
已有文化	34	1.5%	4.4%
周边环境	19	0.6%	2.5%
其他	2	0.1%	0.3%
总计	2319	100.0%	300.2%

注：总人数 $N=935$。

在访谈中，教师、校长也提到了绩效工资考核等对教师的激励作用。例如在I学校分组座谈的教师提到：“年级工作制要深层改革，在年级的课程设置、课堂教学的质量，以及教师专业发展上进行各种深层次的改革。干得好就要优质有优酬，优质不能优酬，时间长了就会挫伤人的积极性。”这说明，教师有参与年级组管理的积极性，但需要有一定的制度激励和保证，现在的绩效制度或许一定程度上限制了教师参与学校治理的积极性。

五、学校治理实践与反思

通过本次调查，我们对北京市中小学学校治理的实际状况做了初步的整体了解，主要从教师对学校治理政策的理解、校长内部办学决策权、学校治理运行机制、学校治理文化的形成以及学校治理的影响因素几个方面进行了数据调研和分析；通过对北京市955位教师对学校治理的实际情况的问卷和访谈的数据分析，我们认为，一些学校治理的理念和经验需引起重视。

第一，课程治理成为教师最为关注的内容。教师开始对学校治理的基本概念和政策的理解方面有了一定的深入理解，普遍认为民主、法治和自主权是最为重要的治理要素。因此在未来学校治理研究中，从距离教师最近的课程治理入手，挖掘教师在课程规划、建设、实施、评价上的宝贵经验是值得关注的问题。

第二，从办学决策权来看，教师认为校长的决策权最主要体现在对教师的调配权上；教师认为可以参与的决策主要是课程教学管理；教师认为其他人中家长最应参与学校决策。对这些决策关系的认识反映了教师群体已经在学校治理的内涵上有了深层理解。如何发挥教师的主动性从其参与学校的治理，从课堂教学入手是很容易被教师所接受的。教师意识到家长资源的宝贵，如何通过教师的课程建设，将家长引入到课堂上，例如从社会大课堂，或者10%的综合实践活动开始，充分发挥家长的优势？一些学校在这方面取得了一定经验，他们的做法需要进一步总结和提炼，从而带动更多学校走向“内部治理”。

第三，学校治理最终是“人的因素”，既要让学校内部的人动起来，同时也要协调好政府办学与学校治理的关系。从学校治理的运行机制来看，教师认为校长和教职工代表大会是最主要的决策者；教师认为中层管理能力是执行中的最重要因素；上级教委是学校事务的主要监督者；评价学校治理效果主要是看社会满意度。把学校放置在大的教育环境中，教委和学校之间明确治理的权限，是未来学校治理政策制定和实施的关键。

第四，学校治理文化主要体现在和谐、自由方面。从北京市学校治理的现状来看，部分学校已经形成了很好的学校治理文化，教师能够在学校中体会到幸福感、荣誉感，但这一文化是如何形成的，中间存在哪些难点，随着集团化办学和名校办分校、学区制等多种类型学校群体的出现，这样的文化能否“复制”？这些都是未来面临的新问题。

最后，影响学校治理的因素主要是管理能力、教师意愿与能力、学校文化。这些因素可能会一定程度上成为一些学校发展的阻力，如何将“阻力”转化为“动力”，有赖于学校的治理者去发挥自己的智慧与能力。

毫无疑问，“学校治理”将是未来“十三五”规划中学校发展的核心词之一。从实践角度来看，基于日常变革的学校治理将会成为学校发展的“新常态”。一方面，从政策的制定来看，基于“供给侧”的学校治理政策的拟定必将依赖于来自一线的调研及反馈，依靠如今多样的信息媒体形式对学校治理的传播与引导；另一方面，从学校自身的发展来看，学校治理的“微观政治”也包含了多元的群体参与，多样的资源建设，多种的关注与理解。特别是在学校治理的维度层面，还有待更深入的探究，例如学校治理结构的微观调整、学校治理体系的架构丰润、学校治理机制的补充完善、学校治理主体的赋权增能、学校治理能力的提升等，都将是我们未来要进一步探究的问题。

（杨光）

专题六　重视“实证”：基础教育课堂教学改进新特征

2016年3月颁布的《北京市国民经济和社会发展第十三个五年规划纲要》中针对基础教育发展强调要“完善课程体系，改进教学方式，把发展学生兴趣特长、创造思维和自主学习、独立思考、合作沟通能力贯穿到课程教学全过程，更好地培养创新型人才”。而对于如何以课堂教学改革的更深入研究来改进课程与教学，有研究课题认为，“以往的教学研究多是以经验分析和直觉判断为主，依据实践中获得的经验归纳出一些认识，进而依照这些经验和直觉对教学质量和教学情况进行判断”，① 主张要在大规模学业质量测试数据、问卷调查数据、课堂观察数据为证据的分析研究基础上，梳理现存的教学问题，依据问题提出有针对性的改进策略，并在教学中实施，从而促进教学质量的提升。

2016年北京市出现了几个对基础教育系统产生广泛辐射作用的课堂教学改进研究，如北京市基础教育研究中心物理教研室开展的“围绕核心概念的教学整合实验研究”，有全市多个区物理教师的参与；北京师范大学教授王磊带领学校9个学科专家团队与北京多个区合作开展“促进学生核心学科能力发展的教学改进研究”，课题涉及北京市40所学校；首都师范大学教授王陆主持的COP项目，有3个区近50所学校的参与。这些课堂教学改进项目的实施在操作上有别于传统的教学改进项目，都更注重“证据”的获取及其在教学改进中的运用，并呈现出一种成熟推进的态势。

本文将解析2016年北京市基础教育领域两个典型的课堂教学改进研究案例，分析其凸显的一些“实证”取向特征。同时，以“实证”作为视角，通过调查从而了解一线教师进行课堂教学改进研究的现状及其对“实证”特征的认识与需求。基于此，对北京市基础教育课堂教学改进的研究进行了再审视和再思考。

---

① 北京教科院基教研中心北京市“十二五”教育规划重点课题：《北京市义务教育阶段基于证据的课堂教学改进研究》(ABA14014)。

一、案例分析：课堂教学改进研究呈现“实证”特征

当我们将目光投向2016年北京市基础教育课堂教学改进，首先关注到的是几个参与人数多、影响面大的“市区级项目”。可以发现，课堂教学的改进不再只是“静悄悄”地发生，由教育行政部门和大学研究者共同推动，愈加凸显“证据获取”与“理论架构”的区域、学校教学改进项目，正在成为引领北京市基础教育课堂教学改进的新风向。在此以北京市基础教育研究中心物理教研室启动的“围绕核心概念的教学整合实验研究”项目（以下简称案例1），以及北京师范大学教授王磊主持的“促进学生核心学科能力发展的教学改进研究”课题（以下简称案例2）为研究对象，分析北京市在推进课堂教学改进研究中注重“实证”的特征。

（一）案例1：注重系统的研究设计与节点数据分析

2015年6月，北京市基础教育研究中心物理教研室启动了为期两年的“围绕核心概念的教学整合实验研究”项目。项目负责人在介绍课题研究背景时提到①，他们注意到围绕“少而精”的核心概念进行教学已是国际科学教育的共识，由此思考“如何在我国当前教育背景下围绕核心概念整合教学内容”？在国内指向学生核心素养发展的课程标准即将颁布并实施的背景下，进一步思考：“在北京市教研层面如何以更好的研究支撑新课标的实施?”同时还反思了北京市物理教学与教研存在的问题，教学中“轻过程重结论；轻理解重记忆；轻学法重教法；轻兴趣重认知”的现象仍然很普遍，教研“成果数量多，但碎片化严重；工作力度大，但缺乏研究支撑；经验总结多，但需实证提升研究品质”，因此迫切希望提升教研与教学的科学化水平。

该研究计划于2个学年内（2015年9月—2017年6月）在实验校与对比校进行教学实验，以及在实验前、中、后3个时间节点对实验校与对比校学生进行有计划的学业测验、问卷调查，并对录像课进行分析。研究流程如图6-1所示。

① 访北京市基教研中心物理教研员张玉峰，并根据其项目汇报交流的PPT材料整理。

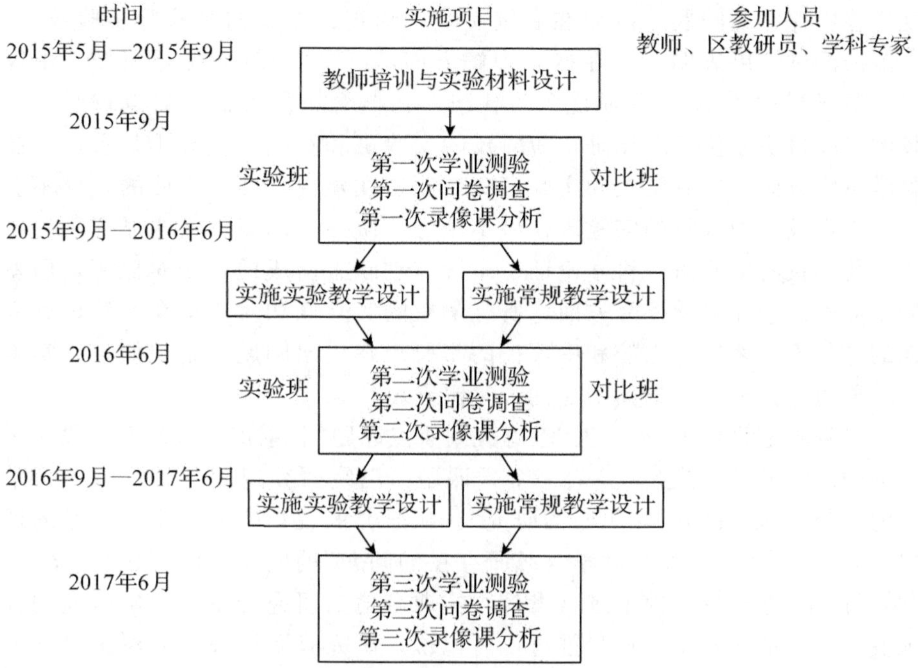

图 6-1　案例 1 课题实验研究实施流程①

首先是理论学习和做实验研究的准备。第一阶段参与课题的有 40 多人，包括学科专家、区教研员、承担实验班与对比班教学任务的教师(仅在高一年级进行)。他们从理解“核心素养”“大概念”“学习进阶”等新的教育观念，学习科学、规范的教育实验研究方法入手，进而做充分的实验研究准备——选择高一物理必修 1 中“运动和相互作用”这一主题作为研究的内容载体后，基于已有的学习进阶研究成果进行教学内容整合，重新设计教学方案(包括每一课的教案及实验计划)，确定实验校与对比校(在示范高中、中等水平学校、薄弱校 3 类学校中各选 2 所学校，共确定 15 个实验班和 26 个对比班，任课教师 20 名，涉及学生 1400 多名)，提前编制好用于检验教学改进效果的前后测学业测验卷与态度调查问卷，并做好分析教学录像课的准备。

其次是实施过程。课题组按计划组织前测，如实分析实验班与对比班的匹配程度、存在的差异；实施过程中多次组织课堂教学现场交流研讨；随时监测每一步教学改进实施后的效果。在教学实验进行了一个学期后，对参与教学实验的实验班和对比班进行了中测。目的有两个：一是及时发

① 访北京市基教研中心物理教研员张玉峰，并根据其项目汇报交流的 PPT 材料整理。

现实验中存在的问题，以便在后续实验中纠正；二是初步检验实验效果。中测的测试结果表明：①在概念理解方面，所有学校(包括重点校、中等校、薄弱校)的实验班明显优于对比班；在概念应用方面，重点校和中等校的实验班明显优于对比班，薄弱校的实验班和对比班差异不显著。②在科学思维方面，所有学校的实验班和对比班在建模、推理方面的差异不显著；重点校和中等校的实验班在科学论证、质疑与创新方面明显优于对比班，薄弱校的实验班在科学论证、质疑与创新方面成绩优于对比班，但差异不显著。③在科学探究方面，所有学校的实验班和对比班在实验设计方面的差异不显著，重点校和中等校的实验班在提出问题与猜想假设、实验数据分析与推理论证方面明显优于对比班。

案例1是北京市"十二五"教育规划重点课题"北京市义务教育阶段基于证据的课堂教学改进研究"的一个子课题，围绕研究组建了跨区域、跨学校的参与团队，倡导"做更好的研究"。从研究的视角来看，整个课题的提出是源于对"北京市物理教学与教研存在的问题"的回应，研究在"大概念""学习进阶"等理论支撑下进行设计，选取合适的研究样本，明确研究的各项变量进行证据获得并逐步推进。可以说，研究有系统设计并注重科学地获取证据与对关键节点的数据分析是此案例的典型特征。

(二)案例2：注重理论框架建构与诊断反馈

案例2的研究源于2011年11月，北京师范大学教授王磊主持的国家社科基金"十二五"规划教育科学重点课题"中小学生学科能力表现研究"(课题编号：AHA11005)正式启动，其中"促进中小学生学科能力发展的课程教学研究(学校改革案例)"是该课题的一个重要子课题。课题组组建了以语文、数学、英语、历史、政治、地理、物理、化学、生物等九大学科的学科教育专家为研究主体的研究团队。2015年起，在前期的各项理论建构和评价研究基础上，课题组与海淀、丰台、朝阳等区合作启动了"促进学生核心学科能力发展的教学改进研究"。2016年该课题组又进一步与房山、丰台、朝阳等区签约，同时海淀区语文和化学学科仍继续进入该教学改进项目中，课题共涉及40所北京地区的学校。

在开展教学改进研究之初，项目组通过组建团队(每个学科由一名学科首席专家负责，组建学科教学论专家、教研员和一线名师相结合的教学改进指导团队；建立研究生助研团队)，形成研究共同体。在推进过程中遵循促进学科能力发展的教学改进行动程序(如图6-2)开展集中或个别的指导。教学改进还通过开展跨区指导，定期组织交流和学习，促进区域之间、学科之间、学校之间、课题之间的交流。最后将学校的教学改进成果及时转化为区域的教研活动和观摩课。在这样的运行机制下，“促进学生核心学科能力发展的教学改进研究”对北京市整个基础教育以及高中课堂的教学改进产生了示范引领作用。

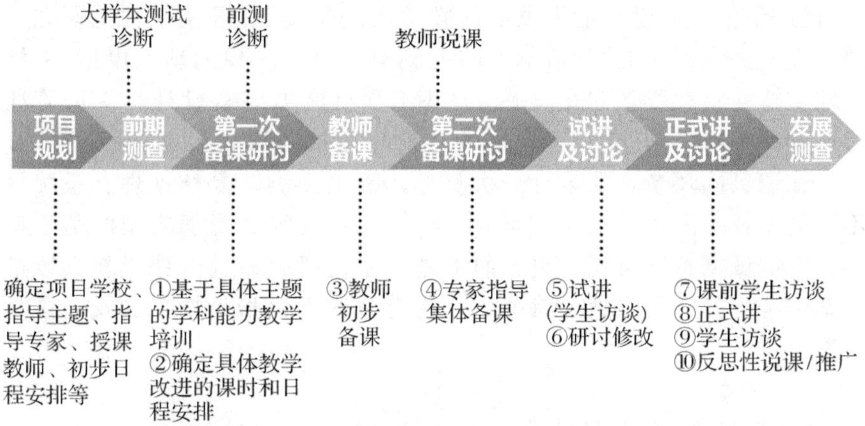

图 6-2 促进学科能力发展的教学改进行动程序

在开展教学改进研究前期，课题形成了“学科能力活动表现、内涵构成及其发展水平的多维整合模型”(如图 6-3)①。之后的课堂教学改进研究依据学科能力理论框架进行系统设计和优化，通过多种途径(测试工具测

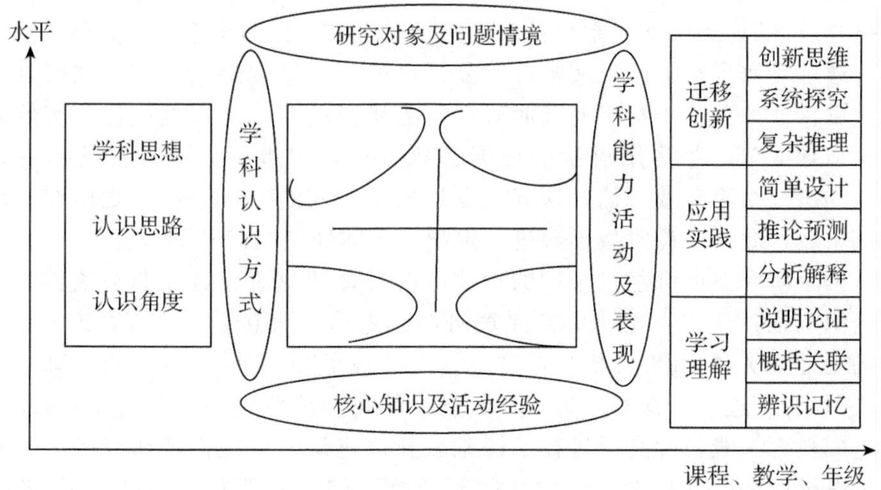

图 6-3 学科能力构成模型

① 王磊：《学科能力构成及其表现研究——基于学习理解、应用实践与迁移创新导向的多维整合模型》，《教育研究》，2016 年第 9 期，第 84 页。

查、访谈、开发记录、课堂观察）探查教师和学生的发展，并组织教师、教研员参与测试工具的开发，形成基于学科能力测试数据进行精准的教学诊断。不断聚焦学科能力和学科素养发展的内涵，明确教学改进点，促进学生测评和教学改进之间的一致性。

“促进学生核心学科能力发展的教学改进研究”课题基于理论研究，在前期研究所探索出来的“学科能力的内涵构成及其表现的理论模型”中能够很好地支持课堂教学改进的实践。“基于学科能力要素设计具有进阶性的学习活动。例如，在知识建构环节，设计概括关联、说明论证类学习活动；在知识巩固环节，要设计分析解释、推论预测、复杂推理、系统探究等不同类型、不同水平的学习活动。”[①]因此，案例2属于典型的基于理论框架、获取证据特征鲜明、自上而下进行系统研究设计的课堂教学改进研究。案例本身具有两大典型特征：建构有效的理论指导框架和及时进行诊断反馈。

（三）两案例的共同特征：运用科学方法获取证据

从上述两个案例描述可以看出，案例1进行了系统规范的研究设计并运用了科学的证据获取方法；案例2依据或建构了有效的理论指导框架并运用科学的方法获取证据。不难看出，“进行科学的证据获取”是两个课堂教学改进研究案例相一致的共同特征。同时，通过“建构理论框架”和“系统研究设计”直接推动课堂教学改进的特征也已经在两个案例中充分显现。

通过对教育实证研究文献进行分析，可以获得教育“实证”研究应具备的关键特征如下：①提出明确而有价值的研究问题；②依据或建构有效的理论指导框架；③运用科学的证据获取方法；④进行系统规范的研究设计；⑤研究结论有效可信。这五点也是教育研究的“实证”特征之所在。从案例来看，北京市课堂教学改进一定程度上体现了“实证”的特征。

两个研究案例都经过长期的积淀、由教育理论研究者而非一线教师设计组织实施，目前为止针对备课教研的改进多，直接建构关于“真实课堂中的问题解决”的理性分析少，这一方面体现了“研究问题的发现、确定和解决”仍有待进一步探索，另一方面也促使我们需要进一步了解“当前北京市基础教育一线教师是否进行了课堂教学改进研究？他们的研究是否具有实证特征？他们又是如何认识这些实证特征的？”基于此我们进行了“教师层面的课堂教学改进现状访谈和调查”，以进一步全面了解北京市一线教

① 王磊、支瑶：《化学学科能力及其表现研究》，《教育学报》，2016年第4期，第55页。

师参与及认识课堂教学改进的情况。

二、调查访谈：教师课堂教学改进的“实证”意识与实践

如前所述，北京市有较大影响力的课堂教学改进研究案例均是自上而下进行，属于比较典型的由理论学者、市区教研部门推动的教学改进，具有一定的教育“实证”研究特征，由此也引发了我们对“教师进行课堂教学改进是否同样具有‘实证’特征”以及“教师如何认识”的关注。

为进一步了解北京市一线教师对于课堂教学改进“实证”特征的认识，在对多名不同学科的一线教师进行访谈的基础上，编制了调查问卷，并于2017年年初，通过问卷星手机微信版对北京市一线教师（含教研员）进行问卷调查。共回收问卷1361份，其中有效问卷1358份。主要问卷设计框架见表6-1。

表6-1　部分主要问卷设计框架

题项	问题	探查点
6	在刚刚过去的2016年，您是否做过一些课堂教学改进研究（可多选）	教师进行课堂教学改进研究的现状
7	您进行课堂教学改进的原因是	教师进行课堂教学改进研究的动因
8	您进行课堂教学改进是否有预定的计划	教师对课堂教学改进的“实证特征④”的认识
9	您认为进行有效的课堂教学改进非常关键的是	从整体上考查教师对课堂教学改进研究“实证特征”的认识，四个选项包含“实证特征①—④”
10	在进行教学改进时您如何看待改进的效果或研究结论	教师对课堂教学改进研究的“实证特征⑤”的认识
11	您进行课堂教学改进时，更多是	教师对课堂教学改进研究的“实证特征②”的认识
12	您在进行课堂教学改进时是如何确定需要改进的问题的	教师对课堂教学改进研究的“实证特征①”的认识
13	您认为下列哪些手段或环节对于获取科学的研究证据是特别重要的	教师对课堂教学改进研究的“实证特征③”的认识
14	您进行课堂教学改进研究最需要获得的帮助是	教师进行课堂教学改进研究的薄弱环节

调查对象基本情况：平均教龄15.5年，其中普通教师和骨干教师比例

为56∶44。调查样本分布于北京市所有城区。通过访谈和问卷调查，我们发现教师进行课堂教学改进的“实证”意识与实践情况表现在以下几方面。

（一）教师对课堂教学改进的“研究性”尚不确定

调查问卷第6题针对的是2016年教师进行课堂教学改进的现状。统计结果如图6-4。在参与问卷调查的1358位教师中，仅有35位教师“按照一贯的教法实施教学，没思考改进的问题”。其余教师均表示参与了课堂教学改进研究。

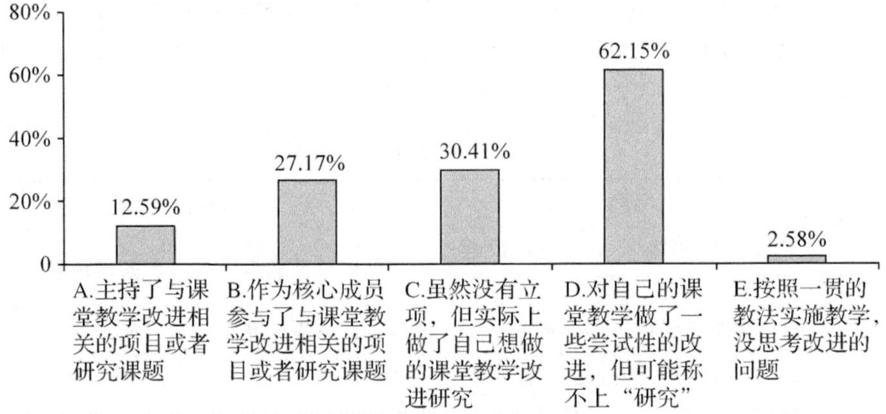

图6-4　第6题统计结果

从统计结果来看，极少数的教师（E. 2.58%）完全没有进行课堂教学改进。但是62.15%的教师选择D选项（对自己的课堂教学做了一些尝试性的改进，但可能称不上“研究”），即不认为自己所做的教学改进属于“研究”。这反映了2016年北京市一线教师普遍进行着课堂教学改进的实践，但这种实践的科学程度和研究意味可能有待提高的现状。

第7题调查教师进行课堂教学改进的原因（如图6-5），其中60.16%的教师“感到现有教学没有达到自己的教学追求”，这从一个侧面反映了北京市基础教育一线教师进行课堂教学改进存在较强的内驱力。

正如在访谈中有教师所说的那样：“我做过这样的小课题研究，当时作为学科带头人进行培训时要求要有课题，我就召集组里的同事一起做。……我当时写了一个小课题的小开题，当然比较浅显，因为我们没有被指导如何开题，只是从网上照着别人的模式做了一个小小的研究。在学科组

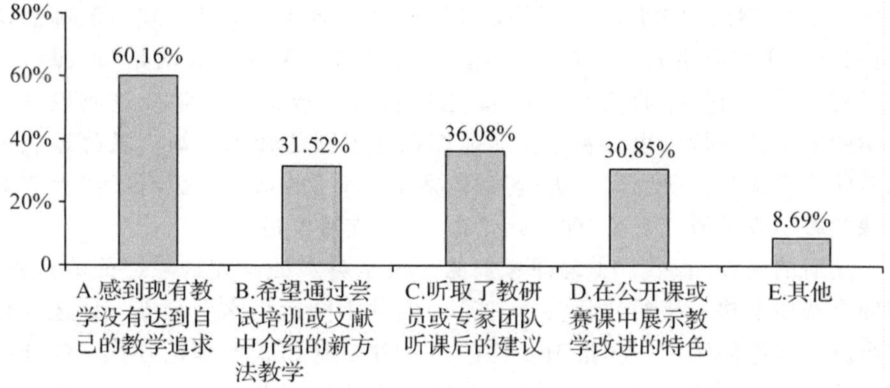

图 6-5　第 7 题统计结果

范围之内，我首先找到了一个问题，然后上了几节公开课，论文都没有来得及生成。我之所以觉得当时是在做研究，是因为除了我自己一直这么做，其他老师后来也都是朝着这个方向去做……其实我个人挺想把它写成论文，然后进行推广的，因为我觉得有效果，如学生在这方面的技能就得到了发展。”

对自己的教学改进进行“研究”取向的反思以及实现其“研究性”是教师共同追求的目标。促进学生学习发展的动力驱使着教师不断提升自己的教学水平，但目前教师在进行课堂教学改进时可能更加需要提升“研究味儿”。

（二）教师对课堂教学改进有“实证”研究的追求

调查问卷第 9 题是“您认为进行有效的课堂教学改进非常关键的是”，主要考查教师关于课堂教学改进研究“实证”特征的整体认识，回答情况如图 6-6。

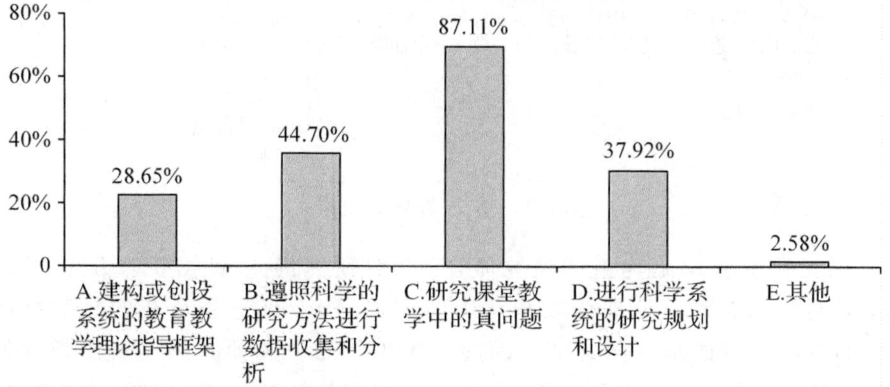

图 6-6　第 9 题统计结果

除了2.58%的教师不认可外，实证研究的前四个特征均获得教师的认可。其中“研究课堂教学中的真问题”最受教师们关注，其次是“遵照科学的研究方法进行数据收集和分析”。这既反映了教师对教学改进应该基于科学的证据的期待，也反映了目前他们在这方面的知识欠缺。教师还表现出对课堂教学改进研究需要进行“系统研究设计”的认可，但对于进行有效的课堂教学改进研究需要“建构理论框架”的支持度最低。

其后的调查问卷第11题即考查的是关于对实证研究这一特征的认识。前四个选项反映的是对教师关于理论的四种不同运用水平预期，B选项是完全忽视理论的运用，A选项表达的是一种“带帽”式的理论寻找，C选项反映的是对理论的标准执行水平，D选项则是最高水平的运用理论及依据理论构建适合自己研究的理论框架。统计结果(如图6-7)显示在一定程度上有两极化的趋向。52.8%(D选项)的教师确认了对于教学改进需要依据或创设理论框架的支持。但几乎同样比例(B.50.22%)的教师仍然是依据自己多年积累的教学实践经验实施教学改进，如果将A选项21.50%的教师群体算上，也就说明，大多数一线教师(71.72%)对于研究理论的运用处于较低水平。此外，还有极少数(E.3.68%)的教师不认可在教学改进过程中思考理论的问题。

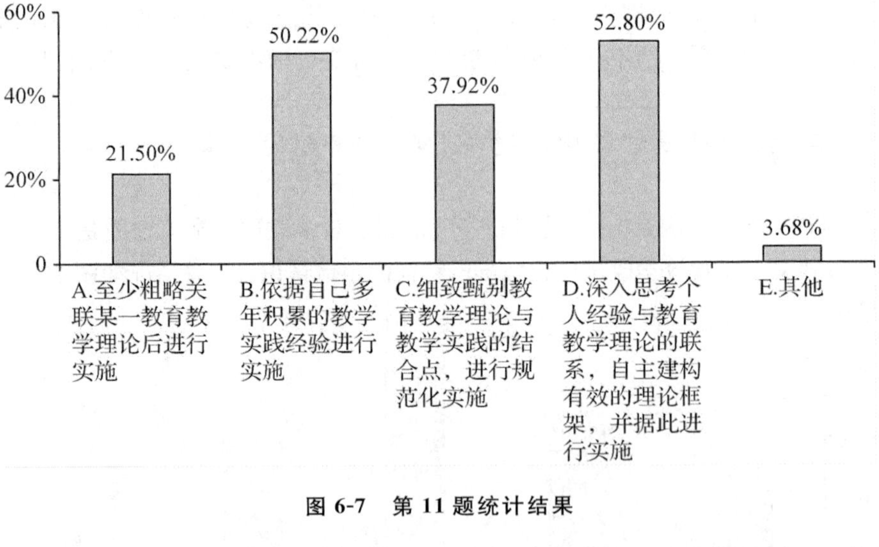

图6-7　第11题统计结果

调查问卷第13题考查的是教师关于实证研究特征“证据获取方法”的认识。C选项探查的是证据获取和运用的方式。A、D选项考查的是数据收集，B选项考查的是数据处理。因此，ABCD四个选项共同反映出教师们对于“数据收集、处理以及使用”方式的重视。从统计结果(如图6-8)来看，多数教师(C. 68. 19％)期望“及时进行质性和量化反馈”，这反映了教师对于证据运用的信任和期待。其次教师希望“利用合适的数据处理工具进行数据收集和分析(B. 51. 84％)”，这反映了教师对需要进行证据获取方法学习的迫切性。

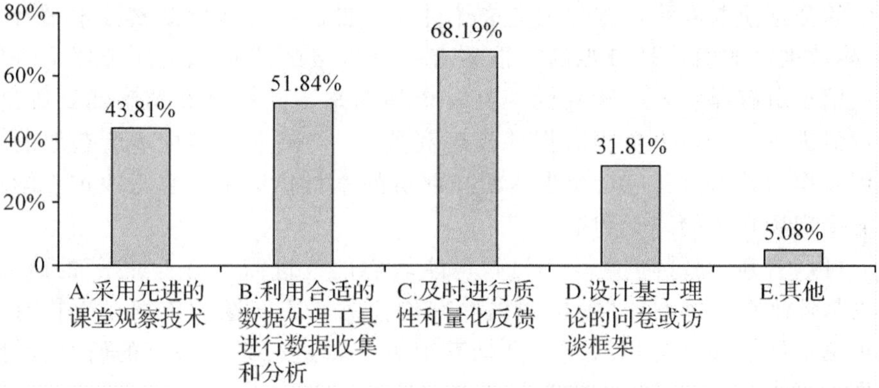

图 6-8　第 13 题统计结果

调查问卷第 8 题探查的是教师对于实证研究特征“规范研究设计”的认识。ABCD 四个选项考查的是进行研究设计的不同水平(如图 6-9)。D 选项几乎等同于没有精致的研究设计，B 选项是执行水平的研究设计，A 选项是能进行半自主的研究设计，C 选项是完全自主的研究设计。本题的统计结果反映出当前北京市一线教师进行课堂教学的研究设计呈现出两端化。一边是高水平深入的研究设计正在发展(C. 38. 66％＋A. 31. 37％)，一边是较多随意和低水平的研究设计同时存在(D. 45. 29％＋B. 13. 62％)。

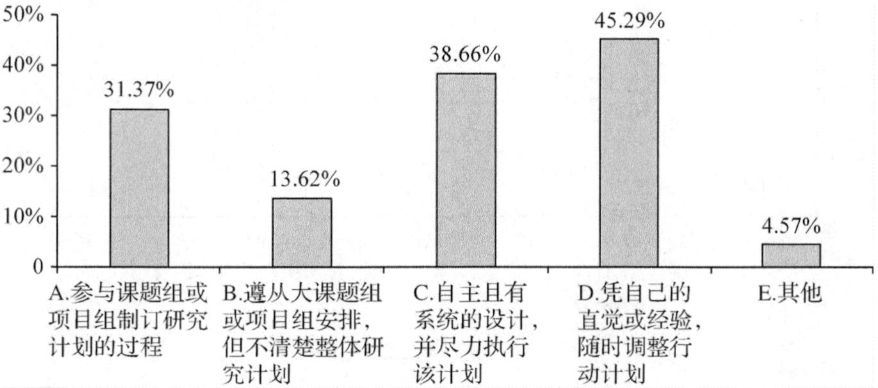

图 6-9　第 8 题统计结果

在访谈中，有教师表示他们已经基于单位开发的课堂观察技术平台，能够实现对教师课堂教学改进证据的获取。“基于此做了个案观察和监控评价报告(如选定一个学校或区进行追踪调查)，当然也会结合教师问卷、学生问卷等。”对于研究问题的提出，教师表示“课题或研究对象一般没有多大选择性，但是研究问题、量表维度都是自己确定”。对于理论建构和科学的证据获取方法，教师正是这样讲述了自己参与课堂观察技术平台的过程：“维度的确定是最难的，很难有一个直接的课堂观察评价理论可以直接用于所有课堂，一般我们需要一个学期来不断磨合和调整测试维度，单位引进了一个博士负责数据的梳理和分析。”“课堂观察技术所获取的证据可以作为教师自我进行初步诊断和评价的素材，但是要真正改进教学仍然需要现场真实的感受和指导。”

可以看到，教师们认识到进行课堂教学的改进需要有“实证”的研究，这些都体现在教师对于“提出明确而有价值的研究问题”“依据或建构有效的理论指导框架”“运用科学的证据获取方法”“进行系统规范的研究设计”等进行课堂教学改进研究的充分认可的基础上。

(三)教师最期望课堂教学改进研究能够指向真问题

调查问卷第12题考查的是教师对“提出明确而有价值的研究问题”的认识(如图6-10)。23.27%的教师选择“A. 遵照课题组或项目组安排”，46.32%的教师选择“B. 听取专家/同行的意见或建议”，20.54%的教师选择“C. 从阅读文献中确定”，87.7%的教师选择“D. 从课堂教学实践中确定”。

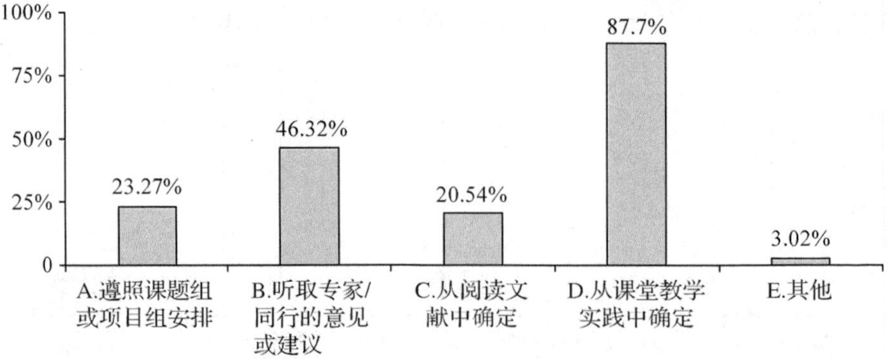

图6-10 第12题统计结果

调查问卷第10题考查的是教师对实证研究特征之⑤“研究结论”的认识。ABCD四个选项反映了对研究结论的四种不同认识水平(如图6-11)。A选项是不关心研究结论，C选项是执行意义上的关注结论，D选项是研究意义上的关注，B选项是最高水平对研究结果的关注，即指向实际问题解决的关注结论。统计结果说明，不关心研究结论的教师占极少数（A. 4.05%），绝大多数教师对指向实际问题解决的研究结论给予极大的关注。

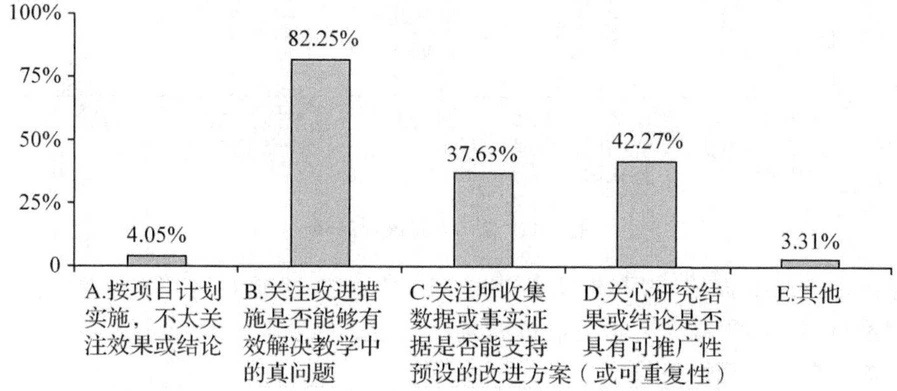

图 6-11　第 10 题统计结果

从进行课堂教学改进的出发点和最终效果来看，教师一致表达了对课堂教学改进需要发现、确定和解决“真问题”的追求。

调查问卷第9题“您认为进行有效的课堂教学改进非常关键的是”考查的结果(C选项最多)本身已经反映了教师对课堂教学改进研究真问题的呼唤，第12题“您在进行课堂教学改进时是如何确定需要改进的问题的”则回答了教师们确定课堂教学改进研究问题的现状，即“从课堂教学实践中确定(D选项)”。第10题教师们关于研究结论的期待(B选项最多)又再一次反映了对研究真问题的重视。三道题目无一例外地凸显了教师们对课堂教学改进需要“科学的解决教学中的实际问题”的认可和期盼。

(四)教师需要教学理论和研究方法指导

提高课堂教学改进的实证研究水平，教师的障碍点在哪里？问卷第14题“您进行课堂教学改进研究最需要获得的帮助是”回答了这一点(如图6-12)。

“B. 精准定位研究问题建构理性认识”反映了一线教师对于研究真问题和研究需要有理论建构认识的认识迫切需要，同时，进行规范的研究设计(C选项)和指向获取证据的研究工具(D选项)使用上的不足也是造成教师们目前对自己进行课堂教学改进水平没有信心的原因。

访谈中，有教师表示感觉自己所做的教学改进最大的问题是自己没有

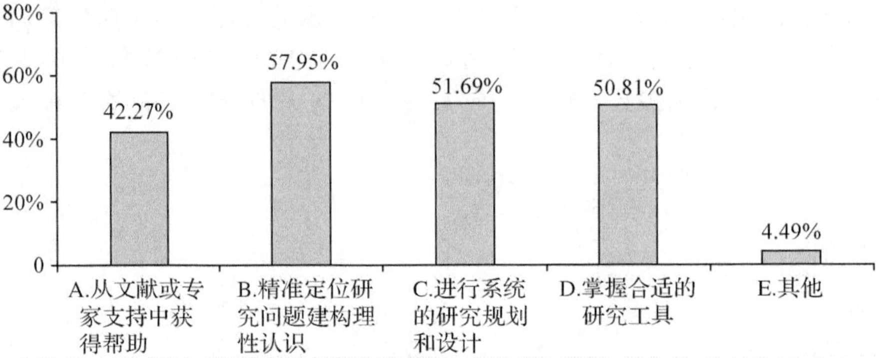

图 6-12　第 14 题统计结果

办法进行概括提炼："与专家的表达和文章的表达感觉有层次上的差别。理论与实践必须结合，理论能帮助梳理出自己的经验分享于别人学习，也能提升自己的理性思维。"

当前北京市基础教育一线的教研员、教师对一般研究要素并不陌生，认可研究问题、理论支撑、研究设计、研究方法、研究结论的重要性也毋庸置疑，但关于"研究"要如何找到研究的"真问题"、如何进行"科学地研究设计"、如何"建构自己的理论框架"、如何"科学地获取证据"、如何"得出有效的研究结论"等问题，教师们均表现出了迫切的学习需求，这是一种自下而上的真诚"追问"，也凸显了解决这一问题的急迫性。

三、走向"实证"：课堂教学改进研究任重道远

通过对北京市较大规模开展的由大学研究者、市级教研员主持推进的教学改进项目与一线教师自主进行教学改进研究两个层面的考察、分析，我们认为，北京市基础教育课堂教学改革正在走向更加重视实证研究特征的趋势，从潜意识的、朴素的关注改进效果开始走向重视研究设计、强调收集实证数据的显性实证研究，但仍存在许多问题值得我们深入思考。

（一）课堂教学改进研究亟待"实证"研究支持

实证研究正在成为国内教育研究领域的热词。2015 年、2016 年华东师范大学教育学部、全国教育科学规划领导小组办公室等部门连续两届举办"教育实证研究论坛"在学界引起强烈反响；2017 年 1 月 14 日发布"加强

教育实证研究、促进研究范式转型的华东师大行动宣言”①。这样的关注和行动推进一方面反映了学术界对我国传统教育研究范式的深刻反思，另一方面也明确表达了教育研究实证取向的发声。

在2016年第二届教育实证研究论坛上，全国教育科学规划办常务副主任刘贵华指出②，几轮教育改革产生了一部分结果是对教育的不信任，需要用基于实证的教育研究对教育政策的制定产生正面的影响。当前的教育研究范式不适应时代的发展，主要体现为研究方法不当和数据处理分析的问题。当前需要这样的实证研究：善于研究发现中国教育的实际问题；进行全面的不带偏见的研究，最好是长期的；选择适切的研究方法(不单依靠一种方法，运用混合研究方法)；准确把握实证研究的实质(不是玩数据，要提高理论思维水平)。这一说法指明了教育研究需要怎样的实证取向，同样适用于课堂教学改进的一线。这与我们对教师调查反馈的结果也是匹配的。

(二)“实证”不仅是获取数据

从整体结果上看，绝大多数北京市基础教育一线教师参与和实施了课堂教学改进，但进行实践的“研究”性多数教师并不满意，虽然五大“课堂教学改进的实证特征”均得到了绝大多数教师的认可，但是其中“科学的证据获取方法”是相对外显和较易实现的。“理论框架的建构”是支撑“研究真问题”“进行规范研究设计”，甚至是“证据获取”的基础，也是教师进行课堂教学改进研究最大的难点所在。

强调“实证”，不仅仅是证据的获取，更是强调了从科学提出问题到科学解决问题的科学过程。从课题研究到一线教师的实践都表明，首先“课堂教学实践中发现、确定和解决真问题”最为关键；其次是关于科学获取证据的方法；再次是理论支持；最后是研究设计。教师们认为自己从事教学改进研究最薄弱的环节在于定位问题和建构理论。

调查显示，教师对于一般研究的一级框架(即研究问题、研究理论、研究设计、证据获取及分析、研究结论)基本均能了解，但是对于其下二级维度的把握存在困难。综合调查数据和文献研究，我们认为，就认识存在真正的“研究问题”而言，需要区分“研究目的”和“真正的”研究问题。就

① 华东师范大学教育学部：《加强教育实证研究、促进研究范式转型的华东师大行动宣言》，http：//mp. weixin. qq. com/s/TjC9 _ guIz7eKSysc1ktScg，2017年1月16日。

② 刘贵华：《第二届教育实证研究论坛致辞》，华东师范大学，2016年10月29日。

对“理论”的依据而言，文献综述和概念界定是最常见的，但更规范地通过“构建有效的理论指导框架”来指导研究的进行则较难实现。就“证据获取的方法”来说，所有的课堂教学改进都会期望能进行科学的“数据收集与分析”，但实际上可能只是提及宏观层面的“研究方法(如问卷、访谈、个案、实验等)”，高水平的实证研究则会依据理论厘清研究的“变量”。就“研究设计”而言，一般均会介绍“研究的时间、规模、类型”，更精致的研究则会呈现“从假说到结论的研究逻辑”。当然，在前面的各要素有保证时，课堂教学改进研究将会得出有效可信的“研究结论”。

(三)改进课堂教学的“实证”研究贵在求真

这里所求的“真”，一是真问题，二是真效果，三是真过程，三者缺一不可。

第一，课堂教学改革研究要研究真问题。这是我们梳理出来的实证研究的特征之一，也是广大一线教师发自内心的呼声，但实际情况如何呢？什么是教学中的真问题？现实中可以看到许多学校、教师的立项课题都是“跟着潮流走”，正如在当下“学生核心素养”概念刚一提出时，大量课题都冠以“核心素养”，而研究内容却没有实质性的变化。毋庸置疑，发展学生核心素养目标的提出的确是对学校教育、各科教学提出了挑战，课堂教学改革势在必行，的确有许多问题值得研究，但如果不去深入理解学生核心素养的内涵，剖析本学科教学内容与学生核心素养的内在联结，就无法生成真问题，相应的研究只能是说空话。

我们也注意到，有些老师说的“真问题”实际上是如何管住学生、如何让学生接受自己教的知识。但并非教师的真实所想就是教育实证研究的真问题，因为改进课堂教学的目标应该服务于既定的学生发展目标，教育研究的真问题应该是在这个大方向上的具体的实践问题。

只有在对“实践中的问题”和“可研究的问题”的不断追问中，将两者从独立而愈加趋近密切联系的时候，才是可能发现“研究真问题”的时候，因此“真问题”是理论与实践强烈交互的结果。

第二，是要关注真实的效果。有教学改进研究目标最重要，不能有了行动方案就只顾实施而忘了目标所在，在研究过程中要时时以目标为准绳考查方案的实施效果，以及时获取调整行动方案的反馈信息。

教学改进目标针对的是活生生的人的变化，因此作为考查改进效果的证据，定期、定量的测量固然重要，但是研究过程中学生的每一次行为都是值得关注的数据，而且相较于滞后的统一测试，其反馈会更加及时、有效。正如访谈中有教师谈道“我提到真正的课题研究，实际上是因为我觉得好多的研究结果不见得是真的，拿它当结果意义不大。比如想做一个郊区教师的教法指导，就需要很多教学案例的分析，那我如果拿这个(以课堂观察技术平台所获得的素材)去区分概念教学好不好，有多少运用了探究式，这是不科学的，不可能通过提问次数或是某些行为就判断它是不是探究教学，直接以它作为证据是不合适的。真正的证据一是需要对相关联的知识进行分析，二是对于不同知识对应教师应具备的能力来进行分析，三是要依据已有能体现共性的教学案例进行分析。不能仅依据软件作为指导方法。”

另一方面，教学改革追求的效果又应该是长远的效果，因此对于眼前看到的现象还要审慎地判断，慎做结论。为此，也要求研究者更多地收集学生发展的证据，以多方考察教学改革真实的效果。

第三，必须经历严谨、扎实的研究过程。访谈中有教师提到“最初的课堂教学改进就是从课例开始，也没有开题等这些程序来积累些这样的课例。以前也做过课题研究需要有开题和结题报告的，但可以按照格式来填写，我不认真做的话，文献综述可能就是粘贴复制糊弄了事就行”。许多教师进行的课堂教学改进是在大课题的背景下进行的，在这样的过程中确实存在着一种形式化的研究，教师基于任务取向完成工作布置，因而无法保证课堂教学“真问题”的解决。

正如有学者说：“既然我们所面对的问题有真问题和假问题之分，那么在实践中应当如何去鉴别真伪呢？有两个足以鉴别真伪的标准：第一，逻辑上能自洽，这是一个理论标准；第二，实践中能举证，这是一个实践标准。凡是满足这两个条件的就是真问题，缺少任何一个条件的则是假问题。”①这种“逻辑上的自洽”正是由从研究问题到研究结论的一致性来保障的，它离不开系统的研究设计。而“实践中的举证”则明确指向“研究证据的获取”，这是研究过程的一个重要环节，是研究信效度的保证。

(四)理论与实践需要更好的接驳与对话

理论研究推动的典型教学改进项目日趋成熟，体现着不同程度的实证特征。基于“学科能力”的课堂教学改进凸显了“理论框架”的指导作用，“基于证据”的课堂教学改进课题强调着“获取证据的方法”和“研究设计”的重要性。此外像“靠谱 COP”项目则侧重强调大数据和教育技术等获取证据

① 劳凯声：《教育研究的问题意识》，《教育研究》，2014 年第 8 期，第 6 页。

手段的运用。

教师进行课堂教学改进大多是源于课堂教学的实际问题，正如在访谈中教师提到“我本身对理论的研究比较少，一般听到一个概念之后我会去查大量资料，看它指的是什么，然后看是否适合我，我上一节课一般都会去考虑这节课研究的点在哪里，这个研究点选取的标准就是学生应怎么学习”。一般老师都会追求教学的成功，他们通过在课堂实践中的不断尝试，以学生学习效果作为课堂教学改进价值判断的标准。但教师对证据的获取和使用则采取较为审慎的态度。有教师在谈到运用课堂观察技术进行课堂教学改进时，提出“测量量表维度的制定是最难最关键的，依据课堂观察技术所得到的数据，教师可以用于进行教学行为的自我反思，更适合小范围的自我反思。我们在指导过程中会看这些分析软件的数据，但并不会将之用于教师的实际评价。一方面数据的获取和解读都很复杂，二是改变教师的教学习惯是非常艰巨的一件事……”

这些观点在某种程度上反映了现有的教育教学理论没有很好的接驳教学实践，或者教师们的理论学习不够的现实。就现状来看，理论工作者采取的多为自上而下的教学改进模式，其研究一般具有规范的研究形式，关注提升教学改进研究的“理论”“设计”和“证据”意识。而一线教师进行的教学改进多为自下而上，更关注如何将教学改进实践中的“真问题”转化为可研究的问题，同时施以问题解决的有效行动。总体上看实践与理论正在形成更近距离的对话体系，共同指向更加高效的解决课堂教学改进的实际问题。但目前可能存在某些这样的研究如尚未能戳中一线教师课堂中需要解决的真问题，使得进行课堂改进的理论和实践两个群体存在认识上的差距。所以当下要做的是需要两者进一步缩短距离，建立起自然而紧密的联系。如理论界需要更明确如何将课堂教学的现实问题转化为可研究的研究性问题，实践界需要更好地提升对于具体课堂教学问题进行发现、概括和界定的能力。

（五）课堂教学改进研究需要更多自主空间

在对教师的访谈中，我们会听到这样的描述：“我觉得中学老师（课题研究）做不下去的原因就是不断会有新的任务，就是你正在做这件事的时候突然会被分配一个别的课题，这样就不得不搁置这一个然后做另外一个。”“我们通常都是单位要求做什么就做什么，我们不太有选择权，因为单位有其承担的职责。”“我的课堂教学改进肯定是根据上面一层一层的安排来进行的，依据大形势来”……不难看出，教师在研究能力尚显不足的原因之外，还存在着自身在研究时间、精力、愿望等方面的不足，被动接受研究任务的客观现状也影响其开展课堂教学改进的效果。对此需要教育行政部门和学校给予教师更多的自主空间，创设有助于更好地唤醒、引导、激励和帮助教师加强课堂教学改进研究的氛围和策略。

（卢慕稚　　黄鸣春）

育人体系建设

专题七　北京市中小学培育学生发展核心素养之行动与反思

党的十八大报告将立德树人作为教育的根本任务，这是对十七大“坚持育人为本、德育为先”教育理念的继承与发展，指明了今后教育改革发展的方向。为贯彻十八大精神，2014 年 3 月教育部启动“立德树人”工程并发布《关于全面深化课程改革落实立德树人根本任务的意见》，明确提出落实立德树人工程的十大关键领域，强调指出将研究制定学生发展核心素养体系作为首要环节，这是“首次在国家课程改革的重要文件中明确使用‘核心素养’一词……意味着党和国家把学生核心素养的培养问题放到了一个前所未有的高度上”。[①] 核心素养的高规格出场旋即引发了大家的密切关注与高度重视，尽管当时我国学生发展核心素养体系尚未研制出来，但部分中小学业已根据国际组织（如联合国教科文组织、欧盟等）及其他国家的核心素养体系并结合我国文化传统和教育规格在实践中摸索前行了。

2016 年 9 月 13 日上午，以林崇德教授牵头的核心素养研究课题组在北京师范大学举行中国学生发展核心素养研究成果发布会，北京师范大学校长董奇、教育部基础教育二司副司长申继亮出席会议并致辞。《中国学生发展核心素养》的发布尽管也引发了不少争鸣，甚至是争议，但在基础教育领域却掀起了一股培育学生发展核心素养热潮，越来越多的中小学将目光投向核心素养并致力于培育学生发展核心素养，2016 年堪称中小学明确提出并关注培育学生发展核心素养元年。北京作为全国政治经济文化首善之区、教育改革实验先行之地，在这场培育学生发展核心素养热潮中涌现出不少值得借鉴的可取之处，当然也存在有待改进的做法。本报告聚焦 2016 年北京市中小学培育学生发展核心素养之行动并对其进行反思，旨在抛砖引玉、引发大家对此进行进一步的关注与思考，以期对优化、完善今后北京市乃至全国中小学培育学生发展核心素养有所助益。

① 林崇德：《21 世纪学生发展核心素养研究》，北京师范大学出版社，2016 年，第 2 页。

一、学生发展核心素养：科学内涵与时代价值

在全球化、信息化、知识经济的时代背景下，各国综合国力的竞争日趋激烈，已经从过去表层的生产力水平竞争，转化为深层的人才竞争。在这种国际大背景下，以经济发展为核心提升公民素养，逐渐成为世界各国发展的共同主题。在21世纪，应培养什么样的公民，使其能在满足自我发展需要的同时成功融入并推动未来社会的发展，便成为各国教育改革无法规避的核心问题，这一问题也促使各国际组织、国家和地区加大了对人才标准研究的力度。自20世纪90年代以来，特别是经济合作与发展组织(OECD)启动素养的界定与遴选项目以来，核心素养便成为世界各国研究和讨论的热点，一些主要发达国家或地区，如美国、英国、芬兰、澳大利亚等也纷纷启动了基于核心素养的教育目标体系研究。因此，研究并建构符合我国国情和现实需要的学生发展核心素养体系是顺应世界教育发展趋势、提升我国教育国际竞争力的必然要求。着眼于我国教育发展的现实，我国是一个教育大国、人力资源大国，教育规模之大居世界之首，但我国目前还不是教育强国、人力资源强国，还处于向人力资源强国转变的过程中，在这一历史性迈进中，面对日新月异、瞬息万变的社会发展，教育到底应该培养什么样的人，培养学生哪些关键性的核心素养也是摆在我国教育面前的现实问题。

(一)学生发展核心素养的内涵与特征[①]

中国学生发展核心素养是指学生适应终身发展和社会发展所需要的必备品格和关键能力，是以“全面发展的人”为核心，以文化基础、自主发展和社会参与为三维，具体化为人文底蕴、科学精神、学会学习、健康生活、责任担当、实践创新六大素养(如图7-1)。尽管这六大素养在个体适应不同情境时所发挥的作用各有侧重，但彼此之间并不是孤立的，而是相互联系，互为补充，整合性地起作用。

① 核心素养研究课题组：《中国学生发展核心素养》，《中国教育学刊》，2016年第10期，第1页。

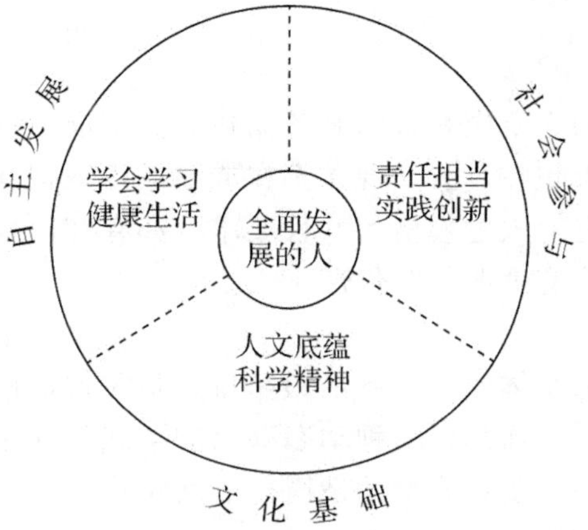

图 7-1　中国学生发展核心素养框架图①

1. 学生发展核心素养基本内涵

中国学生发展核心素养的基本内涵如下：

(1)文化基础

文化基础是指学生掌握的人文、科学等领域的基础知识，形成的基本技能、思维方式、情感态度与价值观等，旨在强调学生适应终身发展和社会发展所应具备的人文底蕴和科学精神，包括人文积淀、人文情怀、审美情趣、理性思维、批判质疑、勇于探究等基本要点。

(2)自主发展

自主发展是指学生在复杂多变的环境中能认识和发掘自身的价值和潜力，学会学习和健康生活，从而成就自我，实现人生价值。学会学习和健康生活是实现自主发展的关键，具体来说，乐学善学、勤于反思、珍爱生命、健全人格、自我管理等是其基本要点。

(3)社会参与

人是一种社会动物，始终处于一定的社会环境和社会关系中，因此必须学会处理个体与社会的关系，在社会参与中形成责任担当和实践创新的意识和能力，实现自主发展的同时促进社会的发展和进步。具体来说，要学会处理与社会、国家、国际的关系，形成基本的社会责任感、国家认同感和国际理解力；在日常生活中形成劳动意识、创新精神和实践能力。

2. 学生发展核心素养主要特征

核心素养具有时代性、发展性、连通性、共同性和整合性等特征，具

① 核心素养研究课题组：《中国学生发展核心素养》，《中国教育学刊》，2016 年第 10 期，第 1 页。

体来说：

(1)时代性

核心素养作为人所应具备的必备品格和关键能力的综合体，尽管其提法较新，但这一思想在过去和现在都在或显或隐地被探讨。由于不同时期经济社会发展既有对人才规格的共性要求，亦存在时代差异，核心素养的具体内容也因之具有鲜明的时代性。

(2)发展性

核心素养作为个体所应具备的最基础、最关键的能力和品质，其形成并不是一蹴而就的，而是以一种动态存在的形式贯穿于人的一生并不断发展完善，为个体适应复杂多变的情境打下良好基础。

(3)连通性

每个个体在终身发展过程中都需要具备多种素养以应对不同生活情境的需要，在这些共同素养中核心素养因其基础性、关键性、必要性居于中心地位，并在此基础上生长延伸出其他多种素养，起着联结活化其他素养的作用，这种属性即为核心素养的连通性。

(4)共同性

共同性旨在强调核心素养是全体学生所应达到的共同的底线要求，每个学生都应具备。

(5)整合性

整合性具有两方面的内涵：一是就核心素养的内容而言，它既是知识、技能、情感态度与价值观等多因素的综合体，也是多种核心素养的总称；二是就核心素养功能的发挥而言，在特定情境中多种核心素养需要整合性地发挥作用，同时核心素养也要与其他素养整合性地起作用。

(二)学生发展核心素养的价值探析

我国学生发展核心素养的提出背景与科学内涵决定了其基本的时代价值。在价值定位上，可以从世界教育改革发展的趋势、我国立德树人任务的落实、素质教育深化发展的需要三方面进行思考：

1. 顺应了世界教育改革发展趋势，有利于提升我国教育的国际竞争力

在全球化、信息化背景下，综观世界教育改革趋势，核心素养的研究浪潮已席卷全球，这与当前知识社会的时代背景下各国综合国力竞争的转型升级密不可分，各国之间表层生产力水平的竞争已被更深层的人才战所取代，可以说，哪个国家拥有高素质的适应社会发展需要的人才，哪个国家就能在当今国际竞争中脱颖而出，掌握主动权。那么当今社会的发展到

底需要什么样的人才？具备哪些素养的人才能在实现自我发展的同时促进社会的进步？对这一问题的探索直接催生了核心素养研究的兴起，尽管各国对核心素养的表述不一，但初衷一致。目前亚太经合、欧盟等国际组织，美国、英国、日本、芬兰、新加坡等国家在核心素养的研究上已取得重要进展，如形成了基于本国国情的核心素养体系框架，构建了基于核心素养的课程体系，探索了基于核心素养的教学改革等，可以说，核心素养研究已经成为世界教育改革的趋势之一，在国际交流日益密切的今天，我国亦不能置身于研究的浪潮之外。事实上，顺应世界教育改革的发展趋势，积极主动地探索能体现中国特色的学生发展核心素养体系框架，有助于我国实现在教育领域的国际对话与合作，提升我国教育的国际竞争力，从而间接提升国家的软实力。

2. 有利于全面贯彻党的教育方针，落实立德树人的根本任务

党的教育方针是我国确立教育培养目标和发展方向的宏观依据，为我国人才培养工作提供了方向性指引，但教育方针比较宏观抽象，对具体的实践工作难以产生直接的影响，需要对其进行层层转换和细化。核心素养作为学生所应具备的适应终身发展和社会发展的能力和品质，是对教育方针的具体化，是连接宏观教育理念与课程教学目标的桥梁，明确学生发展核心素养有助于教育实践者更准确地把握党的教育方针的精神内涵，从而更自觉地将党的教育方针贯彻落实到具体的教育教学活动中。就当下而言，我国十八大报告明确指出“将立德树人作为教育的根本任务”，那么立足于我国国情，结合对时代发展特点、社会人才需求及学生成长规律的分析和考察，到底应该“立什么德，树什么人”，对这一问题的回答直接关系到立德树人根本任务的落实。学生发展核心素养着眼于人的全面发展，指明了学生在适应终身发展和社会发展过程中所应具备的必备品格和关键能力，是对“立什么德，树什么人”具体内涵的进一步明晰，有助于立德树人根本任务在具体教育实践中的落实。

3. 有利于全面推进素质教育，深化教育领域综合改革

自“跨世纪素质教育工程”全面实施以来，素质教育在我国已经推行了十余年之久，在此过程中取得了一些成绩，但不可否认也存在诸多问题，如有些学生的身体素质出现滑坡，社会责任意识较为淡薄，创新精神和实践能力有待提高等，推进素质教育改革既是促进这些现实问题解决的有效路径，也是深化教育领域综合改革的必然要求。那么素质教育应该如何改？我们以为，理念是行动的指南，素质教育改革实践的顺利开展有赖于素质教育改革理念的进一步厘清，什么样的教育是素质教育，素质教育应培养学生哪些“素质”等问题有待澄清。从素质教育改革的角度来看，核心

素养研究体现了以“学生发展”为核心的教育视角的变化①，核心素养的提出是对素质教育内涵的进一步丰富和具体化，探索符合我国学生发展实际的核心素养体系框架，建立基于核心素养的课程体系等，有利于全面推进素质教育，深化教育领域综合改革。

二、北京市中小学培育学生发展核心素养之行动概览

（一）学生发展核心素养成为中小学现阶段关注的重点问题

2014年教育部颁布了《关于全面深化课程改革落实立德树人根本任务的意见》，指出要“研究制定学生发展核心素养体系和学业质量标准”，并将核心素养纳入教育改革着力推进的关键领域和主要环节。北京市中小学作为教育改革的先驱，对于这一育人新理念马上给予了积极反馈，纷纷开始思考基础教育应该培养学生哪些核心素养，如何通过教学和课程让学生获得这些素养等问题。待2016年教育部正式公布中国学生发展核心素养之后，核心素养更是成了北京市中小学普遍关注的焦点。总体而言，北京市中小学基本都将培育学生的核心素养作为了现阶段学校工作的核心任务，将其提上了学校改革战略的日程，并为此做出了切实努力。

1. 寻求研究机构的智力支持，深入了解核心素养内涵

对于北京市中小学而言，核心素养还是一个新生事物，为了更为深入、全面地把握核心素养的本质，定位核心素养与学校立德树人任务的内在联系，北京市中小学积极寻求高校及其他教育研究机构的帮助，组织全校师生认真学习国家政策文件精神，从理论层面解读核心素养的科学内涵。在学习方面，中小学综合采取了“引进来”和“走出去”两种策略，一方面邀请研究核心素养的专家团队等进校开展专题讲座和专题培训，例如，2016年8月30日，海淀区五一小学邀请北京教科院副院长褚宏启教授做了题为“学生素养及其培训”专题讲座，全体教师和领导干部出席学习，并表示新学期要聚焦于学生核心素养，站在“全人教育”的角度进一步梳理学校的幸福素养内涵，分学科研制核心素养指标，尝试开展基于核心素养的课程创新与实践。另一方面，组织教师和教研人员到高校及其他教育研究机构进修学习。2016年10月14日，首都师范大学基教院邀请北京师范大学林崇德教授作为“基础教育大讲堂”的主讲嘉宾，做了题为《学生发展的

① 林崇德：《21世纪学生发展核心素养研究》，北京师范大学出版社，2016年，第4页。

核心素养》的专题报告，来自北京市中小学名师发展工程项目、特级教师研修项目工作室学员、首师大附属学校合作共同体成员校、教师教育合作共同体教师发展学校成员，以及首师大师生400余人到会，盛况非常，以至讲台上都有不少听众席地而坐，中小学教师学习核心素养的热情可见一斑。通过对一线教师进行访谈，我们了解到，大约有四分之三接受访谈的教师最初曾或多或少地流露出对核心素养的不屑和不解，有的教师甚至对这一新提法产生排斥心理，认为这可能是教育决策者的拍脑袋决策，甚至担心是否会刮起一场徒增教师负担却难以产生实际教育效益的改革风，但随着对核心素养认识的深入，这些老师普遍表示自己渐渐转变了观念，由最初的质疑排斥到逐渐理解和接受，认为核心素养确实触及了教育的本质，表现了对学生主体的极大尊重，符合了时代发展的需要。

2. 扎根学校实际情况，为核心素养注入落地的力量

核心素养虽然是当前的热点问题，但从国家层面来看，只是相对宏观地提出了学生发展核心素养的框架和要点，距离中小学的实际工作还有一定距离，至于如何将核心素养落实到中小学的教育教学则尚未给出明确的意见和具体的措施。有鉴于此，北京市一些富有改革创新精神的中小学为了更好地贯彻落实核心素养培育理念，呼吁并组织教师加入了核心素养的研究队伍。北京市各区中小学纷纷开展了围绕核心素养的教育研究及变革。

通过科研支持，引导教师深入思考核心素养培育问题，并尝试将其融入自身的教育教学活动中去。从北京市教育学会“十三五”教育科研立项项目的分布就可以看出，北京市中小学教师对于核心素养问题的重视。其中朝阳区共通过课题立项455项，关于核心素养、学科素养和学科核心素养的共有42项；房山区共通过129项，与核心素养相关的有11项(见表7-1)；石景山区共有61项课题准予立项，核心素养相关课题有8项。可以看出，虽然三个区通过立项的课题总数存在较大差异，但核心素养在其中所占的比例却非常相近，基本都在十分之一左右，可见中小学一线教师对于学生核心素养培育问题的重视程度。另外，需要指出的是，“十三五”规划评选出的两项“优先关注课题”之一就是“学生核心素养培育与基础教育课程教学改革研究”，这反映了北京市当前教育教学改革的方向定位。除此以外，北京市中小学还积极开展了有关核心素养的校本教研活动，引导教师从微观入手，做好核心素养的课例研究，抓住课堂教学的主阵地，切实推进学生核心素养培育工作。比如，“学科核心素养落位生物课堂暨基于课标的专题研究”于2016年年底在北京教育学院房山实验学校高中举行，全区高中生物教师都参与其中，活动包括课例展示、交流研讨和专题讲座等。

表 7-1 北京市房山区关涉核心素养的"十三五"教育科研立项一览表

序号	课题名称	申报学校
1	基于学生物理学科核心素养培养的教学策略研究	首师大附属房山中学
2	提高学生阅读素养的教学策略研究	
3	基于学科核心素养的高中生英语写作能力的培养研究	房山区良乡中学
4	依托课堂情趣教学提升高中学生数学学科素养的研究	
5	历史学科核心素养如何落位课堂的研究与实践	
6	拓展课内外阅读，提升学生语文素养	房山区窦店镇交道中学
7	以阅读积累助推素养提升的研究	房山区大安山乡大安山中心校
8	琉璃河中心校学生核心素养体系的建构和培育的实践研究	房山区琉璃河镇琉璃河中心小学
9	基于核心素养提升的课程建设与实施研究	房山区窦店中学
10	促进小学生数学核心素养发展的自主课堂教学模式研究	房山区城关第三小学
11	构建适合小学生核心素养培育的校本课程的实践研究	房山区良乡小学

(二)中小学掀起了一场基于学生发展核心素养的教育变革

核心素养的提出为我国基础教育勾勒了一幅崭新的蓝图，也对中小学当前的教育教学提出了挑战，为更好地培育学生核心素养，北京市中小学开展了一系列有关核心素养的教育变革。在教学目标方面，围绕"育人"指向，整合"三维目标"；在教学方法方面，为学生创设体验学习的情境，让学生在主动参与中获得成长；在课程建设方面，重新审视课程标准，倡导课程整合；在教学评价方面，转变甄别与选拔的观念，关注学生的真实表现和发展趋向。总而言之，北京市中小学都将核心素养培养作为了学校工作关注的重点。事实上，基于核心素养的教育改革也是试图回应当前基础教育领域存在的问题，并期望做出实质性突破。①

1. 着眼素养，重新审视教育目标

新课改提出的"知识与技能、过程与方法、情感态度与价值观"的三维目标打破了以往过于重视双基教学(基础知识和基本技能)的偏狭，教学目

① 杨向东:《核心素养与我国基础教育课程改革的关系》,《人民教育》，2016 年第 19 期，第 19—22 页。

标的设定更为全面，但由于三个维度的目标是人为划分的，在实际教学中往往各行其是，没有很好地统一于促进学生发展之中。核心素养立足于全面发展的人的培养，有助于重新审视“三维目标”的整合问题，但核心素养是对学生所应具备的必备品格和关键能力的概括性描述，为了将核心素养进一步贯彻于学校的实际工作中，北京市中小学首先对学生的核心素养进行了解构，以明确目标的指向。比如，清华附小确定了身体健康、成志于学、天下情怀、审美雅趣、学会改变“五大核心素养”，并在此基础上确定了“十个一”的课程体系整体目标，力求涵盖一个优秀人才所具备的发展素养。北京市大部分中小学都在对照中国学生发展核心素养的18个要点进一步细化，组织教研组讨论每一阶段应着重培养学生哪方面的素养、通过什么样的方式培养等问题，并试图建构一个相对系统的学生核心素养培育规划方案。当然，这一工作还处于初期阶段，学校方面对此仍存在诸多困惑，但通过对教师的访谈，和对他们平时工作的观察，我们已经发现了一些可喜的变化。教师在备课的时候，不再局限于三维目标的形式，而是更多去追问这节课对学生核心素养的发展有什么帮助，怎样组织教学内容，才能更好地促进学生思维方式和内在品质的变化。

2. 结合学科，开展教学和课程改革

核心素养虽然着眼于人的全面发展，但其培育最终还是要借由各学科的教学加以实现，这是核心素养落地的必经途径，通过对各区县关于核心素养的“十三五”教育科研立项分布情况可以看出，结合本学科推进核心素养是北京市中小学该阶段工作的重点。仍以朝阳区、房山区和石景山区为例，在朝阳区通过立项的42个项目中，有26项都是结合某个学科进行的教学改进或课程构建，占到了所有关于核心素养研究的62%，在房山区通过立项的11个有关核心素养项目中，有73%都是基于学科教学进行的实践探索，而石景山区的8个与核心素养有关的项目中也有6项都是从以某一学科为切入点进行研究的。表7-2是这些项目的具体学科分布，从中可以看出朝阳区的研究还是相对均衡的，房山区和石景山区则需要对艺术类学科和实践类课程的研究给予更多的关注。除了教师主导的一些行动研究之外，北京市中小学还开展了课程标准具体化的研究工作，旨在改变当前课程标准以学科内容为纲的局面，更好地促进核心素养的系统培育。为此，北京市中小学以核心素养为纲，根据学科本质，凝练各学科核心素养，开始研制基于核心素养的学业质量标准，引导课程建设。

表 7-2 北京市中小学“十三五”教育科研立项项目有关核心素养研究的学科分布表

关注学科	朝阳区	房山区	石景山区
语文、数学、外语	8	6	3
物理、化学、生物	8	1	2
政治、成史、地理	3	1	1
音乐、体育、美术	3	0	0
综合实践活动	4	0	0
总计	26	8	6

3. 优化管理，为基于核心素养的学校变革提供支持

基于核心素养的教育改革是一个系统的过程，不仅仅需要教育教学层面的优化，同时也需要学校管理层给予充分支持。一方面，北京市中小学认识到了教师在核心素养落实过程中的关键作用，为教师提供了充足的进修和培训机会，并为教师开展相关活动提供智力和物质支持。据了解，2016 年全年，海淀区某中学曾就核心素养问题邀请专家举行了四次专题讲座，每隔一周进行一次有关核心素养的教师研讨，包括课例展示，学习分享等，还提倡每位教师结合自己的学科开展基于核心素养的教学改进研究，由校方拨付科研经费，并邀请高校专家莅临指导，帮助教师答疑解惑。另一方面，为了更好地实现基于核心素养的教学，北京市中小学在教师队伍管理上也进行了调整，包括教师的考评制度、教研制度等。比如，房山区某中学为了适应核心素养跨学科教学的要求，尝试打破学科限制，建立跨学科教研制度，各个学科教师互通有无，相互激发，使课堂迸发了新的活力；西城区某小学认为学校要科学分析学校教师队伍结构，加强管理与规划，引导教师准确把握与理解学校办学理念，更加关注人的发展，因地制宜建立完善的教师交流与评价机制等。这些有益的尝试反映出北京市中小学在进行核心素养教育教学变革过程中的系统性思路，更好地保障了学生核心素养的落实。

（三）当前培育学生发展核心素养主要围绕课程与教学这两大领域

课程与教学是学校教育的基本工作，历来备受重视。课程是教育内容的主要载体，是学校育人工作的蓝图；教学是教育活动的基本途径，是教育内容的主要实施方式。课程主要关涉“教什么”，教学主要关涉“怎么

教”，纵观历次教育改革，要想取得实质性效果，必然要涉及课程教学的改革。当前核心素养的改革也不例外，对于中小学来说，当前基于核心素养的变革主要围绕课程与教学进行。以朝阳区“十三五”教育科研立项为例，在42个有关核心素养的项目中，有36项都是指向学校教学与课程改革的，只有6项涉及学校教育的其他方面，包括2项对核心素养的整体认识和教育体系构建，1项关于学生核心素养构成的研究，2项基于教师能力提升学生核心素养的研究，还有1项希望立足于学生活动，提升核心素养。可见，教学与课程已成为北京市中小学基于核心素养教育变革的主要着眼点。

1. 体系构建，特色研发：基于核心素养的课程改革路径①

北京市中小学基于核心素养的课程改革实践主要包括两种类型，一是基于核心素养的学校整体课程体系的构建，二是基于核心素养的校本课程的构建。比如，清华附小基于核心素养构建了“1＋X”课程体系，“1”是指优化整合的国家基础型课程，强调回归基础，即优化整合后学生的必修课程，其内容与形式相对稳定，是基础、底线。“X”是指实现个性发展的特色化课程，是在“1”的基础上的补充、延伸与创新，既包括体现学校个性的课程，也包括体现学生个性的课程。在“1＋X课程”的结构设置中，“1”占70％，“X”占30％，依据学生的实际需求调整这一比例，使“1”与“X”相辅相成，平衡互补，达成课程目标，最终实现基础的、完整的、大写的“一”。北京市一零一中学则构建了特色化校本课程，以“科学素养”“人文素养”“领军素养”和“国际视野”为主题，创建了学森书院、圆明书院、六韬书院和国际书院，并逐步建立了书院主题课程群，如表7-3所示。

表7-3　北京市一零一中学书院式校本课程构成表②

书院	学森书院				圆明书院				六韬书院				国际书院			
主题	科学素养				人文素养				领军素养				国际视野			
系列	新知	文明	实践	创新	经典	方法	实践	情怀	战略思维	创新思维	国情认知	影响力	家国情怀	国际理解	国际交流	SDP课程

为了配合课程的实施，学校在课程管理方面也进行了一定变革。例

① 窦桂梅、胡兰：《基于学生核心素养发展的“1＋X课程”建构与实施》，《课程·教材·教法》，2015年第1期，第38—42，48页。

② 郭涵：《核心素养落地必备的“二维动作”》，《人民教育》，2017年第2期，第63页。

如，清华附小在保证时间总量不变的前提下，采用了弹性课时制度，设置基础课时35分钟，大课时60分钟，创新与实践课时90分钟，以及10—20分钟的“小课时”，形成了“书香阅读、健康体育、一条龙创新与实践”的三大亮点；一零一中学则构建了“年级＋书院”的经纬式教学管理模式，并成立了专门的课程研发中心，由校长直接负责领导。

2. 跳出学科，视角融合：基于核心素养的教学改进方向

基于核心素养的教学改革能为核心素养落地提供主要渠道，有学者指出现代教学要回归育人为本，建立以价值体系为核心的素养目标，注重基于情境的课业设计，以体验学习为中心，推进学习方式的变革①。核心素养立足于培养全面发展的人，需要打破学科界限，跳出学科，融合视角，北京市樱花园实验学校郭峰校长就曾指出广大一线教师的教学既要跳出“圈”外，也应做活“圈”内，以核心素养为目标优化教学行为，创新教学方式，比如“实践创新”的素养要求将单一的课堂内书本式学习方式向多样的课内外相结合的学习方式转变，拓宽教学领域，形成教学新生态。

有的学校立足学科教学的本质，尝试在明确学科核心素养的基础上探索学科教学的有效方法。如石景山区某中学以化学学科为例，研究化学学科核心素养及其在教学中的培养策略，首先提炼了化学学科核心素养的具体内容，在此基础上创新教学方式，关注学生核心知识的掌握、学科思维方式的形成、动手实验能力的培养等。也有的学校以语文教学为例，提出紧扣“小语境”、联系“大语境”、融合多种视角等教学路径帮助学生学习古代诗歌，这样既彰显了学科特色，也培养了学生的语文核心素养。还有的学校基于对数学学科本质及数学学科核心素养的理解，运用“问题—互动”的教学方式，以问题为主线，以互动交流为主渠道，帮助学生发现问题、探究问题，在合作交流中解决问题，培养学生的问题意识、探究能力和创新精神。

三、关于北京市中小学培育学生发展核心素养的若干反思与建议

总体来说，北京市中小学在培育学生发展核心素养上的态度是积极的，做法是比较科学的；然而客观来说，在此期间也显露出一些问题，遭遇到一些困境，这些问题与困境直接影响了中小学顺利、有效地培育学生

① 柳夕浪、张珊珊：《素养教学的三大着力点》，《中小学管理》，2015年第9期，第7—10页。

发展核心素养的进程，亟待关注与应对。

（一）培育学生发展核心素养要立于本

学校教育的定位就是要立足学生的终身发展和社会需要，因此，核心素养一经提出就获得了广泛响应。上文已经提到，北京市中小学对于核心素养也是十分重视，纷纷将其纳入了工作日程。关注核心素养，以核心素养带动教育教学的整体改进毋庸置疑是件好事，但现在却出现了这样一种怪象，即“言必称核心素养”，似乎凡事只要和核心素养扯上关系就是正确的、积极的。按照核心素养的要求培养人才确实既符合了教育的本质，又体现了同国际接轨的趋势，这很有必要，但以“言称”为实的简单化处理则有悖于落实核心素养之本。

笔者曾对北京市某城区的中小学教师做过一次小范围的访谈，其中有近五分之四的教师表示学校正在如火如荼地进行核心素养改革，但对于教育教学的实际影响却微乎其微，自己还是按照以前的老办法进行教学，所谓的核心素养不过是一个空名头，大有“挂羊头卖狗肉”的讽刺意味。还有一些教师更是直接抱怨，学校这种将核心素养视为“圣经”的做法，好像自己的教学里不加上核心素养几个字，就是一种过时，并坦言我国学生发展素养文件精神公布时，自己本来还有些兴奋，但就目前而言，由于学校的这种表面化处理，不仅没有发挥出核心素养的统领性作用，反而引发了自己的反感情绪。那么，为什么会出现这种繁华背后的隐忧呢？我们认为首先是学校的态度出现了问题，在面对核心素养时显得有些急功近利。一方面，想尽早占领核心素养的“高地”。在一些学校看来，核心素养就是先进的代名词，若不使用核心素养这样的说法显然是落后退步的表现，因此，不管三七二十一先用核心素养包装一番。此外，现在学校和教师申请课题，题目上出现“核心素养”，总有几分与时俱进的意味，通过率也会增加，能够争取到不少资源和经费的支持，这也在一定程度上构成了“核心素养”的吸引力。另一方面，将核心素养作为改革的噱头。核心素养的科学性与必要性已经得到了人们的普遍认可，于是一些学校为了便宜行事，就将核心素养作为改革的缘由，也不管所施行的改革计划是否符合核心素养的内涵和要求，只是为了改革找到一种“合理性”论证。这些对于核心素养肤浅而功利的态度，直接导致人们对于核心素养的质疑与排斥。

因此，在面对核心素养这一新生事物时，我们首先要端正态度，用冷静的头脑和理性的思路将核心素养扎扎实实地落实到学校教育教学的改进行动中去，以学校已有的基础和学生发展的需要为基准，切不可一股脑地将学校方方面面的工作都硬同核心素养扯上关系。

(二)教育变革宜是渐进改善式

我们该以何种方式推进改革，也就是说基于核心素养的基础教育改革应该走一条什么路径。关于改革，尽管人们也认识到它不是一次事件、不是一蹴而就的行为，需要渐次展开，但在改革中人们或许是被改革热情冲昏了头脑、或许是急于见到改革“红利”，于是常常希望在短时间内就能“告别过去”“破旧立新”，以致经常会不自觉地迈上一条改革的突变之路。在进行核心素养改革基础教育时，我们切不可贪功冒进、走突变式改革之路，因为“多数基础教育改革失败的主要原因，在于指导改革实践的理念原则中存在一种‘突变论’倾向”。①

“解构和创造必须是不分先后的同一个过程……如果没有开出一条新的道路，光把原来的道路给破坏了，那我们往哪里走?”②既然基于核心素养的基础教育改革的突变之路不可行、不能走，那么我们究竟该走一条什么样的路呢？对此，我们的回答是渐进之路。“与‘突变论’相对应的是改革‘渐进论’思想”③，改革渐进论崛起于改革突变泛滥之现实。教育改革之所以要走渐进改善之路，主要因为教育改革具有人的属性，而人之理性又非“完美理性”，它力求完美但实际上只能是有限达到一定程度的完美，因此人之理性是一种“有限理性”。既然人是一种有限理性的存在，那么教育改革能且只能是一种“有限理性”的行为。且现实中的教育改革往往不像想象中的那么一帆风顺、一蹴而就，它是一个不断调适、进化的过程。此外，教育改革是个复杂的系统工程，在改革中会遇到诸多看似意料之外但仔细想想又在情理之中的抵制甚至是破坏。如此一来，突变式教育改革是寸步难行的，教育改革要想顺利、要想成功，渐进改善之路是其不二选择。此外，基于核心素养的基础教育改革势必会牵动多方利益，搅动多方舒适区，“教育改革的实质是对现有的教育体制、教育宗旨、教育理念、教育内容、教育方法和教育管理的变更，即推陈出新”。④ 这一“推陈出新”并不像大自然的新陈代谢那么自然、顺畅，它注定会受到多方的制约与梗阻，如此一来突变只会频繁绊腿，唯有渐进改善方是上策。

---

① 潘新民:《基础教育改革渐进论》，浙江教育出版社，2012年，第1页。

② 赵汀阳:《赵汀阳自选集》，广西师范大学出版社，2000年，第33—34页。

③ 潘新民:《基础教育改革渐进论》，浙江教育出版社，2012年，第1页。

④ 王本陆、汪明:《教育伦理学的新问题与新思考》，《教育学报》，2015年第1期，第7页。

因此，我们在基于核心素养改革基础教育时一定要走渐进式改革之路，要树立系统的基础教育改革观，改革方案要充分体现"有限理性"意识，严格遵循"共同适应"原则，而且要不断反思、调整改革方案，确保改革良性前行。

（三）培育学生发展核心素养要有整体视野

当前中小学对培育学生发展核心素养很重视，并积极设法去培育学生发展核心素养。然纵观现有中小学在培育学生发展核心素养时的做法又会发现视野还不够宽阔——它们对培育学生发展核心素养的做法多限于基于核心素养的学校课程改进，如基于核心素养的校本课程开发、基于核心素养的学校整体课程优化。也就是说，当前中小学对培育学生发展核心素养的举措主要集中于课程这一领域。公允地说，这种做法很必要也很重要，毕竟课程是实现教育目标之载体，它是源头活水，是培育学生发展核心素养之供给侧，唯有供给侧改革了方能顺利有效地培育学生发展核心素养。

但要注意的是，基于核心素养的课程改革仅仅只是培育学生发展核心素养之必要条件，而非充要条件。要知道，现如今教师与课程二者之关系已发生了很大变化，撇开课程与教师之间的创生关系不说，即便教师是课程的忠实执行者，倘若教师自身对课程的理解和把握不够，就算学校课程基于核心素养建设得再好，教师在执行中也会变味、走偏的。因此，培育学生发展核心素养要有整体视野，不能只围绕课程改革做文章，倘若没有基于核心素养的教师专业发展相配套，再好的基于核心素养的课程设计估计也会事倍功半。当然，培育学生发展核心素养要有整体视野还不止于此。比如，我们在培育学生发展核心素养时不能仅仅局限于课程、教学、评价这些显性的教育方式上，还要考虑到学校文化建设、家校合作这些容易被忽视但实际上却对培育学生发展核心素养大有裨益的教育层面。我们常说文化育人，学校文化虽然不像课程、教学、评价那样相对显性、直接，但学校文化却可以以自己独特的润物细无声的方式更好地培育学生发展核心素养。此外，家校合作也是培育学生发展核心素养之有效路径，比如像核心素养里的"劳动意识"，虽然劳动意识在学校里也可以培育，但相较而言，劳动意识在家里培育会更为顺利、有效些。于是，我们要基于学生发展核心素养重新审视家校合作，二者各司其职、优势互补去培育学生发展核心素养。

总之，培育学生发展核心素养是个系统工程，我们要有整体视野才行，不能局限于基于核心素养的课程改革而忽视基于核心素养的教师专业发展，也不能只关注课程、教学、评价三方面的改革而忽视学校文化建设和家校合作在培育学生发展核心素养方面应有的担当与独特价值，唯有拓宽视野、系统规划、整体推进方能切实有效地培育学生发展核心素养。

（汪明）

专题八　基础教育公共服务的智能化探索

2016年，“高精尖”成为很多学科教育研究者和一线教师口中的热词。他们讨论学科能力指标、研磨学科诊断工具、开发学习资源……通州区的初中教师和学生更是用上了“智慧学伴”APP，教师培训的内容和方式也不一样了，这些变化都与教育高精尖创新中心有关。

一、建立教育高精尖创新中心，构建精准到个人的公共教育服务体系

（一）教育高精尖创新中心的成立

2015年10月，为了更好地实现北京市作为全国政治中心、文化传播中心、国际交往中心、科技创新中心的功能，北京市教委计划分批次创建20个左右的高等学校高精尖创新中心，实施50个左右的创新项目，由北京市财政设立专项基金按照项目建设周期给予支持。其中，教育高精尖创新中心是首批批准的13个高精尖创新中心之一，设立在北京师范大学，命名为“未来教育高精尖创新中心”（下文简称为“高精尖中心”）。①

1. 大数据时代基础教育发展的呼唤

北京市教委设立教育高精尖创新中心的核心使命是推进北京市教育公共服务，从数字化转型到智能化，助力构建北京世界城市的公共教育模式，支持“有教无类、因材施教、终身学习、人人成才”的教育理想的实现，提高政府主导的公共教育服务质量。其核心任务包括：建设一个智能教育的公共服务平台；汇聚学生完整学习过程的大数据；组建教育资源和教育服务供给的统一战线；创新移动互联时代的教育公共服务新模式。具

① 《本市认定13个高校高精尖创新中心》，《北京晚报》，2015年10月28日。

体而言，北京市教委希望通过建立教育高精尖创新中心实现如下目标：①

构建在线学生自我诊断的“体检中心”和“化验室”，通过常态化的质量监控服务于学生的成长；

收集学生成长过程的大数据，利用大数据分析学生发展情况；

根据学生诊断结果和大数据分析结果，向学生定向推送作业、教辅资源，以及系列学习服务信息；

进行新型的资源库建设，资源内容服务于学生能力的提升，并伴随学生学习全过程，成为学生成长的同伴；

建立教师在线智力支持服务平台，使优秀教师得以为更多学生服务，促进优质教育服务的迁移和流传。

以上的目标中，收集学生学习过程中的“大数据”既是目标也是实现对学生个性化精准服务的手段和途径。

2. 基础教育“深综改”的需要

“高精尖中心”的建立也是促进北京市教育深化综合改革的措施之一。通过“互联网＋”的思路，依靠大数据为北京市各项教育改革提供更合理的支持。

例如，对学生进行的综合素质测评，是大家一直期盼的“不以分数论英雄”的全面评价学生的方式，也是转变学校教育中重视应试教育的很好途径和手段。然而这样的评价理念虽好，但几年来，由于对学生过程性评价的观察指标和手段的单一，这项评价工作虽然有所推进，但是如果没有准确可靠的过程性数据，测评结果是很难获得公众的认可的。

再如，中高考改革是教育深化综合改革的核心问题，改革方向之一是考试选拔中给学生更多的选择性。2016 年 4 月，《北京市关于深化考试招生制度改革的实施方案》发布，新中考改革方案也正式面世。该方案从 2018 年开始实施，考试科目包括 3 门必考科目和 3 门选考科目，选考科目按照比例折算分数，使学生可以扬长避短。2015 年入学的初一学生将成为首批使用新方案的学生。根据考试方案，2018 年的中考，学生可以形成 9 种选考方式，52 种计分方式，这将是一个十分复杂的工程。同时，选择最有利于自己未来发展的考试方式对学生也是一项挑战。因此，如何支持学生选择性的实现，如何指导学生科学决策都需要使用新的技术，形成合理的解决方案。

通过“高精尖中心”的建立，北京市希望建设智能化公共教育服务平台，通过信息技术，既能够汇聚大数据，宏观把握北京市教育现状，又能

---

① 根据“未来教育高精尖创新中心”相关负责人介绍情况整理。

够通过数据跟踪与分析，为每一个学生提供精准的个性化服务，使北京市各项基础教育改革措施落到实处，并为新的决策提供数据依据。

(二)教育高精尖创新中心的研究内容

1. 基于全样本大数据的各项学生情况分析

“高精尖中心”通过推进对目标学生群体全样本、全过程的在线测评，全面获取学生数据，实现大数据的汇集，进而开展基于大数据支撑的各项分析，提供面向群体和个体的分析报告。这些教育大数据将包含两个特征：一是数据样本庞大，数据源于对参与北京市基础教育的每一个学生情况的全记录，不是抽样而来，每一名学生都是被关注的对象；二是对每一个样本采集的数据庞大。对于每一名学生，将从四个方面收集数据，一是体质健康的数据；二是各学科核心能力素养的数据；三是各学科领域核心知识的数据；四是通用心理认知能力的数据。数据采集强调对学生成长过程中过程性、及时性现象的记录，如与学科核心知识、核心能力相关的数据采集始终伴随着学习进程，包括学生对每一个教学单元的学习情况，甚至每一次作业、看过的每一个学习资源都会留下数据信息。通过对这些数据梳理归纳统计分析，可以构成对一个学生个性化特征的准确描述；通过对学习过程数据的诊断性分析，可以洞察学生的学习路径、不同学科不同阶段学科素养的发展，乃至每一个知识点的掌握状况，发现学习成绩、行为表象背后的问题；通过预测性分析，可以帮助学生在复杂背景下的选择中，做出相对合理的智能化决策。

为了实现上述目标，“高精尖中心”设定了四个研究方向：①

(1)学习者学科能力与认知模型研究：研究内容包括探查学习者知识结构与认知特征，探索各学科的能力素养构成、不同水平的能力表现及诊断方式，对学习者的学习过程和结果进行诊断、建模、评估和计算机模拟，这是未来教育高精尖中心实现建设目标的基础性研究，是实现精准诊断和资源推送的基础。

(2)基于大数据分析的教育智能技术研究：这项研究旨在进行海量教育数据的语义分析，依据人工智能技术甄别不同学习能力特征的学生群体，实现对不同学生群体的针对性指导和每个学生个体的个性化指导，设计基于信息技术的网络协作学习和智能化学习资源的筛选与推荐等。

(3)现代教育治理技术研究：探索智能服务平台融合于教育主流业务

① 根据“未来教育高精尖创新中心”项目组汇报的PPT材料整理。

的形态、治理方式和应用解决方案。

(4)学习资源生成与服务汇聚研究：探索发现和生成优质学习资源的有效途径、开展各种解决具体学习问题的APP工具的汇聚与组织，开发与生成有关研究。

2. 从核心素养入手开发学科诊断工具及匹配的学习资源

北京市要求“高精尖中心”的研究成果具有引领性、先进性，为此，该中心汇聚了一批国内教育专家参与实质性研究，并邀请众多国际知名专家给予指导和共同研讨。

目前，“高精尖中心”组织了语文、数学、英语、物理、生物、化学、政治、历史、地理等9个学科的专家团队基于各学科核心素养和学科能力，完成了义务教育阶段以学科核心概念为单位的能力素养内涵表述、发展指标、不同水平的能力表现描述，并开发了与教学进度匹配的学科诊断工具和适合不同素养能力水平的学习资源。

据项目组介绍，2016年9个学科共完成了30余套学科的总测试试卷编制。总测试试卷经过预测试与试题修正、试卷外审与再修正，最后形成定稿。在总测试试卷的基础上，9个学科又开发了近700个微测和3000多个微资源，并在通州区投入使用。

3. 利用PC端和移动端搭建面向学生、教师和家长的智能平台

为了方便不同人群随时随地的使用，“高精尖中心”推出在手机和电脑上均可以使用的“智慧学伴”学习平台。平台分为学生版、教师版和家长版。学生登录平台可以完成各学科的在线诊断和资源学习，还可以获得系列个性化的反馈分析。

“智慧学伴”学生版目前包括四个板块：在线诊断、能力建模、查优鉴短、精准学习。在线诊断板块内有各学科伴随学习进度的每个单元的学习检测和学期测试，还有该学科的素质测评，测试题目既包含学科核心知识检测，又指向学生学科核心能力素养的发展情况。能力建模板块为报告型板块，根据诊断结果，报告学生各学科能力素养构成、各学科核心知识掌握情况。查优鉴短板块则是在一段时间各种数据积累的基础上，统计分析出学生具备的学习优势、能力特征，发现学习中的突出问题，平台还会根据学生在不同学科的活跃度判断学生的兴趣偏好，给出学生选课选考的指导性建议。精准学习板块为资源板块，根据诊断结果，向学生推送匹配的学习资源，弥补缺失，增强优势。(如图8-1)这一板块下还有“双师教育”链接，学生除了有自己日常的线下教师指导外，还可以根据自己的需求在线挑选一位优秀教师接受辅导，使更多学生得到优秀教师的教育服务。

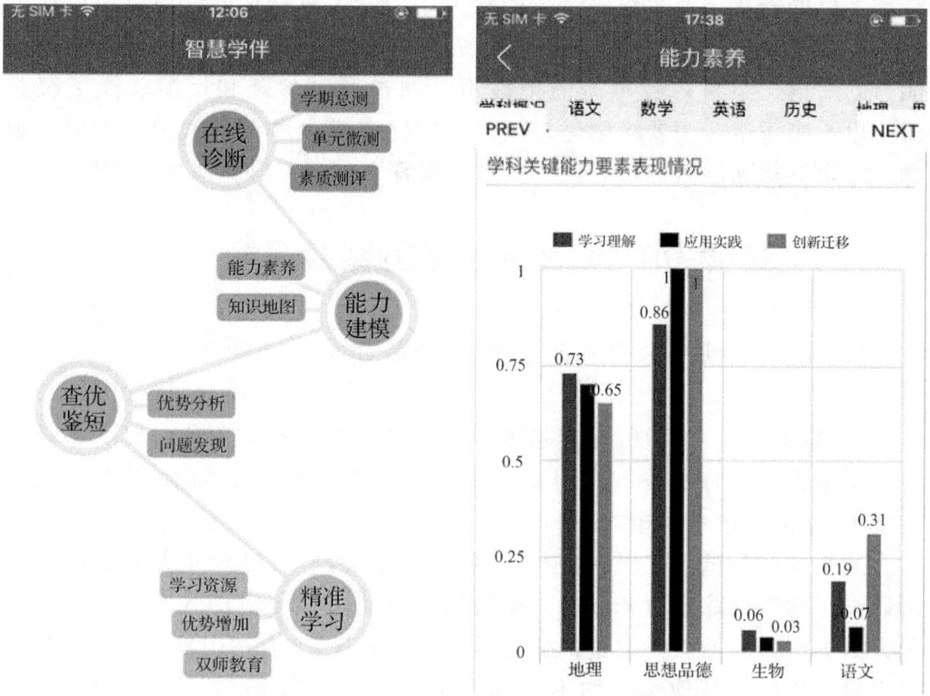

图 8-1　智慧学伴学生版屏幕截图

除此之外，“智慧学伴”还有学习提醒、翻转学习(自动组合翻转课堂学习内容)、重难点标示、海量题库、电子笔记系统、错题统整系统(错题分析、及时巩固)、优题统整系统(优秀解题思路展示)等学习辅助功能。

教师版除具有学生版的全部功能外，还可以查看每个学生的学习进度，了解学生学习的优势与不足，智慧阅卷系统提供班级情况分析。教师还可以在线录制课程、布置作业、对学生进行在线辅导等。

家长版则强调对学生学习的诊断反馈功能。家长版包括“诊断报告”“知识地图”“能力素养”“督学检查”四个板块对学生的学习状况进行全程跟踪、分析、反馈。其中，“诊断报告”板块中可以查看学生的历次总测、微测的测评分析，学习目标达成情况，学科能力水平及表现，学科核心素养水平等；“知识地图”板块标识出学生每个核心概念的能力水平，并根据学生情况推荐扬长补短的学习资源；“能力素养”板块给出各学科具体能力表现和综合能力表现水平的分析报告，是辅导学生合理选择与决策的重要依据；“督学检查”板块则报告学生是否有针对性地学习了平台推荐的资源，学习进度如何，有利于家长随时掌握学生的学习动态。

诚然，“智慧学伴”的出发点是好的，利用现代信息技术的高度发达和智能手机的普及，及时跟进学生的学习，为学生进行诊断。但是应该注意的一点是，对学生进行的及时诊断，一般往往是对知识和技能的把握，而能力的形成、学科内容本质的把握不是通过及时诊断和反馈就能了解到的，也不应该这样去要求学生。因此，如何对学生所谓的素养、能力、观念、意识等状况进行评价，还需要进行更深入的研究和持续的跟踪测查。

二、“高精尖中心”在通州区的实践探索

（一）“高精尖中心”与区域合作开展研究与实践

“高精尖中心”的运行还在起步阶段，目前的服务对象暂时以义务教育阶段学生为主，特别是2015年入学的初一新生，需要帮助他们更顺利地适应2018年的新中考中招方式。

通州区作为试点区域率先与“高精尖中心”合作，从学生基础诊断、教师研修、学习跟踪评价辅导、学生阶段性评价等多个方面入手，开展了基于大数据助力区域教学改进的研究项目。通州区32所初中校，除1所学校因教材、进度与其他学校均不相同而未参与外，31所学校全部加入合作项目。

项目以伴随教学进度的学生诊断为突破口，以“学生诊断—诊断结果分析—基于诊断结果的学习支持和教学改进”为轴心开展工作。项目运作过程如图8-2所示：

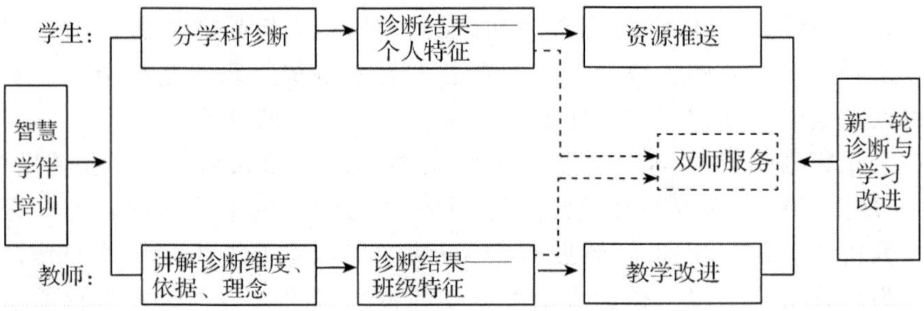

图8-2　学生诊断与教学改进运作机制流程图

项目组在通州区开展了9个学科22个内容主题的教学设计，有35名授课教师进行了教学实践。在开展学生诊断改进教学的过程中，首先，他们按照“高精尖中心”项目的规划，根据各学科教学进度组织学生进行在线单元测试，同时向教师解读学生诊断维度、依据和背后的教育理念，促进

教师在日常教学中有意识的改变；其次，分析学生诊断结果，给学生提供相应的学习水平报告和能力特征描述，给任课教师提供班级特征评估，向学校提供总体数据结果分析；而后，依据诊断结果，向学生、教师推送合适的学习资源和教学资源，并指导教师根据诊断结果开展教学改进；进入下一轮诊断评估，并在一段时间后(如一个学期)，对学科进行阶段总测，以获得更多的学生发展数据。除了项目的集体推进外，平台向学生、教师全面开放，学生、教师可以根据自己的需求调用平台资源，如学生寻求“双师”服务，教师开放自己的微课程等。在项目推进过程中，通州区力求使项目运作和日常教学有机融合，如将学生诊断与日常作业和单元测验相融合，教学改进直接在课堂教学中体现，学科阶段测试与期末考试统整。

通过教学改革实践，“高精尖中心”项目组的实践已在通州区取得了一定的成效①。例如，一方面，学生的学科能力和学科素养有了一定的提升；另一方面，通过“智慧学伴”，教师们获得了基于学科能力素养进行教学设计的支持，他们表示，对教学关键点有了更深刻的认识，对教学目标更加明确，对于能力要素理解更加深刻，备课更加精细。对于新老教师来讲都有不同程度的帮助和提升。

教师们认为，“智慧学伴”系统的出现，可以简化、优化自己的授课过程，可以使学生通过自学理解这些方法，该系统体现了如下优势：第一，学生可根据自身情况，选择学习内容——完整观看视频或快进到某一部分；第二，对于没有听懂的内容可反复学习；第三，卡通动画的形式对学生来说新鲜有趣，可调动他们学习的积极性。

同时，微测试、微资源还为教师的教学带来了及时的反馈和支持。

“课前由教师对所有资源进行筛选，选出与本节课内容相关的微视频，而在课堂上既要培养学生的思维逻辑，让学生的大脑运转，又要让微资源起到作用，那何时播放微资源以及播放微资源前、后教师应该设计怎样的学生活动就显得尤为重要!”

“作为一名刚刚参加工作的老师，‘智慧学伴’为我的教学工作提供了诸多便利。就这节复习课而言，‘智慧学伴’的合理应用使复习课的形式变得多元化，课堂变得更有趣。微资源的针对性强，学生爱看也就爱思考。课前、课后的微测十分实用，能让我更好地了解学生对知识的掌握情况。”

“课前利用‘智慧学伴’进行前测，了解学生的已有知识和困惑点，做到有的放矢。课中利用‘智慧学伴’视频学习设计实验，高效易理解，学生再修正实验方案进行实验，并借助前测表格让学生设计方案、记录数据，

---

① 根据“未来教育高精尖创新中心”项目组汇报的PPT材料整理。

便于设计、分析数据，降低学习难度。课后利用‘智慧学伴’后测，应用概念，查漏补缺，理解提升。”

“‘智慧学伴’为学生的自学指明了预习方向。通过前测学生更能够从自身了解到知识储备的不足，并有针对性地进行自学。通过资源推送可以让学生明确学习目标，开阔视野，有效提高学习兴趣，对于有限的课堂时间起着很好的补充作用。”

综上所述，通过对“高精尖中心”研究和服务内容的分析，以及他们与通州的合作情况可以看出，“高精尖中心”的初步研究成果以及在通州区的实践已具有一定的效果，当然，目标的实现还需要更多的研究和不断的实践去检验。

最后，在我们看到的教师们积极的反馈背后，也有需要注意的问题，那就是，首先“智慧学伴”并不一定是全面智慧的，教师对学生的了解同样很重要，教师对学生的诊断和智能平台的诊断要相辅相成；其次，对学生素养能力的诊断不应该为智能平台的及时诊断而淹没。我们更希望智慧平台有长久的生命力，生命力的来源就是形式与内容统一、智能化与现实性的统一。

（二）“智慧学伴”与相关群体

“智慧学伴”在具体的实践过程中，希望对学生、家长、教师，乃至学校和教育行政部门等不同群体都能发挥一定的作用。

对于学习者个体，第一，“智慧学伴”服务平台可以帮助学生了解自己，包括对某个重要知识点的掌握情况，学科知识结构、学科能力素养水平、优势学科、优势能力以及自己的不足。第二，“智慧学伴”中的诊断题目可以引领学生关注学科能力和素养的发展，关注学科实践和创新，而不仅仅是记住知识本身。第三，“智慧学伴”可以给学生提供适合的、优质的学习资源，有的放矢地补弱强优，实现高效学习。第四，“双师”服务，使更多学生得到优秀教师辅导，促进教育公平。第五，通过数据分析，预测学生发展方向，给学生提供中高考选考建议，帮助学生科学决策，真正实现针对每一个学生的智能化、个性化教育服务。

对于家长，北京市基础教育改革中的一些理念、政策的变化需要他们去了解适应，面临这些转变，也不免产生盲目焦虑。“智慧学伴”使家长动态地了解孩子的学习表现，更加了解孩子的特长、爱好、优势，引导家长关注、支持孩子的个性发展，而不是把自己的目标和意愿直接强加于学生。另外，由于“智慧学伴”学习资源的精准供给，发挥学生优势学科的优势、补充劣势学科的不足，也可以在一定程度上缓解家长在课外班、补习班上的支出，使学生和家长都“减负”。

对于教师，“智慧学伴”的大数据可以帮助教师明确学生是否达到了预期的教学目标，看到班级知识图谱，明确学生的普遍优势和缺失是什么，从而对自己教学的成功与不足做出判断，以开展精准教学。“智慧学伴”的诊断指标引导教师教学中关注基于学科能力和核心素养的教学设计，主动进行教学改进。通过丰富的数据，教师还可以发现每个学生的个性特征，看到每个学生最优秀的一面，使教育从单一化、模板化，强调群体化一致性的教育转向尊重和发展学生个性的教育。平台推送的教学资源可以被教师直接利用，这既是教师的学习资源，也减轻了教师的备课负担，提升了教学质量。“双师”服务平台和网络课程的录制与推送机制，给了教师更多实现自我价值的机会，互联网的开放，让学生喜欢的老师成为真正的名师，教师的评价则变为由学生和市场决定。

对于学校，数据可以使学校全面了解各个学科的发展情况，分析学校的优势学科，促进学校的特色发展。大数据可以诊断学校教师教学情况，为学校开展怎样的教师培训提供依据。中高考改革的选择性使选课走班成为学校常态，特别是将来的中考采用选考方式后，进入高中的学生优势学科的差异会很大，如何分班、如何设计课程、哪些学生适合哪种课程、课程开设的具体目标如何，乃至各种课程的开设数量、周期、教师配置都要以数据为依托，而不是盲目建设。总之，数据使学校的管理更加精细化。

对于教育管理部门，大数据提供了更加精准的学生发展状况和师资水平，数据分析形成的北京市教育质量地图，使得教育决策者可以监控其整体运行情况，及时调整教育政策，引领教育改革方向。

在大数据时代，数据也将成为学校的重要资产。“高精尖中心”正是充分利用了数据来提升教育，助力通州区教育发展；依托数据适应中考改革，开展个性化教学；基于数据做好学校和班级管理；利用智能平台服务教学课堂；在数据分析的基础上设计学生的教学活动。

总之，“高精尖中心”利用研究优势和技术优势，不仅建设了一个学习平台，更是基于技术思想形成一整套推进教育教学改革和变革的解决方案，形成适合学生个性发展的教育公共服务体系，解决公平和质量、规模化和个性化的教育发展矛盾。我们希望这个平台和方案有更进一步的推广和运用，无论是在范围上还是内容上。此外，教育不能搞“急风暴雨”，需要稳中有进，对学生的评价和诊断也要有长目标、短目标的结合，“百年树人”，学生的成长是需要慢功夫的。

三、对大数据背景下教育质量诊断与提升的再思考

(一)教育质量诊断的维度决定了大数据的意义

1. 教育质量的评价取向

对于教育质量的诊断，首先要考虑的是决定教育质量的几个关键环节。以往我们似乎最关心的是受教育者经过教育之后是什么“模样”，这通常是即时的结果。事实上受教育者长远的发展状况同样是教育质量的结果，就像一个产品一样，是否用得住、用得好，生产过程是它的根本保证。因而，我们认为教育质量的产生是一个过程，对它的评价不仅要关注结果，还必须要考虑各种要素的投入及其教育过程。

近年来，很多学者对教育质量的评价提出了相应的标准。史娜(2008)对教育的全过程提出质量评价标准，从“教育主体可持续生存和发展”“更有效地促进社会的进步”“更为合理地利用教育资源”等三个方面展开，提出数十项具体标准。① 辛涛、姜宇(2012)则更为客观地提出由于教育系统非常庞大，如果对教育所涉及的诸多要素，如学生及家庭、教师、学校、教育投入、教育过程和教育产出等都纳入教育质量评价标准体系，那必将是一个十分宏大而难以实施的评价体系，所以我国的教育质量标准的核心应确定为学生的学业质量标准。②

2. 学生学业质量评价的全面性

学生的学业质量是让学习者、学生家长乃至社会中的所有教育参与者对教育质量有更直观感受的一个指标，但是怎样的评价才是对学业质量科学、客观的评价？怎样的评价才能直接发现教育问题，引导教育质量的提升？怎样的评价才能给每一个学习者带来切实的帮助？大数据的运用解决了上述问题，给北京市教育质量评价和提升带来新的契机。大数据平台能够建立教育质量诊断的常模参数，只要评价工具的设计科学合理，就可以获得相应评价内容维度的常模数据，这些数据可以用于对学生群体的评价和研究，也可以作为对学生个体诊断的参照系。由于可以从多个角度、多个时间和不同的学习主题中获得一个人的多重数据，所以便可以对这个人的优势、问题做出精准判断，进而推断学生的学习需求和发展趋势。可

---

① 史娜：《教育质量标准探析》，陕西师范大学，2008年。

② 辛涛、姜宇：《在国际视域下定义教育质量标准》，《人民教育》，2012年第12期，第6—10页。

见，大数据平台对学生群体而言，是教育政策制定、调整的依据，是教师教学改革的依据；对学生个体而言，大数据可以实现精确诊断和发展趋势预判，使科学精准的高水平公共教育服务成为可能。

（二）大数据运用中值得注意的问题

上文对智慧平台的数据收集以及运用已有一定的评述。进一步来讲，在将大数据运用于教育过程和结果的监测和评价中，也要考虑其在提供了重要依据的同时，还有一些值得注意的问题，这需要引起教育工作者的进一步关注和思考。

1. 大数据的采集与分析本质上是一个评价过程，评价的内容、维度和结果由统计工具、统计方法决定。大数据的结果最终是否能够影响教育政策和教学改进，实际上是由教育行政部门是否重视有关数据，以哪些数据为依据评价诊断教育质量来决定的。对多数一线教师来说，为考而教、为评价而教依然是基本的教育习惯和教学实践的指导思想。如何激发教师的主体意识，建立起明确清晰的教育信念，以及当数据成为潮流，在各种数据泛滥的情况下不迷失自己，是教育行政部门和教师培训部门都应该关注的问题。

2. 依靠大数据对学生的学习进行诊断，进而发现学生的优势和不足，通过预测分析对学生发展方向的决策提供建议，这原本是一项具有前瞻性的公共教育服务，但是数据平台预测的基础是一些人为规定的指标，如在平台上完成某些特定习题在这个学科中就会被标注为表现卓越，对平台中某个学科学习资源打开得多就会被标注为对这个学科感兴趣等，这些人为规定的指标是否足够科学合理，是否能够准确预测学生未来的发展都还未经过证实。另外，生活中大量经验事实显示，十几岁的少年在很多方面都还不成熟，有时一个人或一个事件就会让学生在学习兴趣、学业成就方面发生重大变化。所以，数据平台的预测价值有多大，怎样使预测平台既能成为学生和家长决策时的参考，又不会抹杀学生可能的成长机会，也是值得探讨的问题。

3. 学习资源推送和“双师”服务让处于不同地区、不同学校的学生拥有了同等优质的教育资源，也让优秀教师能够为更多的学生服务，这是解决教育公平、促进教育均衡的有效举措。如何激发优秀教师的网上服务热情，如何吸引优质教育资源的提供和更新都还需要制定有效机制。同时，当学生有了更多的机会和资源来提升自己的学业成绩，线下教师对学生学业成绩影响的比例就会减小。教育行政部门应着手制定更有效的评价机制以鼓励线下教师承担起对学生的全面教育责任，且长久保持专业发展的动力和能力。

4. 大数据平台的启用使网上学习成为学生学习生活的常态，但是目前对孩子们来说，网络环境还不够理想，杂乱的广告、错误的信息、甚至不健康的内容随时可见。在孩子们使用网络更好地完成学业时，家长和教师们也在忧虑如何避免网络中的不良信息对孩子们造成的伤害。净化网络环境不仅仅是教育部门的事情，更是全社会的责任，但教育部门需要更主动地行动起来。我们期待着孩子们能有一片健康成长的纯净的网络天地。

（黄燕宁　刘晓玫）

特别观察

专题九　精准施策：北京市乡村教师支持计划

教育大计，教师为本，教师是提高教育质量的能动因素和核心力量。北京市基础教育正处在优质均衡的发展进程中，影响教育公平和基础教育均衡发展的两个重要因素是优质教育资源的配置与教师群体的发展水平，特别是农村教师的发展水平。近年来，北京市先后出台了一系列向农村教育和农村教师倾斜的政策和举措，例如"农村教师素质提升计划""绿色耕耘"计划、城乡学校对口支援、特级教师送教下乡等，对提高农村教师队伍质量起到了很好的推动作用。2016 年 1 月 25 日，《北京市乡村教师支持计划(2015—2020 年)实施办法》(以下简称《实施办法》)颁布，预示着北京市政府支持乡村教师发展、加强乡村教师队伍建设[①]的更大决心和力度。2016 年北京市如何围绕乡村教师支持计划以"组合拳"精准施策，成为人们关心的一大热点问题。

一、《实施办法》的出台

(一)国家政策依据

按照我国的建设目标，到 2020 年要全面建成小康社会，对教育而言要基本实现教育现代化。现实情况是，基本实现教育现代化的薄弱环节和短板在乡村，在中西部老少边穷岛等边远贫困地区。发展乡村教育，促进教育公平，教师是关键。2015 年 6 月 8 日，国务院办公厅发布了《国务院办公厅关于印发乡村教师支持计划(2015—2020 年)的通知》(国办发〔2015〕43 号)(以下简称《支持计划》)，全面部署了乡村教师队伍建设工作。《支持计划》指出，"必须把乡村教师队伍建设摆在优先发展的战略地位"，全面提

① 考虑到北京市城市化进程的快速发展，北京市农村与乡村的界限十分模糊，本文对"农村教师"和"乡村教师"的说法不加区别。

升乡村教师能力素质，“努力造就一支素质优良、甘于奉献、扎根乡村的教师队伍”。

《支持计划》明确提出了八方面的举措，包括：全面提高乡村教师思想政治素质和师德水平；拓展乡村教师补充渠道；提高乡村教师生活待遇；统一城乡教职工编制标准；职称(职务)评聘向乡村学校倾斜；推动城镇优秀教师向乡村学校流动；全面提升乡村教师能力素质；建立乡村教师荣誉制度。所有这些举措，都聚焦在乡村教师队伍建设最关键的领域和最紧迫的任务。同时，《支持计划》要求多措并举，定向施策，精准发力，标本兼治。①

(二)京郊师资需求

北京市现有公办乡村中小学校 296 所，其中普通中小学校 291 所，特殊教育学校 5 所，分布在十个远郊区以及海淀区、丰台区和朝阳区的农村区域。教职工共 11692 人，专任教师 9076 人。② 为了进一步加强北京市农村中小学教师队伍建设，落实国务院办公厅《支持计划》，为“十三五”时期北京教师队伍建设规划提出有针对性、有实效性的政策措施，北京市教工委 2015 年组织开展了“北京市农村中小学教师队伍现状调研”，教工委常务副书记张雪担任调研领导小组组长。调研显示，近 10 年来，北京市政府对农村义务教育加大投入，农村学校真正实现了免费义务教育，农村学校的公用经费保障水平也在大幅度提高，农村中小学校硬件建设上了新的台阶。与此同时，对北京市农村中小学教师队伍建设也出台了系列保障性政策，使农村中小学教师队伍的待遇不断提高。但受城乡发展不平衡、交通地理条件不便、工作和生活条件等因素影响，乡村教师队伍仍面临着职业吸引力不强等一些亟待解决的问题。

北京市农村中小学教师队伍在结构方面，存在总量超编与结构性缺编并存的问题，导致教师紧缺，成为制约农村教师队伍发展的瓶颈问题。其主要原因是编制标准低，撤并村小教师超员，农村学校生源锐减导致学校规模小，新教师补充困难、供给不足。因而，“总量超编”是一种“虚超编”。此外，还存在高级职称教师比例低，农村学校缺乏吸引力，骨干教师流失等问题。

农村中小学教师队伍质量上存在教师专业起点低的问题。农村教师数

---

① 国务院办公厅：《国务院办公厅关于印发乡村教师支持计划(2015—2020 年)的通知》(国办发〔2015〕43 号)，2016 年 6 月 8 日。

② 董城：《北京力促乡村教师“下得去、留得住、教得好”》，《光明日报》，2016 年 3 月 12 日。

量不足，补充困难，必然导致入职门槛的降低，新教师中非师范生占了较大的比例，在一定程度上降低了对新入职教师专业发展水平的要求。这不仅影响着教师的教学质量，同时教师培训的压力也不断增加。教师“教非所学”“身兼数职”现象突出，影响了教育教学质量和自身的专业成长。此外，教师培训体制机制不完善和教师自身发展动力不足等问题，也是影响教师队伍质量的重要问题。

农村中小学教师队伍建设政策保障方面存在的主要问题是激励补偿机制不足。相对于城区学校教师，农村教师属于奋斗在“艰苦工作岗位”上的“弱势群体”。虽有政府有对农村教师的经济补贴政策，但对教师艰苦工作岗位的激励补偿机制尚显不足，农村教师工资待遇还不够高，农村教师补贴金额所占工资的比例低，发挥不了预期的激励功能；生活工作不便利，在校时间长、家校距离远、无暇照顾家庭、就医困难，加之工作压力大，导致教师身心疲惫、职业倦怠、亚健康的状况较为普遍。

（三）市政府系统谋划

均衡发展与教育公平是北京市基础教育现代化发展进程中的核心问题，乡村教育相对薄弱，城乡之间、区域之间以及学校之间的教育发展不够平衡，一直是北京市致力解决的主要教育问题之一。北京市“十一五”“十二五”“十三五”时期的教育改革与发展规划，都对提高北京市乡村教育质量和提升乡村教师队伍素质提出了主要任务和保障措施。“十一五”和“十二五”期间，“农村教师素质提升计划”、免费培训乡镇以下农村中小学教师、发挥城镇教师资源、建立优势城镇支援农村教育制度等都陆续得以落实。

进入“十三五”开局之年，为贯彻落实国务院办公厅《支持计划》，采取切实有效措施加强北京市中小学乡村教师队伍建设，进一步缩小北京市城乡师资水平差距，让每名乡村孩子都能接受公平、有质量的教育，结合本市实际，北京市人民政府办公厅关于印发《北京市乡村教师支持计划(2015—2020 年)实施办法》的通知(京政办发〔2016〕8 号)于 2016 年 1 月 25 日下发。《实施办法》围绕提升乡村教师职业吸引力、完善乡村教师补充渠道、改善乡村教师资源配置，合理优化乡村教师队伍结构，完善乡村教师激励机制，提升乡村教师专业素养和师德水平等方面精准施策，促进“让乡村教师下得去、留得住、教得好”局面的形成。

为了全面落实《实施办法》提出的各项目标任务，务求落地生根、取得实效，北京市相关部门组建了多个调研组深入到十个远郊区乡村学校全面调研乡村教师队伍建设情况，准确诊断乡村教师队伍建设存在的主要问题，把准政策支持的着力点，2016年，多个部门先后联合印发了《北京市乡村教师岗位生活补助发放办法》《北京市乡村教师特岗计划（2016—2020年）》《北京市乡村教师素质提升计划》《北京市支持乡村学校发展若干意见》等配套文件，将《实施办法》的要求进一步明确化、具体化，有针对性地研究解决相关区（县）乡村教师支持计划过程中的困难和问题。①

二、《实施办法》的亮点

国务院办公厅《支持计划》发布后，大陆32个省、自治区、直辖市相继于2015年9月至2016年1月出台了本省、自治区、直辖市的相关实施办法。“这标志着中国乡村教育按下了‘底部攻坚’的快进键，也使得此前长期制约乡村教育发展的教师‘下不去、留不住、教不好’等痼疾有望破题。”②北京市虽然出台《实施办法》的时间相对较晚，但却有着自己的亮点。

（一）突出主线

《实施办法》包含六部分内容，除第一部分“总体要求”和第六部分“切实做好组织实施工作”外，其余四部分依次为全面提高乡村教师思想政治素质和师德水平、合理优化乡村教师队伍结构、大力提升乡村教师能力素质、积极完善乡村教师激励机制。这四部分可分为两条主线：一条主线是提升乡村教师的专业素质，或者也可以说促进教师的内涵发展；另一条主线是政策、机制引导的乡村教师队伍的环境建设。

1. 注重内涵：提升乡村教师专业素质

教师专业素质的构成大致分为三个方面：专业情意、专业知识和专业能力。专业情意包含教师对学生、对所教学科、对教育事业爱的情感，教师的理想抱负，教师的师德风范等内容。专业知识包含教师所应具备的一般的人文知识和科学知识、教育专业知识、学科专业知识等。专业能力则包含学习与研究能力、教育教学实践能力、与人交往和组织管理能力等。

在北京，虽然“乡（农）村教师素质提升计划”已经制订并实施了十年有

---

① 北京市教育委员会人事处：《精准施策，让乡村教师下得去、留得住、教得好》，《人民教育》，2016年第16期，第30—33页。

② 中国教育新闻网：《29个省份出台实施办法，乡村教育按下“快进键”》，http://www.jyb.cn/china/gnxw/201601/t20160107_648914.html。

余，但2016年出台的《北京市乡村教师素质提升计划》(简称《素质提升计划》)是与《实施办法》相配套的行动计划，明确指出乡村教师校长培训内容具体包括师德建设、教师和校长的专业标准、学科教学改革、招生考试制度改革等，着力提升乡村教师教育教学实践能力和综合素质。《素质提升计划》要求市、区、校三级培训要各有侧重，针对不同培训对象的不同培训需求，设计不同的培训项目，开展分层、分类培训。各级各类培训应本着优化课堂教学、促进自主学习的目标，从破解乡村优质教学资源不足和工学矛盾突出的难题入手，按照乡村教师的实际需求，采用灵活多样的培训方式，包括跟岗研修、送教下乡、网络研修、校本研修、学历提升、伙伴式研修和培训者访学等。并且，要按照实践培训基地与乡村学校数量1∶2或1∶3的比例，在全市范围内遴选、建设实践培训基地，同时进行培训平台与培训资源建设。

《素质提升计划》提出，根据市政府关于实施乡村教师支持计划的总体要求，把乡村教师素质提升纳入基本公共服务体系，保障经费投入，确保乡村教师培训时间和质量。

2. 关注环境：政策引导、机制保障

乡村教师队伍建设，需要有一定的条件与环境，其中的政策条件是第一位的。针对北京市乡村教师队伍总量超编而结构性缺编的实际情况，《实施办法》要求要创新乡村教师编制管理。乡村中小学教职工编制按照城市标准统一核定，其中村小学、教学点编制按照生师比和班师比相结合的方式核定。实行城乡中小学教职工编制区域统筹和动态管理，盘活师资存量，提高使用效益。通过逐年核销工勤和教辅人员编制、分类推进经营类事业单位转企改制、事业编制跨行业调剂、加大政府购买服务力度等途径，腾出编制优先用于乡村教师的统筹调配使用。通过调剂编制、加强人员配备等方式进一步向人口稀少的教学点、村小学倾斜，重点解决教师全覆盖问题，确保乡村学校开足开齐国家规定课程。同时，在拓展乡村教师补充渠道、推动城镇优秀教师向乡村学校流动机制上下功夫、出细则。

《实施办法》在积极完善乡村教师激励机制方面也有了力度大、可操作的举措，以确保《实施办法》能够落地生根。

(二)拓展补充渠道

1. 拓展新任教师的培养、补充渠道

补充新任教师是优化乡村教师队伍结构的根本举措，新教师的编制指标问题，可以在创新乡村教师编制管理方面得到较为有效的解决。但乡村地理位置偏远，经济相对落后，生活条件比较艰苦，优质教育资源匮乏等客观事实，使得以往远郊区县乡村学校招收优秀师范毕业生成为一种奢望。《实施办法》就拓展乡村教师补充渠道做了规定。

建立乡村学校师资缺口与师范院校招生计划联动机制，统筹调整市属高校招生计划结构，引导市属师范院校及相关学校增加师范生培养数量；探索首师大等四所高校实施学前教育与基础教育师资贯通培养项目，每年通过中招录取初中毕业生进行“高中—大专—本科”贯通培养约 1000 名教师，加大未来师资的储备。调整首师大招生指标结构，每年增加 100 个师范生招生指标，定向培养“一专多能”的乡村教师，就业 3 至 5 年后可定向免费直读教育硕士学位。① 同时，探索通过增设高等学校两年制教育硕士专业，定向培养乡村教师。

实施《北京市乡村教师特岗计划（2016—2020 年）》（简称《特岗计划》），每年面向北京地区全日制普通高等学校（不含独立学院）应届本科及以上学历毕业生，京外“211 工程”师范院校以及全国 24 所省属师范院校师范专业的应届本科及以上学历毕业生公开招聘 300 名左右紧缺学科乡村教师，非北京生源毕业生须符合北京市进京落户条件。依据《特岗计划》，北京市教委、北京市人力资源与社会保障局 2016 年 5 月发布了“2016 年北京市公开招聘乡村教师公告”，招聘范围为门头沟区、房山区、通州区、顺义区、昌平区、大兴区、怀柔区、密云区、延庆区等 9 个远郊区以及朝阳区、海淀区、丰台区的乡村中小学校。招聘音乐、体育、美术、思想品德、生物、地理、历史等紧缺学科教师 320 人。②

2. 推动优秀在职教师向乡村学校流动

全面推进义务教育教师队伍“区管校聘”管理体制改革，完善激励机制，不断健全绩效工资、职称评定、职务晋升等方面的倾斜政策，为推动城镇优秀教师到乡村学校任教提供制度保障。采取挂职交流、跨校竞聘、学区化管理、学校联盟、城乡一体化管理、对口支援、乡镇中心学校教师走教等途径和方式，重点引导优秀校长和骨干教师向乡村学校合理流动，并逐步实现制度化和常态化。区范围内重点推动城区学校教师到乡村学校交流轮岗，乡镇范围内重点推动乡镇中心学校教师到村小学、教学点交流轮岗。探索建立优秀教师跨校兼职制度，鼓励教师多劳多得、优绩优酬。

---

① 北京市教育委员会人事处：《精准施策，让乡村教师下得去、留得住、教得好》，《人民教育》，2016 年第 16 期，第 30—33 页。

② 北京市教育委员会、北京市人力资源和社会保障局：《北京市乡村教师特岗计划（2016—2020 年）》（京教人〔2016〕12 号）。

我们看到，北京市《实施办法》在推动优秀教师资源向乡村学校流动方面是一项继往开来的举措，早在“十一五”期间北京市就落实了每年选派1000名城镇优秀教师到农村任教，“十二五”期间推进了促进优秀教师在区域范围内合理流动制度的建立。但《实施办法》对推动优秀在职教师乡村学校流动的政策更为全面、更为合理，激励“流动”的措施更加有力度，而且“流动”的途径、方式也更加多样化。

（三）提高地位与待遇①

稳定乡村教师队伍、吸引优秀人才到乡村任教，最核心的问题是切实提高乡村教师的地位与待遇，逐步形成“越是山区、越是边远、越是艰苦，地位待遇越高”的激励机制以及充满活力的乡村教师使用机制。

1. 职称（职务）评聘和骨干教师评选向乡村学校倾斜

改革中小学教师职称制度，提高乡村学校教师高级职称（职务）的比例。《北京市支持乡村学校发展若干意见》（以下简称《乡村学校发展若干意见》）提出：乡村小学副高职称比例不低于10%，高、中级职称合计不低于75%；乡村中学副高职称比例不低于30%，高、中级职称合计不低于80%。进一步完善乡村教师职称（职务）评聘条例与办法，切实向乡村教师倾斜，如乡村教师评聘职称（职务）对外语成绩（外语教师除外）、论文发表等不做刚性要求，坚持育人为本，注重师德素养，注重教育教学工作业绩。相关区不得挤占乡村学校职称指标，实现区内城乡中小学教师职称（职务）和岗位结构比例总体平衡。

本市特级教师、学科教学带头人和骨干教师评选向乡村教师倾斜，以鼓励优秀教师到乡村从教。《乡村学校发展若干意见》明确提出为乡村学校设置市级骨干教师专项指标。在北京市市级骨干教师评选指标分配的基础上，为每一所乡村学校设置一名市级骨干教师专项指标，并进一步完善乡村学校市级骨干教师评选办法，保证每一所乡村学校至少有一名市级骨干教师。

2. 提高乡村教师生活待遇

建立市级财政对乡村教师岗位实施生活补助政策。北京市由教育部门举办的乡村普通中小学校共291所，占教育部门举办普通中小学校总数（1479所）的19.7%；另有乡村特殊教育学校5所（以下均简称“乡村学校”）。

---

① 北京市教育委员会人事处：《精准施策，让乡村教师下得去、留得住、教得好》，《人民教育》，2016年第16期，第30—33页。

《北京市乡村教师岗位生活补助发放办法》(以下简称《补助发放办法》)制定了差别化的乡村教师岗位生活补助标准，将有乡村学校的区划分为三大类：一类区有门头沟区、怀柔区、平谷区、密云区、延庆区、房山区、昌平区，乡村学校教师每人每月2100元；二类区包括通州区、顺义区、大兴区，乡村学校教师每人每月1900元；三类区含海淀区、朝阳区，乡村学校教师每人每月1800元。《北京市乡村教师岗位生活补助发放办法的补充办法》(以下简称《补助发放补充办法》)又将本市乡村教师支持计划的实施范围在乡村中小学教师的基础上，拓展到乡村和镇区的中小学及幼儿园教师。2016年，市级财政重点支持290所乡村中小学校和93所山区镇区中小学校。平原地区的镇区中小学校和乡村及镇区的幼儿园由区级财政支持。《补助发放补充办法》规定由市教委根据所有乡村和山区镇区中小学校距离北京城市中心的直线距离远近，将所有乡村和山区镇区学校划分为五大类，制定差别化的乡村和山区镇区教师岗位生活补助标准(见表9-1)，补助金额最低每人每月1400元，最高达到每人每月4000元。

表9-1　2016年乡村和山区镇区教师岗位生活补助标准(市级)①

类别	距离市中心的直线距离(km)	学校数(所)	教师数(人)	标准(元)
1	$d<30$	54	2969	1400
2	$30\leqslant d<50$	176	6831	1800
3	$50\leqslant d<70$	86	3579	2400
4	$70\leqslant d<90$	48	3103	3200
5	$90\leqslant d$	19	1007	4000
总计		383	17489	

对综合性院校毕业生和师范院校非师范生取得教师资格并到乡村学校任教的，满5年后给予4万元一次性补助。

积极支持在合适地点集中建设乡村教师周转宿舍，建立市级财政支持有关区为无房的乡村教师租赁周转房，帮助乡村教师解决住房困难。合理提高乡村教师伙食补贴，妥善解决山区乡村教师往返学校的交通问题，改善乡村教师生活。依法为乡村教师缴纳住房公积金和养老保险、医疗保险等各项社会保险费，并按照每人每年不低于800元的标准保障乡村教师享受一次免费常规体检，同时做好乡村教师重大疾病救助工作。建立乡村教

① 北京市教育委员会、北京市财政局：《北京市乡村教师岗位生活补助发放办法的补充办法》，2016年10月31日。

师子女享受本区优质教育的相关政策。

3. 建立乡村教师荣誉制度

建立乡村教师荣誉制度是为了大力倡导尊师重教的社会风气，努力提高乡村教师的社会地位。在教育部向任教满30年的乡村教师颁发荣誉证书的基础上，北京市教委、市政府对在乡村学校从教20年以上的教师颁发荣誉证书，各有关区对在乡村学校从教10年以上的教师建立相应的荣誉制度。在“北京市人民教师奖”和北京市优秀教师、先进工作者以及各有关区开展的相应评选表彰工作中，向乡村教师倾斜。

《乡村学校发展若干意见》指出要探索建立乡村教师物质奖励机制。鼓励和引导社会力量建立专项基金，对优秀乡村教师给予物质奖励，每年从在乡村学校任教满30年的乡村教师中评选出100名优秀乡村教师，从在乡村学校任教满20年的乡村教师中评选出200名优秀乡村教师，并给予一定的物质奖励。

4. 加大宣传力度

利用各类媒体诸如在报纸杂志、影像、媒体中广泛宣传乡村教师的先进事迹，宣传乡村教师坚守岗位、默默奉献的崇高精神，激励教师爱岗敬业，在全社会大力营造关心支持乡村教师和乡村教育的浓厚氛围。

（四）系列文件体现“精准”

2016年1月25日北京市政府办公厅颁布《实施办法》，继而北京市相关部门出台了一系列文件：4月28日，北京市教育委员会、北京市人力资源和社会保障局、北京市财政局关于印发《北京市乡村教师岗位生活补助发放办法》的通知；5月3日，北京市教育委员会、北京市人力资源和社会保障局关于印发《北京市乡村教师特岗计划（2016—2020年）》的通知；5月16日，北京市教育委员会关于印发《北京市乡村教师素质提升计划》的通知；6月8日，北京市教育委员会关于印发《关于进一步推进义务教育学校校长教师交流轮岗的指导意见》的通知；6月16日，北京市教育委员会、北京市人力资源和社会保障局、北京市财政局关于印发《北京市支持乡村学校发展若干意见》的通知；10月31日，北京市教育委员会、北京市财政局关于印发《北京市乡村教师岗位生活补助发放办法的补充办法》的通知。这些文件对《实施办法》的具体落实给出了较为详细的标准、意见和要求，进一步体现了施策的精准性。

2016年3月10日上午，北京市召开实施乡村教师支持计划动员部署会。时任市教委主任线联平通报了北京市实施乡村教师支持计划的主要支持政策，围绕“下得去、留得住、教得好”的工作目标，明确提出今后五年加强乡村教师队伍建设的8项主要举措，打出“组合拳”，力求多措并举，力求精准施策，力求标本兼治，全面加强乡村教师队伍建设，努力造就一支素质优良、结构合理、甘于奉献的乡村教师队伍，为率先实现首都教育现代化和义务教育优质均衡发展提供坚强有力的师资保障。时任市政府副秘书长马林指出，实施乡村教师支持计划，对于解决当前北京市乡村教师队伍建设领域存在的突出问题，吸引优秀人才到乡村学校任教，稳定乡村教师队伍，全面加强乡村教师队伍建设，带动和促进教师队伍整体水平提高，推动义务教育优质均衡发展，促进教育公平，全面提高教育质量，全面提升首都教育现代化发展水平，助推国际一流的和谐宜居之都建设同样具有十分重要的意义。市政府相关部门和各相关区政府要切实增强做好乡村教师工作的责任感和紧迫感，要在党委政府统一领导下，市区教育行政部门会同编制、发展改革、财政、人社、国土、规划、住建、农委和法制等部门按照职责分工主动履职，切实承担责任。要细化任务分工，分解工作责任，推进各部门密切配合，形成联动机制和工作合力。各有关区要明确推进工作的时间表、路线图、任务书、责任人、精细部署、周密安排，积极稳妥实施，全面落实《实施办法》提出的各项目标任务，务求落地生根、取得实效。① 至此，北京市乡村教师支持计划实施办法开始全面实施。

我们对直辖市教育委员会相关网站进行了查询，上海市在2015年12月21日出台了《上海市〈乡村教师支持计划(2015—2020)〉实施办法》之后，上海市教委于12月24日迅速公布了列入该支持计划实施办法的乡村学校名单②；继而上海市出台了倾斜政策优化义务教育学校教师队伍配置，其中有部分内容是针对农村教师和支持农村教育的教师的倾斜政策，例如，对市、区重点中学和高中教师申报中学高级教师职务，规定要有不少于一个学年的农村学校或初级中学教学经历；对在郊区支教1年以上并经受援单位考核合格，担任中级教师职务满4年的教师，可缩短1年申报评聘中学高级教师职务；对中心城区选派到本市郊区县农村中小学，或市属配套商品房基地教育公建配套学校的中学高级教师，可延长1—5年退休年龄等。③ 当然，这些倾斜政策也是在以往相关政策基础上的进一步加强。依

① 教育新闻：《北京市召开实施乡村教师支持计划动员部署会》，http://www.bjedu.gov.cn/jyzx/jyxw/201603/t20160315_8965.html。

② 上海市教育委员会：关于公布列入《上海市〈乡村教师支持计划(2015—2020年)〉实施办法》的乡村学校名单的通知，http://www.shmec.gov.cn/html/xxgk/201512/406092015003.php。

③ 教育新闻：《本市多措并举全面提升教师队伍素质》，http://www.shmec.gov.cn/html/article/201602/86266.php。

据《重庆市人民政府办公厅关于贯彻落实乡村教师支持计划(2015—2020年)的通知》，重庆市人民政府办公厅于2016年9月5日发布了《关于开展乡村教师支持计划实施情况专项督导的通知》，指出了专项督导的对象、内容、程序和实施。同时，“重庆市乡村教师支持计划实施情况专项督导指标体系”作为附件公布，指标体系分一级指标和二级指标及每一个维度的赋分、评分要点、评分依据与方式。其中，一级指标分为师资保证(50分)、投入保障(34分)、职称岗位(12分)、评优评先(4分)和附加指标5个维度，特别地，附加指标又分为“加分”和“一票否决”。① 可以看出，各省、自治区、直辖市对乡村教师支持计划的具体内容与落实举措都有一定的共同点，例如都在着力提升乡村教师思想政治素质和职业道德水平、提升乡村教师能力素质、加强乡村地区优质教师资源配置、职称(职务)评聘向乡村学校倾斜、推动城镇优秀教师向乡村学校流动等方面提出具体实施意见，也有针对本地区实际情况的一些特点。北京市陆续出台的确保《实施办法》落实的系列文件，以全面、系统、精准构成了北京市乡村教师支持计划的亮点，同时也是特点。

三、《实施办法》稳步落实的思考

北京市《实施办法》及其相关系列文件紧锣密鼓地出台，实施乡村教师支持计划动员部署会的召开，使得北京市乡村教师支持计划进入了实操阶段。一些对乡村教师实际的支持活动在展开：例如2016年2月19日，北京教育系统关工委、北京老教育工作者总会平谷支教启动仪式在平谷五中举行，签署《北京教育系统关工委、市老教总会、平谷区支教协议书》，正式启动为期三年的支教活动②。5月11日，时任市教委主任线联平赴大兴区视察了榆垡镇第一中心小学和榆垡镇中学，就农村中小学师资队伍建设等工作进行调研。一些政策文件开始生效：例如2016年8月1日起《乡村学校发展若干意见》开始实施，这意味着提高乡村学校教师高级职称比例、对优秀乡村教师的物质奖励开始落实。2016年的乡村教师岗位生活补助从2016年9月1日开始发放。但是，如何使《实施办法》能够扎实、稳步、有效地落实，还有待不断思考和探索。

---

① 重庆市人民政府办公厅：《关于开展乡村教师支持计划实施情况专项督导的通知》，http://www.cqjw.gov.cn/ltem/2i505.aspx。

② 北京教育系统关心下一代工作委员会：《北京教育系统关工委、市老教总会与平谷区教委签订支教协议》，http：//ggw.bjedu.gov.cn/。

（一）市区联动，增加效益

为落实国家层面的《乡村教师支持计划（2015—2020 年）》，北京市政府通过了《实施办法》，继而北京市教委、北京市人力资源和社会保障局、北京市财政局等部门或联合或独立发布了一系列推进落实《实施办法》的文件。《实施办法》在最后一部分内容“切实做好组织实施工作”中明确指出：“各有关区政府要进一步加强组织领导，把本办法实施工作列入重要议事日程，实行一把手负责制，细化任务分工，明确责任，切实把各项工作落到实处。”“各有关区政府要按照本实施办法并结合实际，进一步健全工作机制，制定乡村教师队伍建设实施细则，并于 2016 年 6 月底前报市教委备案，同时向社会公布，接受社会监督。”①但是我们却难觅区级层面的相关文件或落实举措。

为了解北京市各郊区在《实施办法》颁布后所采取的相应措施，我们于 2016 年 12 月对《实施办法》在北京市各郊区落实情况进行了初步调查，调查对象为部分北京市郊区负责教师培训部门相关人员，调查方式为自编问卷“关于《北京市乡村教师支持计划（2015—2020 年）实施办法》在北京市各郊区落实情况的调查”。问卷共含 12 个问题，其中 9 道为选择题，3 道为简答题。本次调查共发放问卷 40 份，收回有效问卷 32 份，32 份答卷人分布在 7 个郊区。

问卷统计结果显示，对题目“您对于北京市人民政府办公厅印发的《北京市乡村教师支持计划（2015—2020 年）实施办法》具体内容是否了解？”16 人选择“不太了解”，15 人选择“了解一些”，只有 1 人选择“比较了解”，没有人选择“十分了解”；对题目“您所在区对落实《北京市乡村教师支持计划（2015—2020 年）实施办法》是否有相应的区级文件作为保障？”16 人选择“没有”，12 人选择“不清楚”，4 人选择“有”；对题目“您所在区对于北京市教委等部门颁布的《北京市乡村教师岗位生活补助发放办法的补充办法》落实情况如何？”21 人选择“还没有落实”，9 人选择“不清楚”，只有 2 人选择“按计划逐步落实”，没有人选择“已经全部落实”。虽然，被试者对问题的回答并不一定能很准确地反映该区的实际情况，但却可以据此窥见郊区教育管理部门的部分人员对《支持计划》和《实施办法》并不了解的真实情况。

---

① 北京市人民政府办公厅：《北京市乡村教师支持计划（2015—2020 年）实施办法》（京政办发〔2016〕8 号），2016 年 1 月 25 日。

市区两级政府或相关部门对《实施办法》的思想和步调应该保持高度一致，如是，对乡村教师的支持计划才能具体落实并获得好的效益。

（二）多向协调，精准“扶贫”

1. 多部门协调，解决住房难题

调研中，对“您所在区的乡村教师面临的突出问题是什么？”18人认为是“住房问题”，认为是“工资问题”和“晋升问题”的分别有17人，也有人谈到了子女享受优质教育的问题。因此，住房压力大、工资水平低、晋升相对困难既是本次调研反映出的乡村教师面临的突出问题，也与以往我们了解的情况和其他研究的结果基本吻合。

住房、工资、晋升是关乎乡村教师“下得去、留得住、教得好”的关键问题，必须解决好。《实施办法》高度关注了这三个问题，《实施办法》及《补助发放办法》《乡村学校发展若干意见》等文件已经对解决乡村教师工资问题的生活补贴和解决晋升问题的倾斜政策有了较为明确、具体的意见。对于住房问题也指出：“支持有关区在本区的城区租赁周转房，由有关区政府采取多种方式提供周转房的房源，区教委制定周转房租赁与管理的具体实施办法，将周转房租给无房的乡村教师居住，帮助乡村教师解决住房困难。”①鉴于北京的地域特点，商品房价格居高，对于年轻教师特别是夫妻双方都为乡村教师的家庭，自己解决住房问题是个极大的困难。我们认为，仅是“租赁周转房”还不够，解决乡村教师住房问题的力度还应该加大，例如各个郊区在合适地段建设教师廉租房或带有补贴的经济适用房，保障教师居有定所，消除他们生活的后顾之忧，使他们安居乐教。市教委、市发展改革委、市财政局、市编办、市人力社保局、市国土局、市规划委、市住房城乡建设委、市农委等相关部门要横向协调好，使市区两级相关部门配合尽快出台更为细致的解决乡村教师住房问题的细则并具体落实，不能让乡村教师在住房问题上“画饼充饥”。

外省市一些经验值得我们借鉴，如安徽省从2015年起将农村教师住房全面纳入全省保障性住房建设范围。通过农村教师公共租赁住房建设，逐步解决农村教师的“住房难”问题。为此，安徽省教育厅与安徽省住建厅2015年联合印发《关于将农村教师住房纳入保障性住房建设的通知》，决定

① 北京市教育委员会、北京市人力资源和社会保障局、北京市财政局：《北京市支持乡村学校发展若干意见》（京教人〔2016〕17号），2016年6月28日。

将农村教师住房全面纳入全省保障性住房建设范围，通过农村教师公共租赁住房建设，逐步解决农村教师的“住房难”问题。[①]

2. 市区校协调，给教师适当减负

《实施办法》和《素质提升计划》都指出，把乡村教师素质提升纳入基本公共服务体系，保障经费投入。《素质提升计划》的主要内容是针对乡村教师的师德建设与实践能力和综合素质提升，对不同培训对象的不同需求，设计并实施不同的培训项目。但通过对在职教师培训工作的经验显示，教师培训中工学矛盾问题如果不解决，培训效果将大打折扣。显然，乡村教师的培训，因为培训资源匮乏、地域偏远、交通不便等问题，远郊区的教师到市里参加一次培训活动，往返路上所花费的时间就长达5—6个小时，加之工作负担重，工学矛盾的问题则更加突出。对此，北京市教委等相关部门积极开发优秀资源的远程教育培训，建设教师专业发展网站，开发互动的网上培训课程，利用远程教学、数字化课程等信息技术手段，实施“开放型实践活动”，开发各方面资源组织送培训、送教到郊区、乡村学校，在破解乡村优质教学资源不足和乡村教师培训中的工学矛盾问题方面做了大量工作。即便如此，乡村教师如果想亲临城市优秀教师的课堂教学实践，想参加市里举办的专业学术活动，想走到城区、走出北京开阔眼界，想有更多的时间静静地阅读和思考，那么，工学矛盾依然会很突出。因此，市区校三级应协力、协调，给乡村教师适当减负，使他们在一定的时间内能有更多的时间和精力投入到专业培训中去，以切实提高专业素质水平。

3. 区校大学联动，培养优秀乡村教师

创新模式培养“本土化”师资，是多个省市都在探索的问题，如江西省早在2007年就开始实施“定向培养农村中小学(幼儿园)教师计划”[②]，以确保乡村教师“下得去”。北京市《实施办法》也提出要积极探索乡村教师培养的联动机制。这种联动机制需要郊区教育行政部门、乡村学校和师范大学建立经常性的联系与实质性的合作，而不是仅仅靠招生指标来协调。培养什么样的乡村教师、每年培养多少乡村教师，需要培养方——师范大学和需求方——郊区乡村学校双方共同研究决定，需要从全市层面统筹谋划可行的政策支持。

---

① 教育厅发展规划处：《安徽省启动农村教师公租房建设工作　逐步缓解农村教师“住房难”问题》，新华网，2015年4月10日。

② 徐光明：《下得去 配得齐 留得住 教得好——江西省加强乡村教师队伍建设纪实》，《江西教育》，2016年第Z1期，第20页。

有学者认为："乡村教师首先需要有乡村情怀，这种乡村情怀不是对乡村的一种同情和怜悯，而是一种发自内心的热爱和感激，犹如我们对自己的祖国和民族。乡村教师还要融入乡村文化，适应乡村生活才能以此为家，才能潜心于乡村教育并以此为业。""乡村教师除了有'扎根乡村'做乡村教师的愿望，还要具备'素质优良'的做乡村教师能力，即具有扎实的专业知识功底，深厚的乡村文化底蕴，娴熟的乡村课堂教学技能，宽广的国内国际视野和朴实的乡村道德情操。"生于斯长于斯的人在家乡工作是件很幸福的事情，"培养乡村教师，应该到乡村本土选拔，定向培育，养成乡村的教育情怀，培养他们返乡终身从事乡村教育的意志、定力和决心"。[①]因此，师范大学定向培养"一专多能"的乡村教师，也应该将"乡村情怀"和"乡村文化"教育纳入乡村教师专业素养培养中，确实培养出"下得去、留得住"的优秀乡村教师。

（三）加大宣传力度，营造社会环境

《实施办法》要求"广泛宣传乡村教师坚守岗位、默默奉献的崇高精神，在全社会大力营造关心支持乡村教师和乡村教育的浓厚氛围"。[②] 这是重要的宣传内容，使全社会对乡村教师群体的精神追求、工作状态都有很好的了解，但仅此还不够。

作为北京市教育发展的重要战略，北京市政府、北京市教委等相关部门对乡村教师队伍建设、乡村教师的专业发展、乡村教师工作条件和生活条件的改善、乡村教师的荣誉与社会地位的支持有总体的要求和具体的行动计划。这些计划有的已经开始实施，有的还在商讨酝酿中；有的已经初见成效，有的即将显现出成效。所有这些应该在教育内部和全社会给予广泛宣传，使城区、郊区城镇、乡村教师对此有细致的了解，使教育行政部门的领导和工作人员对此有全面的理解，使师范生在校学习期间对此有较好的领悟，使全社会对政府提高乡村教师的社会地位和专业发展水平的决心与行动有很好的了解和期待。如此，才能有更多的有志青年渴望加入教师队伍特别是成为乡村教师队伍中的一员，社会人士才能更广泛地关注、

① 田恒平：《乡村教师培养与补充的现实路径思考》，《教师教育研究》，2016年第3期，第30—35页。

② 北京市人民政府办公厅：《北京市乡村教师支持计划(2015—2020年)实施办法》(京政办发〔2016〕8号)，2016年1月25日。

敬佩和热爱乡村教师。乡村教师才能真正成为支撑起农村优质教育的可靠专业力量。

（张景斌　党姗　辛晴）

专题十　中考改革的政策行动、内涵及影响

教育制度变革是一项协同工程，任何一项单一的制度变革如果缺乏其他外部制度的支撑，不仅无法长期存续，就是短时期内的政策效力都不能得到保证。中考制度不仅仅是一项单一的监控评价机制，它还是义务教育阶段与高中教育的衔接与过渡。这一特质既决定了中考改革作为诸多制度链条中的重要一环，对其相连接的不同教育制度的实施起到重要的影响作用，也决定了它必然是社会公众关注和情感关切的关键领域。随着新课程改革走向深水区，作为监控与调节改革进程的评价方案改革成为当下教育领域关注的焦点，各地方为此开展了诸多有益的探索。近年来，北京市结合自身地域优势和特点，开展了一系列以中考改革为主要内容的评价方式改革，在地方教育改革探索中独树一帜。

一、中考改革的系列行动与制度创新

（一）系统设计，政策超前，领先全国中考改革

自2011年全日制义务教育各个学科的课程标准颁布以来，北京市以考试评价改革为杠杆，不断促进教育发展。2013年10月21日，北京教育考试院发布了《2014—2016年中考中招框架方案（征求意见稿）》，从整体上统筹安排了三年中考改革的方向和举措。2015年12月18日，北京市教育委员会下发了《北京市教育委员会关于本市中考中招与初中教学改进工作的通知》，从考试科目和分值、考试内容与形式、考试时间、考试招生方式等方面对2016年中考做出了详细的指导，同时为当下初中教学改革指明了前进的方向。2016年4月7日，北京市正式公布《北京市关于深化考试招生制度改革的实施方案》，依据此方案，2018年起实施的新中考，文化课考试科目将从现在的5门变成9门，除语文、数学、外语、体育必考外，考生还可从历史、地理、思想品德、物理、生物（化学）几个科目中选考3

门，选考科目考试成绩将按比例折算计入中考总成绩，允许考生有了扬长避短的选择。

2016年7月5日，北京市教委下发《关于加强和改进初中学生综合素质评价工作的实施意见(试行)》，要求在2018年中考制度的基础上，将综合素质纳入中考评价之中，并将评价结果作为初中升学的重要参考和依据。两个多月后，2016年9月18日，教育部下发了《教育部关于进一步推进高中阶段学校考试招生制度改革的指导意见》，要求各省级教育行政部门要加强对本地区改革的统筹规划，进一步明确任务和要求，制定实施意见，2017年8月底前报教育部备案，约在2020年左右形成基于初中学业水平考试成绩、结合综合素质评价的高中阶段学校考试招生录取模式和规范有序、监督有力的管理机制。

可见，北京市中考改革所秉持的理念精神及做法与全国中招中考改革的方向完全契合，只是起步更早，政策超前，行动领先一步。

(二)政策调整刚性趋大，自上而下态势明显

虽然北京市中考制度改革在文件数量上呈现出密集态势，在改革的内容关联上似乎环环相扣、步步为营，但实际上，这种中考改革倒可以折射出决策者既有按照社会现实变化进行适度制度调整的需求，更有不得不顾及权衡多方利益以及揣度高层变革意志的复杂心理。随着时间节点的变化，完全可以看出中考制度的变化实际上存在着一个转折点。在考试内容的组合比例上做些微调，实际上是一种很容易模糊处理的制度安排，它的效用很容易被夸大，而其实际的效用则弹性很大，完全可以在命题、阅卷，甚至招录环节进行灵活处理。但考试形式与录取方式的变化，无疑是一种更加刚性的政策变化，政策的回旋余地都会明显变小，这就需要决策者的更大决心与意志。(见表10-1)

表10-1　2014—2016年北京市中考改革文件颁布情况

文件名称	文件主要内容	下发时间	实施时间
《2014—2016年中考中招改革框架方案》(征求意见稿)	调整中考学科设置、分值比重、命题内容。突出考查学科基本思想和基本方法，突出考查主干知识和核心能力，注重试题素材与生活实践的紧密结合，注重灵活运用所学知识解决生活中简单的实际问题的能力。	2013年10月21日	2014—2016年中考

续表

文件名称	文件主要内容	下发时间	实施时间
《北京市关于深化考试招生制度改革的实施方案》	文化课考试科目将从现在的5门变成9门，除语文、数学、外语、体育必考外，考生还可从其他科目中选考3门。选考科目考试成绩将按比例折算计入中考总成绩，允许考生扬长避短。	2016年4月7日	2018年中考
《关于加强和改进初中学生综合素质评价工作的实施意见（试行）》	将综合素质纳入中考评价之中，并将评价结果作为初中升学的重要参考和依据。	2016年7月5日	2019年中考
《教育部关于进一步推进高中阶段学校考试招生制度改革指导意见》	各省级教育行政部门要加强对本地区改革的统筹规划，进一步明确任务和要求，制定实施意见。	2016年9月18日	约2020年中考

从上表可以看出，北京市中考改革除了在时间安排上比较紧凑之外，还在内容上逐步推进，从2014年中考开始，调整各科目的考试内容，推动教学的变革；2018年中考开始，设置了学生对考试科目的多种选择，引导学生发挥自己的学习优势；2019年中考开始，将学生学习的过程性评价纳入中招评价体系之中；2020年左右，全国范围内初步形成基于初中学业水平考试成绩、结合综合素质评价的高中阶段学校考试招生录取模式。北京市中考改革措施频举的背后，是教育行政部门对中考改革的步步推进，学生参加的中考正实现着由确定的考试内容、单一的中考成绩评价到可选择的考试内容、综合素质评价的变化。然而，这离最终走向开放、自主的中考改革仍有一段较长的道路要走，因为真正有效的中考制度变革并非决策者一己之力所能完成，也不是教育考试院一个机构的作为，它需要各个高中阶段学校以及义务教育阶段学校的共同配合。为什么不能给予学校更大的招考权利，实际上也反映出决策者对当前学校现实的信心不足。而且，只是强调自上而下的政策落实，有时又容易导致学校教育的机械遵从，或者只是满足于如何借助新规则下的博弈手段而获取机会与利益，容易催生各类短视的应试策略。

二、中考改革的均衡化追求与政策分析

在当前中国的教育政策话语中，均衡与质量一直都是最重要的核心语汇。对于均衡而言，其背景来源于公共服务的均等化，这要求作为公共事业重要组成部分的基础教育资源配置也应该力求做到公平均衡。在北京市下发的中考改革文件中，“教育公平”“教育均衡”是被提到最多的关键词，也是北京市中考改革的重点内容。尽管北京市整体教育质量在稳步提升，但由于民众对优质教育的需求增大、优质教育资源分布不均而引起的择校热、学区房等一系列问题依然存在，教育行政部门在近年的改革中把促进公平作为教育发展的重要任务，为此，制定了一些市级统筹教育资源的措施。

（一）名额分配的硬着陆与搭便车

名额分配是指把示范高中、优质高中的招生名额分配到普通校的做法，是一种旨在促进教育均衡发展的举措。2013 年北京市示范高中的名额分配比例大约为 15％，2014 年名额分配的比例提高至 30％，参与名额分配的高中将不仅是“示范高中”，而且还包括一些新兴的“优质高中”，30％录取名额不是仅分配给薄弱初中，而是在所有初中里进行分配，指标到校，每所初中的录取比例相同，同年开始“名额分配”单独录取，且只能选择本区县范围内优质高中的普通班。2015 年名额分配比例再次提高至 40％，16 个区县内的 83 所优质高中招生总计划的 40％都将分配到区域内所有初中；录取方式上，在提前招生和统一招生两个批次中间，增加“名额分配”录取批次；新增设由中职学校、高职学校或者本科院校招收初中毕业生，经过七到八年的培养，学业合格以后就可以直接获得本科学历的“高端技术技能人才贯通培养（15＋2）试验项目”，计划招生名额总计为 2190 个。2016 年名额分配比例再次提高至 50％，并且增加了报考“名额分配”的学生中考成绩必须达到 500 分以上（含 500 分）；继续实施“高端技术技能人才贯通培养（5＋2）试验项目”，计划招生 7852 人。可以看出，名额分配比例逐年上升，在区县范围内统筹优质教育资源，既保留了优质高中初中部的发展，又增加了一般初中校学生进入优质高中的机会。

这里需要注意到两个现象。

第一个现象是名额分配比例逐年增加的事实。那么，如何能够做到既确保大比例增加名额分配，又能够不使高中示范校的生源质量受到影响

呢？实际上，这很难做到。这一政策如果持续实施，最终的结果必然是通过高中学校生源状况的相对均等化，而使得原有的高中学校地位等级发生变化。但是，这一政策的隐性功能则给初中学校带来了深刻影响。第一，名额分配直接颠覆原来的学校利益结构配置，它是初中学校原来地位悬殊的不均衡态势的硬着陆方式。第二，要注意到它并非是一种来自于学校自身教育改革的正向强化，而是带来很大的偶然性外部际遇，这种外部归因，并不利于学校的持续发展。第三，它对原来具有较高声誉和较高教育教学质量传统的学校带来的损伤非常严重，一方面，其原来积累的许多经验一下无法在此适用，另一方面，在名额分配上的不利地位，会加剧这种状态所带来的损伤。设置了500分的分数线便是对这种可能损伤的弥补与适当保护，实际上，这里隐含着一种矛盾，如果为了500分的分数线而无法保证50%的名额实现，那么究竟应该保哪一头呢？如果强调分数，那么可能就会降低政策本身的调整力度，而如果强调50%的名额实现，可能就不能保证质量。这二者之间的矛盾恰好是当前深化教育体制改革过程中所遭遇的最核心矛盾。

第二个现象是贯通培养，这个政策表面上看似乎是中招政策的一项创新，实则只是职业教育在中考改革中的搭便车行为，是为高中阶段学校长期存在的招生环节不均衡状态提供的一次直接调节、干预的机会。但是这种直接调节、干预并未触及到高中阶段学校招生形势不均衡的根本问题，因此也不可能真正改变职业教育的实际境遇。在所有改革政策中，也许只有这一项最不会引发矛盾。虽然它对政府的资金投入有一定的要求，但这种资金投入也只是在职业教育原有经费预算的配比份额之内，所以不会引发过多的影响。作为这种贯通培养的直接获益者，各相关职业学校自然乐见其成，它既可以带来直接的资金支持，也隐含着带来相对优质生源的可能性。当然，目前没有研究可以支持这种贯通培养能够带来生源质量的质的变化。因为这一政策的受益群体相对固定，也会为社会上相对弱势的人群子女创造较为便利的贯通式受教育机会，同时也与将来的就业建立起较强的关联性，以适应社会较低阶层人群追求稳定的择业观念，所以自然具备较强的合法性。而对于中考格局中的大多数普通高中来讲，它们基本上没有影响到其生源结构，所以不会引发任何异议。

（二）市级统筹背后的配置与要约

在名额分配政策的基础上，为了进一步促进教育机会公平，中招计划为学生提供了更多的选择和升学途径，北京市建立市级优质高中教育资源统筹工作机制（以下简称“市级统筹”），其中有三种方式：“统筹一”是指十所优质高中（五中、汇文，四中、实验、二附、八中、师大附，人大附、北大附、101中学）的跨区县招生计划，把招生计划分配到除东城、西城、海淀三个区之外的各区县所有初中，每所初中可得到一个名额。“统筹二”是指部分优质高中新建或扩建校区或城乡一体化学校的招生计划。这些优质高中新校区招收的部分学生由学校与艺术院校进行联合培养，高中毕业后艺术素养考核合格者，经高考可以申请进入市属高校的“双培”及“外培”计划。“统筹三”是由优质普通高中拿出部分计划与艺术院校合作，进行零起点艺术教育，学生在高中本校上课，经过三年艺术素养学习后，毕业后经高考可进入“双培”及“外培”计划。以上三种途径为学生升入高中提供了多种选择，特别是为有跨区就读打算的学生开辟了一条绿色通道，激发了北京市范围内教育资源的流动与活力。

这里所谓的统筹实际上只是名额分配与贯通政策的变种。不同的是，这里名额分配的实施主体是一些具有较高实力与办学声誉的学校。第一，名额只有一位，相对有利于招生学校对生源质量的监控。第二，地域上排除了东城区、西城区、海淀区，一方面是出于北京整体的布局均衡，另一方面也限制了东城、西城、海淀之间所存在的竞争态势。第三，这里有推荐的性质，对于初中学校的办学行为有一定的依赖性。但换个角度讲，如果初中学校能够推荐最佳的生源，那么，这一项政策的实际价值就等于零，因为从最一般的均衡分布原理上讲，最佳的生源原本便可以通过统一考试本身进入最好的学校群里。而如果初中学校不能推荐最佳生源，那么，这一项政策本身又违反了通常人们所认识的质量与公平准则。

而这里的贯通政策只局限于艺术专业的培养，它相当于职业教育的贯通培养。但是它们所针对的受益主体不同，这也反映出北京都市社会人口阶层结构的特征。正是受益人群的不同，人们对教育方式、教育年限、教育地域、教育内容都会有一些差异。同时，也为现在城乡接合部新建学校提供了一条较为便捷的办学道路。由于艺术素养培育基本上脱离了对当前与未来艺术人才就业市场的限制，因此，它的办学方向相对较为松散，教育目标也往往并不是特别明确。

称其为统筹，只是强调了跨越区域的界限，是在整个北京层面的城乡统筹、区际统筹、一所优质高中的不同校区统筹。统筹强调的是资源的配置以及相关规则之间的协调，但从中考政策的核心要素来讲，它只是招生名额分配的办法以及高中阶段教育内容与方式的要约。

（三）“校额到校”的政策疏漏与逆向激励

2016 年 5 月，北京教育考试院发布了《关于做好 2016 年优质高中招生计划定向分配到初中校工作的通知》，通知明确：今年本市中招的名额分配批次将增加“校额到校”的招生方式。校额到校是指针对 2015 年中招升入优质高中比例低于 30％的一般公办初中，采用定向分配到校的方式补足名额到 30％，属于补齐名额。通过校额到校录取的考生总分需达到 500 分，考生填报志愿时每个志愿学校可填两个专业①。录取时，校额到校志愿也会与名额分配和市级统筹同期进行。

这也是一种名额分配的变种，是一种补偿性的追加分配。这种补偿性有两个含义，一是对分配不足的补偿，另一个则是因为是对上一年度招生考试中相对弱势学校的特殊政策，所以是对相对弱势学校的追加补偿。还有一种补偿性理解，是否可以理解为是对那些在初中三年中表现并不太出色的学生的一次机会补偿。因为这种补偿性有一定的动态特征，其补偿力度会与上一年度有所变化。另外，这一政策的文本本身有年度限制，并不为以后的中考制度提供任何承诺，但基于招考政策的稳定性要求，人们一般认为这种政策会被自动延续、参照执行。

从优点上看，一些初中学校的中考成绩制约着生源质量，而生源质量又影响其中考表现，因此，往往陷于这样的恶性循环而无力自拔，而这一政策则可以起到强硬的干预作用，可以给一些有发展愿望的弱校以希望。其缺点则在于这种补偿政策实际上是对教育绩效进行逆向奖励，如果没有额外的监控手段与其他条件限制，那么就极有可能会造成让广大的初中学校不知所从的局面。因此，政策规定了 500 分这一条分数线，类似一种不完全的等级分制度。

然而，我们依然可以对这条不完全的等级分数线提出质疑：第一，目前我们还难以知道这个分数线是怎么推算出来的。它是现有满分总分的百分之多少，还是用其他方式计算得出的合理分值？因为缺少对学生整体的估值，也没有其他等级作为支撑，这个分值与等级之间的关系，就容易显得有较强的随意性与经验特征。第二，如果处于这个分数线以上的学生基本上就能够代表优质高中学生的一般水平，那么，是否可以用更加简单的方法，把所有 500 分以上的学生进行等级评分，并予以对应性高中进行等

① 高中的专业是指在一所学校中依据不同的标准设置的录取指标，比如，有的学校设置寄宿生和非寄宿生两个录取专业，有的学校设置普通班和特色实验班两个录取专业等。

级配置呢？第三，因为这种等级分数的赋值并不全面，只是局限于少数初中学校，那么由这一等级分数的赋值所带来的利益也就只归于这些少数学校的毕业生，这是否会构成一种不公？这里至少应该考虑到从理论上讲，绝大多数初中学生都是依照就近入学原则进入到各个初中学校，而这一政策预先设定的所谓优质学校与弱势学校没有客观政策依据，而且也容易忽视了教育影响因素的多样性与复杂性。第四，这一政策对于一些发展意愿强烈、发展态势良好的初中学校却没有任何助益，因为它们往往不是那些需要追加补偿的学校。它们已经利用自身的教育教学改革优势，实现了30%的足额目标。因此，对于这些学校来讲，这一政策没有任何激励作用，反倒容易使他们感受到不公平，因为政策的利好可以轻巧抵消他们付诸很大努力的专业行动。

表 10-2　2016 年北京市部分校额到校名额(石景山区)①

初中学校代码及学校名称 \ 招生学校名称(学校代码)			合计	四中(102001)	八中(102002)	师大附中(102013)	师大二附中(102014)	实验中学(102015)	九中(107001)	首都师范大学附属苹果园中学(107002)	十一学校(108008)	京源学校(207003)	北京景山学校远洋分校(207004)
石景山区	0703	石景山中学	1						1				
	0709	北京教科院附属石景山实验学校	2							1	1		
	0710	古城中学初中部	10	1	1	1	1		1	1	1	2	1
	0712	同文中学	3	1				1					1
	0714	北方工业大学附属中学	1								1		

从表 10-2 来看，以 2016 年古城中学初中部校额到校名额为例，只要有 10 人中考成绩达到 500 分，且自愿填报“校额到校”志愿，那么，10 人均可以被优质高中录取，而同等的分数在统一招生时也许并不一定能被优

① 北京市教育考试院：《北京市高级中等学校招生简章(2016 年)》，《北京考试报·中招特刊》，2016 年 5 月 12 日。

质高中录取。可以看出，“校额到校”比“名额分配”更能直接体现北京市在学生升入优质高中机会均等方面采取的措施，政策上保证了每一所初中校至少有30%的学生能升入优质高中校。这种政策将学校之间的差异用一种校内竞争的方式加以补偿，一定程度上遏制了优质高中被优质初中学校的学生继续大面积占领的态势，同时也能刺激享受校额到校的学生与学校不断提升自我实力，以求实现与优质高中的顺利衔接。从优质高中的角度来看，通过校额到校方式被录取的学生之间因初中校的差异而呈现出较大的差异，因此，这也是各高中在组织教学时需要重点关注的学情。

与其他政策不同，中招政策实际上是在不断地强调学校与学校的差别，它既通过北京市教委明确提出北京市优质高中学校的称呼与名单，也在政策执行的过程中告诉社会，初中学校哪些是优质初中，哪些是较薄弱的初中，只不过给予的激励办法是完全逆向的。如果在政策上“保证每一所初中校30%以上的学生升入优质高中学校”，那么必须注意，每所初中校的30%并非是每所初中学校的前30%，更不是北京初中校毕业群体的前30%。淡化选拔的色彩，但实际上无法改变中考本身的选拔事实，这就只能让一些隶属于最后一个30%和第二个30%而不属于第一个30%的学生无奈地面对这种人为设计的政策本身的不严密性。

三、中考改革的综合化导向与政策分析

北京市中考改革在考试内容上做出了巨大调整，更加注重考查学生的综合素质发展情况。从2018年起，中考考试科目和分值调整为语文、数学、外语、历史、地理、思想品德、物理、生物(化学)、体育9门课程。中考满分为580分(不含加减分)，其中，语文、数学、外语试卷的总分值均为100分，外语试卷的分值中包括60分的卷面考试成绩与40分的听力、口语考试成绩，听力、口语与统考笔试分离，学生有两次考试机会。物理(含开放性科学实践活动10分)、生物(化学)(含开放性科学实践活动10分)、历史(含综合社会实践活动10分)、地理(含综合社会实践活动10分)、思想品德(含综合社会实践活动10分)5门考试科目原始分满分均为100分(见表10-3)。学生可以选择其中三个科目参加考试，物理、生物、化学须至少选择一门。(见表10-4)，所选三科成绩，由高到低分别按照100%、80%、60%的系数折算为实际分数，即：三科折算后实际满分分别为100分、80分和60分。体育成绩为40分，其中现场考试30分，过程性考核10分。学生需要学习9门课程，每门课程都需要完成学业水平

考试。①

表 10-3　2018 年中考考试内容与分值分布②

科目调整 3 必考＋3 选考＋体育

类别	科目	分值	
必考	必考 3 门	语文	100 分
		数学	100 分
		英语	100 分(其中 60 分为笔试成绩，只能考一次；40 分为听力＋口语，可考两次)
		体育	40 分
选考 5 门选 3 门	两门中选择 1 门或 2 门	物理	100 分(含开放性科学实践活动 10 分)
		生物(化学)	100 分(生物与化学合卷考试，含开放性科学实践活动 10 分)
	三门中选择 1 门或 2 门	历史	100 分(含综合社会实践活动 10 分)
		地理	100 分(含综合社会实践活动 10 分)
		思想品德	100 分(含综合社会实践活动 10 分)
总分		580 分	

表 10-4　2018 年中考考试内容选择情况③

9 种科目组合发挥特长

各类	必考 3 门	选考 1	选考 2	选考 3
1	语文、数学、英语	物理	生物(化学)	历史
2		物理	生物(化学)	地理
3		物理	生物(化学)	思想品德
4		物理	历史	地理
5		物理	历史	思想品德
6		物理	地理	思想品德
7		化学(生物)	历史	地理
8		化学(生物)	历史	思想品德
9		化学(生物)	地理	思想品德

① 牛伟坤：《北京新中考 2018 年开始》，《北京晚报》，2017 年 4 月 7 日。

② 牛伟坤：《北京新中考 2018 年开始》，《北京晚报》，2017 年 4 月 7 日。

③ 牛伟坤：《北京新中考 2018 年开始》，《北京晚报》，2017 年 4 月 7 日。

从价值追求上看，这一举措至少反映出：第一，它与基础教育课程改革增加选择性的取向完全对应，也与强调课程的实践取向与活动取向一致。第二，为了强调课程选择性与个性培养的价值，允许学生对成绩进行不同分值的赋比，这是一个为了凸显政策工具调整价值的举措，也是对更高层级的结果公平价值的追求。第三，通过设置可选择的考试内容，让学生从“学宽”到“考宽”，在接触的众多学科中选择自己擅长的科目，真正做到了中考为学生发挥优势学科搭建了平台；许多考试科目中增加了10分的过程性实践活动内容，进一步加强了对学生实践能力的考查。然而，从内涵分析上看，这一举措则隐含着较强的技术考量。

(一)科目值差与双重选择

学生在选考过程中实际上存在着双重选择。一是5门课程选3门参考，二是3门选考课程的梯次成绩赋比，比值恒定，为5∶4∶3。第一重选择是学生做出的人为选择，第二重选择是基于学生成绩表现做出的自然选择，具有一定的偶然性。通过折算，在5门课程中，学生实际上等于选择了自己相对优势的2.4门课参加考试。这里就需要核算一下，在义务教育阶段的课时分配中，语数外与这5门课程之间的课时配置是否也是3∶2.4的比例。如果是，可以说明两者在对于课程之间关系的认知上具有内在的一致性。如果不是，就可以进一步研究这种差异背后的原因是什么，哪一种配比才比较合理，是否会因为中考选拔机制的原因影响到这种科目配比等，因此它们的合理性本身就存在着差异。

(二)设定必选与赋值均衡

单从科学科目上考量，物理和化学两门课必选其一，则其分值占比则可能会有三种不同类型。如果对各种可能参考类型的科学课程进行折算，那么科学课程在选考中的比例可能会占1.8门课、1.6门课、1.4门课、1门课、0.8门课、0.6门课。这里，除了在2门都选与只选1门之间存在着较大差异外，其他的类型则呈现等差序列。因此，在实际操作上，1.4门课的可能性极小。也就是说，通过理论上模拟分析，我们可以将科学科目选考大致分为两种类型，一种类型是偏理型，科学科目占比区间在1.8—1.4之间；另一种类型是偏文型，科学科目占比区间在1—0.6之间。将这一数值区间与5门科目2.4进行比较可知，偏理型，理科科目占比区间在1—0.6之间，而偏文型，文科科目占比区间则在1.8—1.4之间。然而，这样的模拟配值只有在获得真实的学生选考数据支持才有意义。

（三）激励分值及其适宜度

相比于此前的固定内容和评价方式，新的中考成绩折算方式力求体现出学生综合素质的发展情况。学生中考成绩一定的情况下，按照不同科目的折算方式，可以呈现出较大的差异。比如，5 位学生的 3 门得分都是 240 分，折合后却呈现出差别。可知，这里实际上存在着一种由科目分阶赋值所带来的激励分值。初中三年在引导学生全面体验课程，注重全面学习与发展的同时，还应该倡导并鼓励学生的个性化成长，在中考改革中允许并激励他们能够发挥个性特长。这个成绩换算便可以呈现出学生现有学力的结构性差异，这是一种激励学科有优势分化、而不是让各学科成绩停留于中低水平均衡的举措。其中显示出来的最后有效成绩最高可以差出 12 分。（具体计算见表 10-5）这 12 分完全可以看成是一种激励分值。然而，12 分在 240 分中的比值是否合理，是否可以恰切地反映出个性发展的价值，激励分值的合适程度，以及激励方向的合宜程度，这些都是今后中考改革进一步研究分析的重要内容。

表 10-5　2018 年中考考试成绩折合示例①

分值折算有讲究

考生	原始分（满分 300 分）			原始总分	100%	80%	60%	折合总分
小明	80	80	80	240	80	64	48	192
小红	90	80	70	240	90	64	42	196
小刚	100	80	60	240	100	64	36	200
小丽	100	90	50	240	100	72	30	202
小贝	100	100	40	240	100	80	24	204

（四）调节性分值及其占比

虽然综合实践活动占分、体育占分都具有较强的政策调节意义，不一定非要进行更为准确的计量学估值，但是它们的分值与中考满分分值之间的比例也是一个可以探讨的话题。

① 牛伟坤：《北京新中考 2018 年开始》，《北京晚报》，2017 年 4 月 7 日。

（五）综合素质评价的分值换算及其悖谬

2016 年 8 月 5 日开始实施的《北京市初中综合素质评价工作实施意见》，要求学校从思想道德、学业水平、身心健康、艺术素养、社会实践和个性发展等 6 个方面客观记录学生的表现，综合素质评价记录结果纳入中考评价，也将作为初中升学的重要参考和依据。2019 年中考，部分学生的中考成绩将按照考试成绩的 70%与综合素质评价成绩的 30%合算而成，充分体现了中考对学生过程性表现与综合素质的重视。就目前来看，3∶7 比例的合理性还缺乏探讨，也缺少具体的政策执行设计。因为对综合素质评价进行成绩折算本身就有极大的难度，加上再把考试成绩与综合素质评价成绩进行配比换算，实际上是对两者客观性的同时消解。既不相信考试成绩对于学生综合素质的反映，也不相信综合素质评价成绩本身的客观性。因此，这注定只是一种暂时性、象征性的政策方向表述，它会在今后的实际操作中不断被调整、具体化。

综上可知，在中考科目与分值系统的选择上，实际上一直存在着基础性与选择性、学科知识与实践知识、身体智能与心理智能、综合评价与考试检测之间的一再权衡。这里不仅反映出决策者对于基础教育课程体系内在规律的思考，也反映出教育考试本身亟待进一步开展更加纵深的专门探究与专业化开掘。

四、中考命题改革的适配功能与独立价值

由于中考结果直接影响到学生高中学习的机会获得，中考命题改革的内容变化常常会对初中学校的课程设置与课堂教学发挥指挥棒的影响力，因此，它也就常常被教育改革者用以维护、支持或巩固他们在课程改革与教学改革中所获得的一些成果，有时还会被他们用以传递各种他们所信奉或要强调的价值信念或知识信条。2016 年的中考命题改革便宣称有重点体现“三个注重”和“四个考出来”。“三个注重”即注重选作题的设计、注重阅读考查、注重实验探究的考查。“四个考出来”即继续坚持把社会主义核心价值观和优秀传统文化考出来；把学生的课堂表现考出来；把学生 9 年学习的基础和积累考出来；把学生从社会大课堂所学考出来。[①]“三个注重”强调了课程学习中的选择性、实践性、探究性以及学生的基础能力，“四

① 安京京：《2016 年中考，7 项改革促进教育均衡》，《北京考试报》，2016 年 12 月 19 日。

个考出来”则完全把这些年北京市基础教育领域的倡导与创举都坚定地纳入中考内容之中。

（一）社会化大课堂：区分课程评价与中考评测

变革学生的学习内容和学习方式是北京市中考改革的一个重要特征，实际上只是它的一项副功能。为了更充分地利用北京市丰富的文化、物质资源，发挥首都地区的地缘优势，北京市教育行政部门鼓励学校、社会机构积极开发校内外课程资源，丰富初中学生的学习内容，同时提倡学校组织开展社会大课堂学习、学科实践活动等内容。

可以看出来，中考改革政策的独立性与适配性之间存在着一定的矛盾。这里也有一定的无奈，不同的教育改革政策因为对人们的实际利益之间的影响效力不同，其被执行的力度也往往不同。因此，考试政策往往会被用来作为配合其他教育改革措施执行的支持动力。这里一定要注意到教育考试本身的规律与独立的使命。作为筛选机制，往往要对学生现有学力与潜在学力进行充分的发掘与发现，而作为衔接机制与关联机制，往往需要对学生未来学习所需要的基础结构进行衡量与判断。在筛选与衔接的过程中，应该充分考虑并尊重学生在义务教育阶段学习经验的重要性。然而，如果在考试过程中只是简单地重复检视学生对初中课程内容的把握程度，包括具有首都教育特征的课程内容的把握程度，这就容易混淆课程评价与中考制度本身的差异。

当然，政策的导向作用并非不可以在中考改革中充分体现出来，但只是不需要用一种机械地直接添加要素的简单方式来进行，而是需要细化对中考体制本身的研究，将学生现有学力、潜在学力与未来学习的基础结构进行有机整合，从而系统化思考中考功能的制度设计，就自然会把学生在初中教育过程中的各种有益经验充分纳入它们应有的测评价值位阶之中。

（二）学科生活化：教学改进与中考效能的相逢

2014 年 10 月 27 日，在北京市教育委员会下发的《北京市中小学语文学科教学改进意见》《北京市中小学英语学科教学改进意见》《北京市初中科学类学科教学改进意见》中曾提到要“加强学科教学内容与社会、自然的联系，让学生学习鲜活的知识和技能。在语文写作教学中指导学生表达真情实感，用‘微写作’形式解决实际问题。在英语教学中加大听说练习比重，为学生提供外籍教师辅导等。学校要组织学生走出校门，中小学校各学科平均应有不低于10%的课时用于开展校内外综合实践活动课程”。“物理、化学学科将学生初中三年参与开放性科学实践活动的成绩纳入中考考试评价体系。”突出强调了学习同自然社会生活之间建立起的密切联系，在2015年及以后的中考命题中，集中反映了这一明显的导向。比如，在物理学科的命题中出现了用物理原理和知识解释国家科技馆中展品的相关现象，在语文学科的命题中出现了用语言文字解决生活情境中的真实问题。这一导向将学生学习的空间由校内引到校外，乃至整个社会之中，学生由抽象的理论学习到在具体生活实践中学习，追求学生学习过程和结果的有效性、完整性。

如果说这是一种对义务教育阶段学科教学政策的主动适配，倒不如说是中考制度及其改革的专业研究的结果，是二者在学力研究领域的相逢，而非迎合。因为抽象的、简单的知识识记并非现有学力的有效表征，也很难构成未来学习的基础结构，而在生活情境中被充分激发的学科知识以及隐藏其后的学科思维品质，才正是学生未来学习的最有力保障。按理说，这更是中考所应该关注的内容，也充分反映出高中阶段学校的利益需求，正是这一迫切需求，成为今天义务教育学科教学改革的内在推动力。

(三)小初高衔接：中考独立性与全部学力评估

北京市中考改革在小学、初中、高中衔接中做出了有益的探索，使学生在不同学段的学习生活得以贯穿连接，形成对一生发展有用的核心素养。在中考试题命制过程中，命题人有意将小学的相关知识加入中考之中，考查学生义务教育阶段九年的积累，保证学生合格完成课程标准规定的要求，较快适应高中的学习生活。在小初高衔接上，北京市中考考试内容有意摒弃机械记忆、反复训练获得的死知识，更加注重学生能力和思维的发展；重视过程性的评价与记录，为高中招生提供更多可参考的评价方式，进而为高考改革的铺开打下坚实的基础。比如，在北京市语文中考试题中，将简单常用的汉字笔顺纳入考试之中，突出强调学生语文基础的掌握情况，也渗透着一些开放性的赏析与评价，注重考查抽象思维与创新能力，这与高中学段所倡导的“语言建构与运用、思维发展与提升、审美鉴赏与创造、文化传承与理解”的语文核心素养步调一致。

这便是中考的独立性表征，它有别于初中教育的直接评价，是对学生学力的评判，是对学生前期累积的全部学力进行评估。有意地将小学知识以更加灵活的方式进行检测，一是力求对学力进行准确判定，需要在一个较为鲜活的语境中才能获得，二是提防规避初中学校为了迎考而复习小学知识，从而造成初中教育资源的浪费，以及学生的无谓重复学习，有悖学生发展规律。

五、中考改革的涟漪效应与主体行为

从某种意义上讲，北京市中考改革行动既是对原有高中教育资源分配机制的再设计、重装与规则重写，也是对初中阶段学校教育质量及基本教学形态的重新评估与再洗牌。因此，它必然也必将在不断自我变革的同时，变革着相关主体的教育形态与行为特征，形成独特而复杂的涟漪景观。

（一）学生：个性化优势选择中的机遇与困境

在新的北京市中考改革政策的影响下，学生能够体验到丰富多彩的课程内容，不仅有列入学校课表内的课程，还有许多学校组织的校外综合实践类课程，在诸多的学习体验中，学生能找到自己的兴趣爱好，开拓思维，进而发展自身的能力。同时，从2015年开始，将思想品德、地理、历史、生物纳入2018年中考科目，学生需要在这些科目考核中取得“合格”，并可选择地计入中考成绩，这一变化将引起学生、教师、家长对此前认为是“副科”的重视，有利于促进学生在多个领域的全面发展。

新中考方案越来越重视对学生动手能力的考查。方案中规定，物理、生物(化学)、历史、地理、思想品德5门考试科目都各包含10分开放性社会实践活动分数。2015年秋季学期共有约43万人次学生参加初中开放性科学实践活动。2016年春季学期自3月17日正式实施，已经有3万余名初一学生来到高校、科研院所、企业等社会资源单位进行科学动手实践。开放性科学实践活动在这个学期共有1009个活动项目供学生选择，渗透物理、化学、生物等学科知识，含电子与控制、健康与安全、自然与环境等六大领域。

北京市中考改革的推进，特别是中考科目的可选择以及计分方式的变化，让学生在升学路径上有了更多的选择，学生也无须拘泥于自己不擅长的科目，可以将更多的精力投向自己感兴趣的内容之中，这种独特的选择必然会带动学生个性化的发展。北京市教委相关负责人表示，新中考方案尊重学生的个性化发展，让学生有更多的学习选择，学生不必为自己的弱项诚惶诚恐，每个学生都有好的一面以及优势的展示机会。[①] 另外，伴随着综合素质评价的改革，中招也更加注重对学生学习成长过程的评价记录，特别是将综合素质评价结果纳入中考成绩之中，每个学生在思想道德、学业水平、艺术素养、身心健康、社会实践、个性发展6个方面参与的活动不同、参与相同活动时的表现不尽相同，最终导致学生的学习结果也会有鲜明的个性化特征。

中考评价面的拓宽以及对学生个性化发展的激励，在其对学生生活的实际影响中，有时也会带来其他后果。据反映，在北京市中考改革的驱动下，学生在校学习的时间被部分引进课程、实践活动所瓜分，学生在每天丰富的课程安排之中显得异常忙碌，他们既要完成学校课程布置的各项任务，又要踊跃参与其他活动，就像一位班主任描述的："现在怎么感觉见不到学生的面了，他们一天到晚都有课。"为了突出自己在中考中的优势学科，学生会在课余时间选择为自己的优势课程充电学习或发展自己的专业特长。一部分人由此认为学生的学业负担非但没有减轻，反而加重了。

北京市中考改革通过市级统筹、名额分配、校额到校等宏观调控政策使得一般初中校的学生有了上优质高中的机会，在教育均衡的探索中迈出了一大步，与此同时，也有人开始质疑这些政策对部分学生发展的促进作用。比如，校额到校的名额比例提升至50%后，一个中等学习水平的学生在一所一般初中校升入优质高中的概率要大于在优质初中校升入优质高中，这就引起一部分家长的疑惑：应不应该将孩子送往一般初中校就读？这种政策能否利于促进中间水平学生的全面进步与发展？这些都是需要在改革实践中解答的问题。

（二）教师：综合度与难度调整带来的专业挑战

从2014年开始，北京市中考试题就在考试内容和难度系数上发生了变化，开始显露出北京市教育改革的端倪。作为一种自上而下的"倒逼"式改革，教师需要急切地调整教学内容，革新教学组织形式，以适应当下的改革形势。比如，2014年10月，北京市教委下发了《北京市中小学语文学科教学改进意见》《北京市中小学英语学科教学改进意见》《北京市初中科学类学科教学改进意见》（以下简称《改进意见》），语文、英语、科学三个学科根据《改进意见》迅速组织研讨、交流，调整教学，并在当年的中考命题中

---

① 《2018年北京市中考改革方案正式出台》，http：//chuzhong.eol.cn/beijing/bjzc/201604/t20160407_1384383.shtml。

加以体现。2018年、2019年中考内容和分值的调整，历史、地理、思想品德、生物(化学)等四门学科的加入，此前教师所习惯的教学组织体系被打破，教师的教学经验面临着失灵的危险境地，由教学时间压缩、学生学习专注力的调整引起的问题十分明显，教师不得不重新建构本学科的教学体系，提高教学的效率。

由于中考改革在考试内容上更加贴近于生活，倒逼着中小学教学内容和组织形式也发生变革，教师需要为学生在生活实践中学习提供机会，所以教师在课堂教学中会调整教学方式，在语文、英语、历史等学科中增加活动环节，在物理、化学、生物等学科中增加实验探究活动；各学科作业中也增加了与生活情境相结合的内容。北京市龙潭中学刘丽烨认为，教师要引导学生到社会课堂中去学习，鼓励学生到教室学校外面去实践，积累自己的综合实践能力①。这些是在校内由教师主导的教学变革，体现了学校教师在顺应中考改革中做出的努力。

在教师适应改革发展的过程中，教师的专业性面临着严峻的挑战。首先，由于学生对课程具有可选择性，教师需要应对来自于学生对学科专业知识的挑战，为了加强自身的专业性，教师要做一个不断学习、参加培训、积极实践的学习者。其次，教师需要将改革的要求融入自己的教学经验之中，重新建构实践知识体系，在这一过程中，中青年教师往往能够顺利过渡，老教师在适应改革中表现出不予理睬或片面化理解等问题，需要通过系统培训予以引导纠正。再次，教师不仅需要重新认识中考的基本要求，还需要在情感和态度上有更多投入。

按照北京市教育委员会副主任李奕介绍，新中考的试题更注重考查学生的思维能力，考查学生对九年基础知识的掌握能力，而非做题的能力；试题的变化是要引导教学的走向，使得今后学校的课堂教学更加聚焦思维方法的培养，而不是简单地让学生做难题。“新一轮的改革更加强调的是‘用知识’而不是‘背知识’。”“那些靠刷题、靠死记硬背的学生在这种变革中估计是要吃些亏了。”因此，这是一个洗牌的过程，但不是对过去简单的颠覆，而是“去产能”。② 可见，当前的中考改革必然引发了从学习到评价的一系列课程变革，并对教师的专业发展提出了很高的要求。

---

① 安京京：《从“教宽”“考宽”到“学宽” 北京中考改革激活学校教改》，《北京考试报》，2016年4月9日。

② 樊未晨：《从今年高考试题，看北京中高考改革趋势》，《中国青年报》，2016年8月15日。

(三)学校：课程重组、教学调整与管理多样化

北京市中考改革自上而下的推进，倒逼着中小学教育教学管理方式发生着变革，影响学校的发展已经不再是中考成绩的高低这个单一要素，而是学校三年的整体规划能力、学校组织学生开展活动的能力、学校改革的应变能力等一系列综合要素。由于学校的文化特色、师资队伍、管理水平等不尽相同，在中考改革中做出的变化调整程度往往既各有特点，也存在着一些共同的做法。

2016 年 9 月入学的学生参加实践活动的情况将纳入中考评价之中，这无疑会引起学校对学生实践活动的重视，在实践活动的数量和质量上有新的变化。为了满足学生在博物馆、抗日战争纪念馆、科技馆等社会大课堂学习的需要，学校在每学期会投入大量的人力、物力、财力开展学生综合实践活动，活动数量有明显的增加。这一变化一方面是由于各学科必须开展课时 10%的学科实践活动，这一部分学习内容是改革文件所要求的内容；另一方面是因为学校在育人观念上也有了转变，在实践活动中学生所获得的知识与技能是学校课堂教育无法提供的，也是中考考试中加以考查的。怀柔三中张金星校长介绍，怀柔三中已经尝试将课堂教学活动延伸到了校园、操场、实验室、图书馆、阅览室、社区、科技馆、博物馆等地方，让学生在动手实践中体验学习①。此外，作为学校的上级指导部门，北京市教委、各区县教委、各区县学生活动指导中心也会组织各学校的学生开展实践活动。经过多个主体组织的实践活动，学生在校参加的实践活动数量明显增加，实践活动成了学生学习的一条重要途径。

中考改革直接打破了学校原有的课程结构，也对各校近年来逐步形成的校本课程体系产生了较大影响。各学科拿出 10%的课时开展学科实践活动，鼓励开设辩论社、戏剧社等社团，2018 年中考科目中增加历史、地理、思想品德、生物(化学)，使得已经饱和的学校课程必须做减法，在各种课程背后力量的角逐之下，很难做出兼顾各方利益的课程安排。而学校的课程领导力是学校生存发展的基础，所以合理安排好学校的课程成为中考改革背景下学校课程管理最具有挑战性的急事。

在教育发展过程中，越来越多的教育管理者发现：教师是教育质量提升的重要保证。在北京市中考改革政策频举的大背景下，教师作为贯彻与

---

① 安京京：《从“教宽”“考宽”到“学宽”　北京中考改革激活学校教改》，《北京考试报》，2016 年 4 月 9 日。

落实改革的重要主体，接受了来自于多方面的培训。一种是按教师所从事的学科开展专业发展培训，如各区县教研员组织开展的以落实中考改革政策为主要内容的教研活动，能够帮助教师实现自己在本专业的改革发展，这种培训基本上每周1次，教师参与度较高。一种是由学校组织发起的校本类培训活动，学校往往会邀请一些对中考改革解读较全面的专家为教师做专题报告，以阐明改革的形式和主要任务，学校也会在常规的培训与检查之中突出改革发展的需要，通过这种指导与实践相结合的形式让教师在思想认识上明晰改革的方向，在日常实践中有比较规范的做法，这种校本培训每学期至少会有2—3次。教师通过接受培训，业务能力有了较大的提升，心理上和能力上已经完全胜任改革的需要了。

北京市中考改革政策频举，导致2014年、2015年、2016年入学的初中生所推行的考核评价方式都不一样，一所学校中会出现初中三个年级的学生在所选择的课程、学习方式、评价内容等方面都不相同，学校的学生管理又无现有的经验可借鉴，基本处于一种“摸着石头过河”的实践探索之中。为了适应改革的需要，学校管理也在不断进行优化调整，正以一种操作性强、效率高的管理制度来应对改革带来的挑战。比如，北京市第八十中学实验学校温榆河分校的做法：改变以往年级组组长由班主任兼任的现状，将年级组组长从班主任中分离出来，除了承担必要的教学工作之外，专门负责本年级的教育教学工作。这就意味着年级组组长可以有比之前更多的时间来开展年级学生问题的处理与班主任工作的指导，以此提升其效率。

（苏尚锋　王维维）

专题十一　“全面二孩”政策对学校的挑战：基于教师的理解

2015年10月，中央提出全面实施“一个夫妻可生育两个孩子”政策(以下简称“全面二孩”政策)，替代了“单独二孩”政策，全面进入了人口可持续发展的新常态。2016年作为政策实施的元年，对于学校来说，虽然已有部分影响发生，更多的则是“观望”和“预测”：一方面，对政策的理解存在多样性和多种误区，对于未来教育人口规模的预期以及教育资源配套之间的协调发展，社会关注较多，特别是在教育领域，关于入学、师资、教育资源投入、教育布局等方面的关注有所提升；另一方面，多子女教育问题、育龄教师产假、福利待遇问题、对教师、家庭、学校、社会都产生了不同程度的影响。因此，在此时探讨教师对“全面二孩”的理解和学校应对具有“未雨绸缪”的意义。

本项研究试图通过对北京市一线校长、教师的态度和认知的调查，了解学校围绕“全面二孩”政策面临的新问题，以及一些学校已经采取的应对策略，为“全面二孩”政策实施后学校的可能性教育变化提供一线信息，为北京市基础教育发展提供一些建议。

本项研究采用问卷调查法，在文献、舆情分析的基础上，编写了教师问卷，调查内容包括：教师对“全面二孩”政策的理解；“全面二孩”政策对教师的影响，对学校的影响；对教育教学和师生关系的影响。依托问卷星平台，调查对象是北京市中小学教师，一共回收了293份有效调查问卷，采用SPSS17.0进行统计分析。此外，调研还对部分调研学校的校长、干部进行了半结构式单独访谈或教师群体访谈，以分析了解他们对于政策实施后的学校应对和面临的困难以及背后的原因。

一、师资队伍波动的不确定性

(一)教师暂时性短缺与长期临聘需求

教师队伍建设是一个长期的过程，需要一定周期的培养、发展和调整。调研情况反映出北京市师资队伍仍然存在区域间不均衡、结构性不缺编而事实性缺编等突出问题。二孩政策对教师的影响，长期来看，也需要教师队伍的慢慢吸收和调整。目前对学校层面的影响还不是太大，但随着时间的推移，二孩出生率会逐步提高。从教师队伍发展来看，三年后首先受到影响的是幼儿教育，其次是小学教育，必然引起教师队伍的问题凸显，通过调研发现，问题主要集中在以下几点。

1. 二孩政策会引起教师队伍的暂时性短缺

这种暂时性短缺反映在适龄教师集中怀孕、休产假带来的教师无法到岗、请假频繁以及休超长产假等带来的教师突然紧缺。在访谈中，有校长提到，由于老师备孕并未提前告知，学校已经按照工作量排课，但突然某天教师请假，往往面临第二天就无人上课的问题，特别是一些高龄女教师。校长如是说，“某老师想要孩子很多年了，突然有了，那就一定不能够影响人家”。还有的老师，由于有流产风险，则早早地休产假，学校只能采取一些临时补救措施，比如通过请实习生顶岗或者是请外聘教师等方法来应急。此外，也有一些教师，由于对家庭和自身生活质量的重视，在调研的北京某所示范高中，刚刚工作三年的小 L 老师，刚刚怀孕后就请假到南方老家去保胎。特别是如果出现了请假集中的情况，则面临某个学科没有老师可以分担教学任务的问题，在访谈中，有一位农村学校校长说出了他的苦恼和无奈：“这学期，突然化学组所有的女老师都怀孕了，没有老师能上课，我这是真没办法啊!”

2. 二孩政策会使教师队伍面临临时性人员的长期需求

通过调查来看，北京市教师队伍中选择要二孩的教师占有相当高的比例，并且这一比例会长期保持增长。也就意味着在教师队伍结构中，势必需要保持一定比例的“临时性”教师顶岗，以解决教师休产假所带来的暂时性缺岗问题。

在调研中，受访的一线教师，直接说明了“全面二孩”政策出台后，身边教师生育二孩的情况。“你校已经生育(含怀孕)二孩的教师人数(男女教师都算)的比例大概是多少?”在此问题调查中，有 67.92%的教师认为身边约有“等于或低于 5%”的教师已经生育了二孩，约有 32.08%的教师认为教师生育二孩的比例“高于 5%”。根据对北京市延庆区和门头沟区的几所中等规模学校的实地调研显示，学校正在怀孕二孩的教师约有 6—9 人，约占教师总人数的 10%。而在新闻报道中，外地生育二孩意愿教师的数量远远多于这一北京教师生育意愿的比例。例如，山东省临沂十二中目前共有 222 名教职工，其中 75%为女教师，共有 76 名女教师正在备孕，也就是说准备生孩子的女教师占到女教师总数的一半。[①] 算下来这一比例竟然达到了惊人的34%。这一比较，让我们看到了北京地区二孩政策带来的教师缺编问题或许在未来便会出现像其他地区那样特别严重的问题，从长期来看，教师集中生育二孩所带来的师资紧张问题会慢慢凸显出来。

在不同年龄段的教师对待二孩政策的看法上，青年和老年教师更有危机感，均认为二孩教师会越来越多。“你认为‘全面二孩’政策的实施，是否会带来教师孕育二孩人数的增加?”在这一题中，“45岁—55岁”的老师认为会增加的可能多于其他年龄段的老师；“你认为‘二孩’政策会对教育领域产生哪些影响?”而在这一题中，年纪越大的老师认为二孩政策会带来学校数量的显著增加；而年龄段位于两头的老师，也就是年轻的(25岁以下)及年长的(45岁及以上)老师，均认为该项政策会带来二孩教师数量的显著增加(见表11-1)。

表11-1　不同年龄段教师对“二孩”政策的看法差异

题目(选项)	年龄段	人数	均值	标准差	均方	F值
你认为“全面二孩”政策的实施，是否会带来教师孕育二孩人数的增加?	25岁以下	16	2.38	0.619	1.910	4.615**
	26岁—34岁	57	2.79	0.647		
	35岁—44岁	154	2.68	0.635		
	45岁—55岁	61	3.02	0.645		
	56岁以上	5	2.60	0.894		
你认为“二孩”政策会对教育领域产生哪些影响?(学校数量的增加)	25岁以下	16	0.44	0.512	1.229	5.434***
	26岁—34岁	57	0.37	0.487		
	35岁—44岁	154	0.31	0.465		
	45岁—55岁	61	0.57	0.499		
	56岁以上	5	1.00	0.000		
你认为“二孩”政策会对教育领域产生哪些影响?(教师数量增加)	25岁以下	16	0.50	0.516	1.094	4.795**
	26岁—34岁	57	0.42	0.498		
	35岁—44岁	154	0.29	0.456		
	45岁—55岁	61	0.59	0.496		
	56岁以上	5	0.60	0.548		

显著水平：** $p<0.01$；*** $p<0.001$

① 金成远：《中学76名女教师扎堆生猴宝宝　愁死校长》，http：//china.ynet.com/3.1/1602/29/10954498.html，2016年2月29日。

(二)城乡教师选择差异及区域应对

在北京地区，教师在区域间的流动不多，在区域内的流动尽管有一些，但也不多。由于教师职业的特点加上教师编制结构的限制，往往“一个萝卜一个坑”，如果有教师休产假，必然需要有其他教师顶岗。从应对政策来看，北京市各区县普遍采取了一定的“前瞻性”举措来解决师资不均衡及教师缺岗的问题，例如通过引入名校办分校、集团化办学、新建和改扩建学校办学规模，“盟贯带”等、学区制、九年一贯和完全中学等方式，一方面深入拓展优质教育资源的均衡发展，另一方面为应对可能带来的“婴儿潮”做好准备，储备一些“富余”教师，以备不时之需。

由于区域人口压力的不同和教育布局与均衡发展的需求不同，应对的策略则有所不同。在调查中显示，城乡、农村教师的生育意愿、家庭收入情况，影响着区域内教师由于生育原因带来的缺岗问题的严重程度。调查问卷显示，在“你认为哪些因素会影响家庭要二孩的选择”的问答中，高达92.15%的教师认为“家庭经济情况”影响是否生二孩的选择；而“工作情况”“老人帮衬”也超过了70%，这一结果印证了教师作为社会人，同样面临着工作、经济和家庭的多重压力。此外，“家里大宝的态度”“多孩教育的优势”“家庭传统观念”“周边人的影响”也在一定程度上(比例在25%—30%之间)影响着家庭二孩的决策。

而城市教师的生育意愿显然受到生活压力的影响，明显低于农村和城镇。在对教师认为“全面二孩”政策对教师工作生活产生影响的方面，超过40%的选项依次为“教师工作压力加大”(62.12%)、“教师的家庭问题增多”(60.07%)、“多子女教育问题在学校教育中的反映”(55.97%)、“家校合作问题增多”(43.69%)，这一结果，反映了教师对自身教育教学工作状态可能会改变的关注，以及工作量增大的普遍共识。在访谈中，有教师提到，在城里有房子的教师，才敢要二孩，这也正反映了北京这样的特大城市其住房、生活压力对教师的影响。

无论怎样，未来十年期间，北京市都会出现人口生育高峰的集中入学问题，将面临增加、重组、整合义务教育资源和制定新人口形势下义务教育规划的问题。

二、学生规模扩容的可能性

（一）学校办学规模与班级扩容、师资增多

近些年，由于区域教育资源与人口发展规模的不均衡，已经让一些地区受到了人口生育高峰的影响，非京籍孩子的借读已经给北京有限的教育资源带来了资源紧张问题。在对"全面二孩"政策会对学校办学规模带来哪些影响的调查中，被调查教师们普遍认为，班额增大、教师数量不足、教室数量不够、生均学校教育面积减少等问题最为突出，比例高达46％—66％以上。

表 11-2 "你认为'全面二孩'政策会对学校的办学规模带来哪些影响？"调查统计结果

选项	小计(人)	所占比例
班额增大	196	66.89％
教师数量不足	185	63.14％
教室数量不够	154	52.56％
生均学校教育面积减少	136	46.42％
学位不足	108	36.86％
生均学校教育经费减少	74	25.26％
借读生比例减少	30	10.24％

在访谈调查中，不少校长们提及由于学生数量的增长，带来了学校资源紧张的问题，"专业教室都改为了上课教室""专任教师数量不够，只能找其他老师代课""（小学）班额已经最大，教室里孩子已经排到了后墙小柜子下了，每个班都是满额45人，难以再塞进一位学生"。教师则指出，"目前每个班都是满满的，老师原本在教室后面的办公桌也没了地方，只好挪到了教室的前面，如果未来几年再增加学生，真不知道坐哪里"。这样的担心已经可以从各区教育部门采取的如增加学校数量、班级增容、学区制改革、合作办学等多种具体举措来解决即将到来的入学人口高峰中看到，但对于"全面二孩"时代的到来，目前各区还没有拿出具体的政策，因此做好区域内人口规模与分布的分析显得尤为重要。

(二)“二孩”生源规模的跳跃式增长预期

从2014年的“单独二孩”到2016年的“全面二孩”，人口政策在短时间内的密集调整，使得人们对学龄人口的预期产生了较大的变化，同时，也对北京市教育资源能否满足未来人口发展规模和速度的需要产生了疑问。

有人口学家指出，北京市启动“单独二孩”政策，将仅仅在短期内导致一个生育小高峰，长期来看总体影响并不大，也并不会因此引起人口过度堆积的现象。[①] 但这一个人口数量的突然“跳高”，可能带来的教育影响不容忽视。

从数量来看，有学者使用2010年第六次人口普查的年龄数据，结合“全面二孩”政策，对2016—2025年各省学前至高中阶段的学龄人口进行了预测，发现：尽管全国义务教育阶段(6岁—14岁)学龄人口会从1.46亿逐步降低至1.31亿，降幅3.67%，但北京市学龄人口会有不同程度的增加，义务教育阶段会从2016年的119.24万人，增加到2025年的约199.64万人，增加16.54%；北京市高中阶段会从2016年的29.78万人缓慢波动增加到2025年的41.77万人，增幅17.95%。[②]从入学人数来看，有学者估计，预计2019年出生人口达到24万人，此后会稳步下降。未来十年中，北京市小学生入学人数将在现有的17万人基础上逐年增加，最终稳定在25万—30万人。[③] 由此可见，北京市学龄人口将会持续增长。

这样的持续增长趋势，受调查的教师也有同样的直观感受，在“你认为现阶段实施二孩政策是否会带来学生入学难问题”的调查中，有37.54%的教师认为会带来入学难的问题，但也有23.89%的教师认为不会带来入学难的问题，还有38.23%的教师认为不一定，这些观点一方面反映了教师对即将带来的人口压力问题的认识，另一方面也反映了对教育政策调整和学校规模数量增加的信心，以及教师对未来学生数量增长的不确定性。

这一数据结果背后的原因，在质性访谈中得到了佐证。有一次在对某区一所普通小学干部的访谈中，一位副校长指出，近些年，北京由于借读生的剧烈增加，早已经开始了对学校数量和规模的调整，而随着北京市人

---

① 钱露：《“单独二孩”政策对北京义务教育发展战略的影响》，《经营管理者》，2015年第17期，第131页。

② 赵佳音：《“全面二孩”政策背景下全国及各省市学龄人口预测——2016至2025年学前到高中阶段》，《教育与经济》，2016年第4期，第64—69，91页。

③ 李国华、毛绍光、谢应明、王颖喆：《2015年—2025年北京市小学生入学人数预测与分析》，《数学的实践与认识》，2015年第8期，第206—215页。

口疏解政策的大力实施，京籍生源的增长和借读生源的减少可以抵消一部分，但长期来看，学生数量还是呈现不断增长的问题，特别是六年以后，面临的首次二孩生育小高峰的集中入学，小学必然面对教育资源不足、师资紧张等问题。

三、学校关系结构的复合性

（一）凸显男女教师比例高度失调

在我国学校师资性别结构中，女教师所占比例一直偏高，加之传统上女教师55岁退休，更新周期比男教师短，而新入职教师中女教师比例较大，因此中小学学校适龄、适育女教师比例较大。根据《2014—2015学年度北京市教育事业发展统计概况》数据显示，北京市小学阶段专任教师有56870人，其中，40岁以下教师有35721人，女教师有45705人，女教师占全体教师的80%；普通中学专任教师有53607人，其中，40岁以下教师有30556人，女教师有39409人，女教师占全体教师的73%。[①]

在调研中，女教师的生育比例尽管低于社会平均数，但在教师群体比例中仍旧很高。前文中提到，在对“你校已经生育（含怀孕）二孩的教师人数（男女教师都算）的比例大概是多少?”的调查显示，34.12%的教师所感知到学校生育二孩的教师约有3%—5%，这一比例与社会调查的基础数据相比，虽然低于其他网络调查中社会生育意愿人群的比例，但对于师资结构严重失调的教师队伍来说，这一比例仍旧需要引起关注。教师的生育意愿可能与女教师面临的工作、家庭压力有关。在“全面二孩”政策对教师个人影响的调查中，“你认为‘全面二孩’政策的实施，是否会带来教师孕育二孩人数的增加?”有58.7%的教师认为“有一些增长”，还有29.01%的教师认为“不一定”，这反映了教师群体对教师生育二孩的意愿存在保守观望的态度，由于现在政策的不确定性，教师的生育人数在未来有可能会集中释放。

（二）校内师资调节的无奈与无力

从国家制定的学校编制结构政策来看，学校的师资结构受到师生比的

① 李继君、赵艳国：《“二孩时代”来临 学校咋应对》，http：//58.128.228.214/epaper/xdjyb/2015/11/11/A01/story/293990.shtml.，2015年11月11日。

限制，没有“冗余”的师资储备。目前，北京市中小学教师普遍坐班，教师课时比例大，加上午休、放学后一小时的时间，教师基本上全天都需要在班里“盯着”，每时每刻都离不开人，加之教辅人员比例较低，且没有“后备”人员，如果出现教师临时请假，很多学校就采取干部顶岗等措施，只能采取校内调节的办法。在对“在女教师休产假和哺乳期间，你所在的学校在师资上有哪些应对措施?”实际情况的调查中，66.89%的老师指出，“同学科其他教师分摊”是主要的做法；此外，外请其他学校老师(49.83%)、干部兼职的做法(39.59%)、返聘退休教师(32.76%)等的比例也超过了30%；还有个别学校采用了实习生顶岗(16.38%)和购买社会服务(18.77%)的方式。

在访谈中，一位小学校长表示：“理解女教师们的困难，也要面对这样客观的现实，如果女教师愿意要二孩，学校会祝福她们，如果出现多位女教师同时请假的情况，我觉得学校想要保障女教师安心休假，总会有办法的。”也有校长表示：“突然知道一开学有几位老师同时请假，非常头疼，只能紧急找老师，或者找即将毕业的研究生来代课，或者是找认识的退休老教师先顶一下，如果还是找不到，只能干部先顶上了。特别怕女教师来找我说这事儿。”在访谈中，也有校长、干部提到高龄教师或者有生育困难教师的问题：“有些老师，由于不孕不育的问题，需要经常请假跑医院，或者是直接休病假，我们也不能不支持，但真的没法安排工作。”

宏观政策的制定，也需要微观层面的调节。在校内采取的应对二孩政策的具体做法，很多学校是被迫选择，只有出现了，才会想如何解决，而缺少“制定预案”的准备，并且这些举措还有很多的变数，从学校教育的连续性和稳定性角度来看，的确不利于学生的学习与发展，因此有必要制定校内的“生育应急预案”以保证二孩教师突然增多对学校教育的冲击。

(三)缺失教师生育制度保障和人文关怀

在教师群体中，女教师不仅要面对工作上可能存在的性别问题，同时来自家庭的责任与负担也在二孩政策实施后被推到了风口浪尖，学校的相关保障措施却严重“滞后”甚至是缺失。在针对“全面二孩”政策实施之后的女教师生存状况的调查结果显示，从政策保障的角度来看，超过88.05%的教师认为应“给予回家的哺乳时间”，71.33%的教师认为应“减少课时”，49.49%的教师认为应“给予校内生育补贴”，48.46%的教师认为应给女教师“提供哺乳室”。这些“意向”反映了教师群体对“全面二孩”政策在实施过程中，应根据区域情况、学校情况出台相应的实施细则，以保证政策的落实情况。

在调查中，教师的生育福利还没有制度化，而是以“约定俗成”或者“隐性福利”的方式实施着。有学校领导如是说，“（给予回家的哺乳时间）这些情况在小学可能突出些，因为小学老师需要坐班，但在初高中，除了班主任，教师一般不坐班，因此学校也没有明文规定教师的作息时间，孕期和哺乳期的老师还是有一些‘隐性’福利的”。

校内的“生育排序”已经成为学校破解师资问题的“潜规则”。在访谈中，有校长指出：“有生产计划的老师往往会提前打招呼，不会安排班主任工作，老师们自觉性也很高，能够自己克服困难。另外，‘工会关爱’的形式比较普遍。在校内有一些闲置的办公室、休息室或者是心理咨询的小型会议室，哺乳期的老师可以利用那里。有生孩子的老师，学校领导都会去慰问，这些都是有的。”因此，基于教师群体的稳定和教师身心的发展，应该在此轮二孩政策的实施过程中，给予二孩教师群体特别的关注，已有的一些学校的做法值得推广。

四、学校应对与研究反思

（一）多种应急策略化解教师短缺危机

由于全面放开二孩政策的出台时间较短，学校面对突然多起来的生育教师，只能够采取一些应急策略，以解燃眉之急。但从政策分析的角度来看，这些策略具有很强的随意性，有些甚至是因人而异地采取措施，其目的就是应急。这一说法在访谈中，被老师、校长们多次提及。归纳起来，北京市一些学校采取的主要有以下举措：

1. 学校返聘教师或者延长退休期

在访谈中，某所学校采取了对已经退休的教师进行返聘的策略，以“从教 30 年”表彰、师带徒等形式留住老教师，甚至特别地延长特级教师的年限，一方面希望老教师能够发挥余热，带动学校整体师资素质的发展，另一方面也的确是因为师资不足而采取的措施。

2. 干部顶岗

这一方法是很多学校所采取的，有些学校甚至校长也要担任两个班级的授课任务，原本繁重的行政工作再加上教学工作，使得学校里的干部队伍更为疲惫，原本一些活动也因此无法开展，有校长这样说：“每学期开学最发愁的就是无人可排(课)，只有让干部们顶上，所以有些事情也不能再要求干部，保证上课最重要。”

3. 实习顶岗，储备新教师

大学师范专业的学生，在读期间都会有学生到学校去顶岗。以笔者所带的地理方向的研究生为例，就有两人因学校教师休产假而去顶岗，学校也多次表示，如果(教得)好，可以留下的意愿。有的新建校，由于编制富裕，先储备新教师做行政工作，以备不时之需。

4. 聘任代课教师

在访谈中，一位校长也提到："这样的方法来解决暂时性教师缺失的问题，但这样的代课教师流动性大，且并不能尽职尽责，也没有约束力，不是长久之计。"

5. 放宽校内教师编制，补充社会聘任教师

每年三月，都会有社会招聘的教师，但由于教师编制政策的制约，只能在民办校进行，体制内的学校很难实现。

6. 购买社会服务

还有一些学校，通过购买社会服务的方式，引入一些教师，特别是外籍教师，一方面用来补充英语的教学，另一方面，也一定程度上缓解了教师暂时性缺乏的问题。

7. 采取校际互助、储备、隐性政策等形式

有的集团、学区学校之间同时也采取"拆借"的方式，请集团内一些学校的老师到其他学校帮忙，这种暂时性的做法有效地解决了当前的困难。此外，一些区县教育部门提前储备教师(生育报备制度、区管校用等)，对校际的教师进行统筹等。还有一些"隐性"的校内政策，比如拉开一线教师与非教学岗教师的收入差距，生育指标排序即学校规定生育二胎教师的名额和排序，让符合条件的老师们轮候，以解决教师生孩子扎堆儿的问题。

由于二孩政策受益面的限定，因此不同年龄、性别的教师对此项政策的看法也存在差异。在访谈中，我们发现，很多年长的男教师对此政策没有反应，觉得"事不关己"，有些甚至觉得自己不需要考虑这样的问题。通过对多选项选择题的差异性检验，发现教师的性别、年龄在一些选项上的确存在显著性差异，这些差异反映了不同性别、不同年龄教师对"全面二孩"政策的理解存在不同的观点。

在应对措施上，教师所理解的解决方法则较为单一。"在女教师休产假和哺乳期间，你所在的学校在师资上有哪些应对措施?"在这一议题中，男女教师在"同学科其他老师分摊"一项存在显著差异，女教师认为同学科分担是更好的应对方式，而且更希望同事们给予"额外照顾"，这一人文需求在女教师身上的反映更加突出(见表 11-3)。

表 11-3　不同性别教师对“二孩”政策的看法差异

题目(选项)	性别	人数	均值	标准差	均方	F 值
如果你家符合政策要求，但不准备要二孩，你的个人原因可能有哪些？(工作压力大)	男	49	0.33	0.474	2.252	9.251**
	女	244	0.56	0.497		
在女教师休产假和哺乳期间，你所在的学校在师资上有哪些应对措施？(同学科其他老师分摊)	男	49	0.82	0.391	1.278	5.847*
	女	244	0.64	0.481		
在你校教师怀孕、生产和哺乳期间，同事们有何反应？(会额外照顾，例如日常生活帮忙)	男	49	0.47	0.504	1.236	5.276*
	女	244	0.64	0.480		

显著水平：* $p<0.05$；** $p<0.01$

在对城乡学校受到二孩政策影响所采取的策略差异性上，调查数据结果显示，城市学校更有条件选择“返聘退休教师”，而农村学校更倾向于“同学科其他老师分担”。在缺少师资的情况下，城市学校通过“外请其他学校教师”和“购买社会服务”的方式来解决，这在一定程度上反映了城乡学校办学师资条件上的差异。在学校生育福利方面，县镇学校通过“减少课时量”的方式保障女教师权利，而从人文关怀角度来看，农村学校教师之间的联系更多，更不可能不了解休产假老师的情况，但普遍没有采取更多的关心方式，这也在一定程度上反映了多数教师之间的交往仅限于工作关系(见表 11-4)。

表 11-4　学校实施“全面二孩”政策的城乡差异

题目(选项)	城乡	人数	均值	标准差	均方	F 值
在女教师休产假和哺乳期间，你所在的学校在师资上有哪些应对措施？(返聘退休教师)	城市	176	0.40	0.491	0.825	3.840*
	县镇	78	0.19	0.397		
	农村	37	0.27	0.450		
在女教师休产假和哺乳期间，你所在的学校在师资上有哪些应对措施？(同学科其他老师分摊)	城市	176	0.61	0.488	0.740	3.413*
	县镇	78	0.69	0.465		
	农村	37	0.86	0.347		
在女教师休产假和哺乳期间，你所在的学校在师资上有哪些应对措施？(外请其他学校教师)	城市	176	0.56	0.498	0.704	2.861*
	县镇	78	0.38	0.490		
	农村	37	0.49	0.507		

续表

题目(选项)	城乡	人数	均值	标准差	均方	F 值
在女教师休产假和哺乳期间，你所在的学校在师资上有哪些应对措施?(购买社会服务)	城市	176	0.24	0.431	0.495	3.313*
	县镇	78	0.09	0.288		
	农村	37	0.14	0.347		
你校在生育政策上有哪些福利?(减少课时量)	城市	176	0.38	0.486	0.706	2.946*
	县镇	78	0.55	0.501		
	农村	37	0.38	0.492		
在你校，教师怀孕、生产和哺乳期间，同事们有何反应?(完全不知道她的情况)	城市	176	0.06	0.243	0.188	2.866*
	县镇	78	0.05	0.222		
	农村	37	0.14	0.347		
在你校，教师怀孕、生产和哺乳期间，同事们有何反应?(没什么反应)	城市	176	0.20	0.405	0.793	4.415**
	县镇	78	0.24	0.432		
	农村	37	0.41	0.498		
在你校，教师怀孕、生产和哺乳期间，任教班级的学生、家长有何反应?(给老师一些慰问，例如写卡片、送小礼物)	城市	176	0.15	0.361	0.303	3.086*
	县镇	78	0.03	0.159		
	农村	37	0.11	0.315		

显著水平：* $p<0.05$；** $p<0.01$

在分析不同年龄段教师对学校所采取的策略上，问到“在女教师休产假和哺乳期间，你所在的学校在师资上有哪些应对措施?”教师们在两个选项上存在显著差异，一是返聘退休教师上，年龄高段的教师更倾向请老教师帮忙；二是干部兼职差异上，35岁—44岁中段教师更倾向于干部兼职这种解决策略。在给予女教师的支持上，青年教师(25岁以下、26岁—34岁)更希望“减少课时”以及“给予校内生育补贴”。而高段教师(45岁—55岁)更希望能够给生育女教师保持工资水平。这些建议恰恰反映了不同年龄段老师在看待这一问题上的实际需求，适龄老师更希望学校给予物质上的支持，以保证她们没有后顾之忧。在学校调研中，有一位已经怀孕“二孩”七个月的教师这样说出了她的无奈和希望：“我们学校有的老师一怀上就休了，学校也没办法，我自己的情况还好，还是正常上课，中午希望能歇一会儿，但也舍不得完全放下工作。”

（二）未来多子女教育问题凸显

中国历来有重视家庭的传统，多子多福一直以来被民间传统习俗所认同。随着人口政策的调整，独生子女时代凸显的“独”“自我为中心”等教育问题可能随着“全面二孩”政策的落地，已逐渐转变为家庭、学校必须面对的多子女教育问题。有学者认为，“二孩政策”为教养方式提供了新的机遇：“独生子女向多子女家庭变化必然带来新的教育需求，特别是群育和自我劳动能力。”“随着二胎社会到来，也会逐渐恢复传统家庭文化中朴实的伦常关系，长幼之分，仁爱之心，而不仅仅是基于权利的索取和理所应当。”①

教育观念的转变是一个普遍关注的社会问题，学校教育作为教育的主阵地，教师能否转变为多子女教育观念，其带来的影响至关重要。从调查数据来看，61.43％的教师认为“不一定”有改变，而21.84％的教师认为“一定会有改变”，还有16.73％的教师认为“不会有所改变”。这在一定侧面反映了教师们对多子女教育问题的不确定。

在访谈中，也有部分教师提及，二孩家庭会给家庭教育带来新的问题，“独生子女一代”的教师能否教育好“多子女一代”的学生成为新的教育问题。有校长指出：“八零后一代成了现在教师群体的新生力量，但他们身上所特有的自我、无视规矩、自傲、缺少团队意识等问题已经成为教师队伍发展需要破解的难题，而目前学校的管理层大多数是多子女的六零后一代，观念的冲突与不认同已经成了学校内部人际关系与治理的凸显问题，这也许同代际之间的家庭规模与结构的变化有关系。”因此，多子女的“六零后”一代生育的独生子女的“八零后一代”即将组建新的“一五后一代”的双子女家庭，以“四二二”形式出现的新家庭结构，在未来教育中是否会带来更加“骄纵的一代”“啃老的一代”或者是“分享的一代”“包容的一代”，也是未来需要面对的教育及社会问题。

综合来看，教师对“全面二孩”的理解，存在一定的滞后性，比如并未真正意识到学生规模的增长与身边二孩教师的增多可能带来的新问题、新挑战，而周边的二孩家庭和学校内部的管理、教育教学均可能受到一定的影响，特别是女教师，目前还是被忽略的受影响群体，需要给予女教师更多的关注，而即将在六年之后迎来的二孩入学则可能给学校教育的理念和方法带来挑战，就目前对教师而言，尚无明确应对的举措，期望这一调查

① 郑新蓉：《“二胎政策”引发新教育生机》，《中国德育》，2015年第8期，第6页。

结果能够唤醒学校、教师的多子女教育意识。

(三)学校应做好二孩时代制度保障

对于即将到来的教师生育潮，无论是“一孩”还是“二孩”，从全国范围来看，一些学校已经采取了保障措施。例如，浙江省杭州市某中学就为女教师准备了母婴室，里面冰箱、微波炉、靠背椅、婴儿床、玩具垫应有尽有。据悉，这是为了休完产假但还在哺乳期的女教师们准备的，有了婴儿床，老师们甚至可以把宝宝带到单位照看。① 在实际调研中，北京只有一所城区的学校为老师提供了哺乳室，多数学校并没有相应的制度出台。

“你校在生育政策上有哪些福利?”在此次调研的这一问项中，老师们反映了同样的心声，有41.98%的老师提到学校会减少课时量，有35%以上的教师提到了“给予孕期的病假”“暂时性转岗”等生育上的照顾，还有一些建议是“孕期、产后的看望慰问”“保持工资水平”“给予生育补贴”“产假延长”等人文关怀，也有21.16%的教师反映“没有福利”。当前，对于教育部门尚未出台的二孩教师政策，学校尚未采取行动也是不争的事实。

(四)二孩时代需要更多人文关怀

全面二孩必将引起社会的深层变革，这不仅仅体现在学生数量的增长、学校数量的增长，更体现在学校对二孩时代的教育改变，以及对二孩家庭的关注，甚至也包括二孩教师。除了硬性的学校规章制度，教师普遍认为软环境的关怀对老师的影响更大。“在你校，教师怀孕、生产和哺乳期间，同事们有何反应?”在此项调查中，61.43%的教师提到“会额外照顾(例如日常生活帮忙)”；44.37%的教师提到“分担教学工作(例如替她上课或批改作业)”。24.57%的教师认为会给老师一些慰问品，还有24.57%的老师没有什么反应，甚至有7.17%的教师完全不知道同事的情况。这些关怀让“二孩”女老师们少了更多的顾虑和担忧，也构建了良好的学校组织氛围。

但遗憾的是，目前的社会、家长并未意识到二孩时代会面临更多的教育问题。“在你校，教师怀孕、生产和哺乳期间，任教班级的学生、家长有何反应?”针对此调查，48.46%的教师认为家长和学生对女教师“没什么

---

① 张娟：《中小学女教师迎二孩或影响教学　校长压力大》，http：//news.youth.cn/jy/201511/t20151116_7314565.htm，2015年11月16日。

反应”，也部分地印证了女教师在做出二孩决策考虑到家长和学生时的顾虑，39.25%的教师认为学生会特别照顾老师。在调研中，有校长反映，有老师因为怀孕，家长向校长集体请愿，希望调换班主任的事情。可见，家庭、社会、媒体等并没将其纳入视野之中。

“全面二孩”政策带来“二孩时代”学校治理的深层变革。二孩政策下，学校不仅面临着扩容、增加数量、班级扩容、资源不足、师资紧张等问题；学校内部更面临治理组织结构的调整，教育理念与方式方法的改变，学校需要更多的“流动型”教师，以应对生育期间教师的暂时性缺编；面临教师年龄结构的整体调整，在延长教师工作年限的预期下，有计划地安排二孩教师进行继续教育或者暂时性转岗都可能是未来的选择；面临对二孩时代的多子女教育问题，面临全社会对教师群体特殊关爱的制度与福利，给予二孩时代的教师应有的尊重和尊严，这是一个涉及学校治理、国家治理深层的变革问题，的确有待深入研究。

（杨光）

北京市基础教育 2016 年大事记

2016 年 1 月 9 日，北京市委教育工委常务副书记张雪，北京市委教育工委副书记韩俊兰，北京市教委委员李奕来到北京中科航天人才开发交流中心和北京工商大学，调研考察初中开放性科学实践活动，在京培训的河北省邯郸市 40 多位教育系统干部、校长一同参加互动。

2016 年 1 月 14 日，北京市委教育工委副书记、市政府教育督导室主任唐立军同志带队，先后到天通苑小学和海淀培智中心学校开展联系活动，与两校领导和教师代表座谈，实地考察了办公楼、操场、教室等办学条件，深入了解学校期末及假期各项工作安排。市教育机关干部联系中小学工作第四联系组部分同志参加了调研活动。

2016 年 1 月 21 日，由北京市教委、首都文明办、团市委、北京市志愿服务联合会联合主办的“体验公益快乐寒假 志愿家庭情暖新春”家庭志愿服务活动启动仪式在北京市朝阳师范学校附属小学举行。朝阳区中小学师生、志愿家庭和优秀志愿者代表约 350 人参加活动。

2016 年 1 月 24 日，北京市教委主任线联平在市“两会”期间来到北京城市广播“市民对话一把手”栏目，围绕首都教育公平优质发展主题与市民进行深入交流。线主任介绍了一年来持续深化教育领域综合改革方面的主要做法和取得的成效，针对广大市民关注的 2016 年义务教育阶段入学政策、中高考改革、空气重污染天气、教室空气质量改善、社会开放性科学实践活动等话题，与听众通过电话、短信和微访谈等方式进行了广泛沟通。

2016 年 1 月 25 日，由北京市教育委员会、北京市体育局主办，北京学生活动管理中心承办的 2016 年北京市青少年校园足球后备人才梯队建设足球冬训营在中科阳光足球基地正式开营。

2016 年 1 月 25 日至 29 日，2016—2017 学年度北京市百万青少年“迎冬奥”系列活动冬奥小使者冰雪嘉年华举行。活动由北京市教育委员会、北京市体育局、北京奥运城市发展促进会共同主办，来自 9 个区近 1500 余名小学生参与了本次冰雪体验活动。

2016 年 3 月 7 日至 10 日，北京市责任督学挂牌督导创新区筹备工作领导小组组长、市委教育工委副书记、市政府教育督导室主任唐立军带队对朝阳区等五个申报全国中小学责任督学挂牌督导创新区筹备工作情况进行了视导。市工作领导小组副组长、市政府教育督导室副主任关国珍、冯义国及市政府教育督导室和市教委相关处室参加视导。

2016 年 3 月 21 日，北京市教育机关干部联系中小学校工作领导小组召开 2016 年联系工作部署会议。市委教育工委副书记、市政府教育督导室主任唐立军出席会议，18 个联系组副组长、联络员参加会议。

2016 年 3 月 24 日至 25 日，国务院督导委员会办公室组织专家对我市朝阳区、海淀区、顺义区、大兴区、怀柔区等 5 个区进行国家级责任督学挂牌督导创新区核查，并召开全国推进会。评估工作组专家以及全国各省市教育部门、教育督导部门负责同志近 100 人来京参加实地核查和观摩活动。此次活动既是对我市中小学责任督学挂牌督导工作的全面检查，又是基础教育综合改革和北京教育督导工作的全面展示。

2016 年 3 月 25 日，全国中小学校责任督学挂牌督导创新县(市、区)工作推进会在京召开。会议总结交流了北京市及上海虹口、辽宁大连、江苏南京、湖南长沙、重庆巴南中小学校责任督学挂牌督导创新工作的经验和做法，对进一步深化教育督导创新，推进工作质量水平提升做了部署。教育部副部长、总督学刘利民出席会议并讲话。北京市副市长王宁出席会议。

2016 年 4 月 5 日，北京市教委“外教参与中小学英语教学改革项目”在北京第二实验小学举办培训活动，由北京语言大学邀请美国新泽西地区公立学校外语教学督学，北京语言大学资深语言教学顾问 Janice L Dowd(陶洁琳)博士，开展小学四年级英语公开课的示范教学，并举办了题为《浅析中小学英语教学法》的讲座，近 200 名项目学校的中外籍英语教师，市、区教委、高校等相关单位项目负责人参加了活动。

2016 年 4 月 8 日，北京市义务教育质量监测工作领导小组召开北京市 2016 年落实国家义务教育质量监测工作动员部署会，北京市义务教育质量监测工作领导小组组长、市委教育工委副书记、市政府教育督导室主任唐立军，常务副组长、北京市政府教育督导室副主任关国珍出席了此次会议。来自于北京市东城区、延庆区、密云区、平谷区、西城区、大兴区、顺义区、通州区、石景山区和房山区等 10 个区及燕山地区的教委及督导室主管义务教育监测工作的领导和相关科室的同志及市教委基教一处、基教二处、体卫艺处、督导评价研究中心和评估与监测处的相关同志共计 90 余人参加了会议。

2016 年 4 月 11 日，由教育部、青岛市人民政府共同主办的全国第五届中小学生艺术展演活动现场展演开幕式在青岛国信钻石体育馆隆重举行。教育部副部长郝平，山东省委常委、青岛市委书记李群，山东省副省长王随莲，青岛市委副书记、市长张新起，教育部体卫艺司司长王登峰等出席开幕式。中国人民大学附属中学作为北京市参演学校代表参加了开幕式演出。

2016 年 4 月 12 日，北京市政府教育督导室召开会议，对北京市中小学办学情况督导调研工作进行部署。市委教育工委副书记、市政府教育督导室主任唐立军同志出席会议并讲话。市教委基础教育一处、基础教育二处、人事处、基本建设处、学校后勤处、市技术装备中心和部分市政府督学参加了会议。会议由市政府教育督导室副主任刘莉同志主持。

2016 年 4 月 13 日，北京市委教育工委副书记、市政府教育督导室主任唐立军同志和市教育机关干部联系中小学工作第八联系组部分成员到昌平区十三陵中心小学和史各庄中心小学开展联系活动，与两校领导和教师代表座谈，实地考察了办公楼、教室、操场等办学设施，深入了解了学校办学条件、教学教研、师资队伍建设等情况。

2016 年 4 月 26 日，北京市第三批中小学学校文化建设示范校创建展示交流会在房山区北潞园学校举行，此次活动旨在深入推进北京市第三批学校文化建设示范校创建活动，展示交流区域创建经验和成果。北京市教委、北京教育学院、全市各区教委负责同志、参与第三批示范校创建活动学校校长及房山区中小学校长、家长代表等约 500 人参加活动。

2016 年 4 月 26 日，北京市教委召开义务教育阶段入学政策培训会，市教委副主任付志峰出席会议并讲话，基教二处、教育网络和信息中心负责同志进行了政策解读和培训。各区教委招生办公室主任、中小学教科科长以及部分学校校长代表 300 余人参加了培训。

2016 年 5 月 3 日，为贯彻落实中央、市委市政府领导批示精神，北京市教委委员王定东同志召开全市中小学校园餐饮工作会议。各区教委主管校园餐饮工作的副主任和主管科室主要负责同志、市教委学校后勤处及学校后勤事务中心有关负责同志参加了会议。

2016 年 5 月 6 日，北京市委教育工委副书记、市政府教育督导室主任唐立军同志和市教育机关干部联系中小学工作第四、第八联系组部分成员到昌平区中国石油大学附属小学开展联系活动，参观了学生诗词书画作品，参加了“潜心引读万卷书，翰墨点亮人生路”——丰志奎阅读指导经验展示交流活动。

2016 年 5 月 11 日，北京市教委主任线联平赴大兴区视察了榆垡镇第一中心小学和榆垡镇中学，就农村中小学师资队伍建设等工作进行调研。

2016年5月26日，按照教育部统一部署，北京市西城区、东城区、延庆区、平谷区、大兴区、顺义区、通州区、石景山区、密云区和房山区（含燕山地区）等10个区的121所小学、82所中学，共计203所（其中，民办校7所，打工子弟学校6所，九年一贯制学校23所）学校的6000多名学生参加了全国义务教育阶段学生语文、艺术学习质量监测的现场测试。市委教育工委副书记、市政府教育督导室主任唐立军、市教委副主任付志峰、李奕，市政府教育督导室副主任刘莉、关国珍、冯义国等领导分赴10个区巡视现场测试工作，及时处理现场突发事件，确保现场测试规范有序。

2016年4月18日至5月27日，北京市人民政府教育督导室和北京市教育委员会联合开展了北京市中小学办学情况督导调研。调研组在市委教育工委副书记、市政府教育督导室主任唐立军同志带领下，对全市16个区（含燕山地区办事处）中小学办学情况进行了实地调研。

2016年5月16日至27日，北京市教委联合市政府教育督导室开展减负工作专项检查督导。此次督导主要检查区教委和学校落实《关于切实减轻中小学生过重课业负担的通知》（京教基一〔2013〕2号）和《关于进一步规范义务教育阶段教学行为的意见》（京教基一〔2014〕4号）两个文件规定的有关情况。

2016年5月27日，北京市教委、北师大在北京二十中礼堂，联合召开全市中小学校园阅读促进与推广项目启动会，来自市教委、北师大、各区教委、项目学校的负责人，以及教育专家、儿童文学作家、教育新闻媒体代表共400余人参加了会议。

2016年5月27日，在中国农业科学院附属小学来自全市21所海洋意识教育基地学校以及农科院附小的700多名学生，在这里参加了“北京市学生海洋科技嘉年华”活动。这是北京首次举办“海洋科技嘉年华”，活动的举办，预示着2016北京学生海洋意识教育主题系列活动正式启动。

2016年5月31日，北京市委教育工委、市教委在史家小学举办“零米粒，我们在行动”主题教育活动启动仪式。副市长王宁、市委教育工委常务副书记张雪等领导同志及500余名学生和教师代表参加活动。

2016年6月2日至3日，由国务院教育督导委员会办公室、北京市教育委员会、北京市人民政府教育督导室联合举办的北京2016教育督导与评价研讨会上，来自全国31个省市自治区的200余位专家、学者、官员以及督导工作者，围绕“教育管办评分离与督导评价”这一主题，进行深度研讨和交流。

2016年6月3日，京津冀三地在京签署教育督导协作机制框架协议，教育部副部长、国家总督学刘利民，北京市人民政府副市长王宁，以及三地部分教育部门和教育督导部门负责人出席签字仪式，会议由北京市人民政府教育督导室主任唐立军主持。

2016 年 6 月 7 日，首都师范大学协同天津师范大学、河北大学、河北师范大学等京津冀三地高校与科研机构，在首都师范大学举行“京津冀教育协同发展研究院”成立仪式，并召开“高校支持附属学校建设机制创新”专题论坛。来自京津冀三地高校和科研院所的专家学者，北京市有关区教委及中小学校长共计 200 余人参加了成立仪式和论坛，北京市委教育工委副书记韩俊兰出席活动。

2016 年 6 月 16 日，北京市第三批中小学学校文化建设示范校创建展示交流活动走进昌平区首都师范大学附属回龙观育新学校，此次活动是继 4 月份走进房山之后的第二次走进区县活动，活动旨在继续深入推进北京市第三批学校文化建设示范校创建工作，展示交流区域创建成果和做法。北京市教委、北京教育学院、昌平区教委的领导出席活动。全市各区教委负责同志、第三批学校文化建设示范校创建活动学校校长及昌平区中小学校长约 300 人参加活动。

2016 年 6 月 17 日，国家教育部副部长刘利民、市委副书记、市委教育工委书记苟仲文到北京农业职业学院调研北京市初中学生学农教育工作。教育部基础教育一司副司长俞伟跃、职业与成人教育司副巡视员谢俐、市教委副主任付志峰等领导以及教育部、市委教育工委、市教委、市农委、北京农业职业学院、西城区教委有关部门负责同志陪同调研。

2016 年 6 月 22 日，为落实中办、国办关于《做好新时期教育对外开放工作的若干意见》，北京市教委组织 20 所中小学的校长及外事负责人召开了中小学外事工作调研座谈会，听取各单位推动落实《做好新时期教育对外开放工作的若干意见》的意见建议。

2016 年 7 月 1 日，北京市教育机关干部联系中小学校工作领导小组办公室召开工作会议，总结上半年联系学校工作，部署下一阶段工作任务。领导小组副组长，市委教育工委副书记、市政府教育督导室主任唐立军出席会议并讲话，18 个联系组副组长参加会议。

2016 年 7 月 5 日至 6 日，北京市人民政府教育督导室组织召开了北京市中小学教师队伍建设和办学条件装备情况的专题座谈会。市委教育工委副书记、市政府教育督导室主任唐立军同志出席会议并讲话。各区教委主管人事、条件装备工作的主任和部门负责人参加了座谈会。会议由市政府教育督导室副主任刘莉同志主持。

2016 年 7 月 7 日，北京市教委召开北京市初中学生综合素质评价工作培训和部署会。市教委副主任付志峰出席会议并做动员讲话。区教委有关科室负责人、区教科研部门、区教育信息部门有关人员以及全市初中学校校长600余人参加了会议。

2016年7月8日，北京市委教工委、市教委组织召开了全市深入推进中小学幼儿园节俭养德节约行动工作部署会议，会议围绕全面贯彻落实习近平总书记重要批示精神，进一步分析形势，交流经验，查找问题，研究部署下一步工作，在全市中小学和幼儿园中深入推进节俭养德节约行动，切实加强和改进校园餐饮供给和节俭养德教育。

2016年7月11日，北京市教委、首都文明办、北京市志愿服务指导中心在北京光明小学共同举行了北京市中小学生暑期“志愿家庭”服务活动启动仪式，东城区400余名师生代表参加了活动。

2016年7月16日，“热爱祖国，感受北京”2016年新疆和田中小学生民族团结北京夏令营在北京市盲人学校正式开营。市教委副主任李奕，市援疆和田指挥部副指挥王想平，市支援合作办、新疆和田驻京联络处、北京学生活动管理中心、北京市盲人学校等有关负责同志以及来自新疆和田地区的190名中小学师生出席。

2016年8月29日，北京市政府教育督导室组织召开《学校督导规程》编制顾问咨询会。市委教育工委副书记、市政府教育督导室主任唐立军，市政府教育督导室副主任关国珍出席会议。北京开放大学校长黄先开、首都师范大学副校长孟繁华、北京师范大学职成教研究所所长赵志群、北京师范大学教育学部部长石中英、北京十一学校校长李希贵、原丰台教委主任张立新等六位专家作为《规程》编制项目组顾问应邀出席会议，《规程》编制项目组主要成员也参加了会议。会议由市政府教育督导室副主任关国珍主持。

2016年9月7日，北京市委教育工委副书记、市政府教育督导室主任唐立军，市政府教育督导室副主任关国珍带领综合处和评估监测处人员到北京教育考试院，就北京市中小学生学业质量监测工作的委托项目开展调研，考试院副院长臧铁军及科研办相关人员参加座谈。

2016年9月8日，在第32个教师节即将到来，北京市委书记郭金龙与首都优秀教师代表座谈，听取大家对首都教育工作的意见建议。他勉励广大教师，胸怀大局、志存高远、不忘初心、潜心育人，不断提高教育教学质量，努力成为学生爱戴、家长放心、人民满意的好教师，为首都建设和发展做出新的更大贡献。北京市委副书记、市长王安顺主持座谈会。

2016年9月8日，2016年北京市督学大讲堂(第二讲)在北京教育学院顺利举行。北京市委教育工委副书记、市政府教育督导室主任唐立军做了题为“坚持改革创新，为首都教育改革发展保驾护航”的专题讲座。全市16个区和燕山地区的教育督导室主任和副主任、专职和兼职督学共计400余人参加了报告会。市政府教育督导室副主任刘莉及市政府教育督导室相关同志出席了报告会。报告会由北京教育学院院长何劲松主持。

2016年9月9日，首届“文学托起梦想·北京市中小学教师原创文学征文活动”评选结果揭晓。活动旨在贯彻落实习近平总书记文艺工作座谈会重要讲话精神，落实全国少儿出版工作座谈会精神，挖掘少儿文学创作资源，促进基础教育、文学创作双丰收。征文活动于2015年9月启动，2016年2月底征稿结束，共征集小说、散文、诗歌、童话等作品3896篇，全市16个区的中小学校均有参与。

2016年9月9日，在第32个教师节来临之际，中共中央总书记、国家主席、中央军委主席习近平来到北京市八一学校，看望慰问师生，向全国广大教师和教育工作者致以节日祝贺和诚挚问候。在与师生代表座谈时，习近平强调，基础教育在国民教育体系中处于基础性、先导性地位，必须把握好定位，全面贯彻落实党的教育方针，从多方面采取措施，努力把我国基础教育越办越好。

2016年9月14日，首都教育系统召开学习贯彻习近平总书记教师节重要讲话精神座谈会，副市长王宁出席。60余位来自区教委、教科院、中小学校、幼儿园、特殊教育中心的教育工作者，从不同角度交流了学习习近平总书记讲话精神的心得体会和下一阶段的工作思路。

2016年9月23日，北京市教育机关干部联系中小学校工作领导小组办公室组织召开工作例会，总结秋季开学检查工作，沟通情况，查摆问题，部署下一阶段工作任务。会议由领导小组副组长，市委教育工委副书记、北京市人民政府教育督导室主任唐立军主持，18个联系组副组长参加会议。

2016年10月11日，北京市教委委员会主任刘宇辉一行18人，赴亦庄经济技术开发区参加市政府12345热线“听民意 解民忧”接听活动，现场听取群众意见，解答市民咨询，受理群众诉求。市教委副主任李奕、有关处室负责人陪同参加接听活动。

2016年10月11日，北京市中小学名师发展工程第二批结业典礼暨第四批启动大会在北京外国语大学阿语楼国际学术会堂顺利举行。北京市教育委员会副主任李奕、北京外国语大学副校长孙有中、北京教育科学研究院副院长张军出席会议。各区教委人事科长、名师培养基地负责人、导师代表和第二、第四批名师培养对象参加了大会。会议由北京市教委师资管理办公室主任、人事处副处长李海燕主持。第二批结业学员代表东城区教师研修中心小学英语教研员江萍、第四批名师培养对象代表西城区育民小学语文教师庄婕、导师代表北京师范大学教育学部部长助理王磊教授、培养基地代表首都师范大学基础教育发展研究院常务副院长张景斌教授在会上分别做了发言。

2016 年 10 月 14 日，应首师大基教院邀请，当代著名心理学家、教育学家林崇德先生作为基础教育大讲堂主讲嘉宾做了题为“学生发展的核心素养”的报告。来自北京市中小学名师发展工程项目、特级教师研修项目工作室学员、首师大附属学校合作共同体成员校、教师教育合作共同体教师发展学校成员以及首师大师生约 400 余人到会。讲座由首师大基教院常务副院长张景斌主持。

2016 年 10 月 17 日，北京市政府教育督导室组织召开 2016 年中小学校责任督学挂牌督导创新区评估认定申报报告陈述会，正式启动北京市第二批中小学校责任督学挂牌督导创新区评估认定工作。市委教育工委副书记、市政府教育督导室主任唐立军、市政府教育督导室副主任关国珍、市教委委员冯洪荣出席会议，市教委、市督导室相关部门、市创新区评估评定专家组专家、六个申报区教育督导室主任及相关部门负责人参加了陈述会，会议由市政府教育督导室副主任关国珍主持。

2016 年 10 月 20 日，由北京市委宣传部、市教委、市新闻出版广电局、团市委联合主办的北京中小学校阅读联盟成立大会暨启动仪式，在北京市第二十中学主校区举行。全国政协委员、韬奋基金会理事长聂震宁、市教委委员冯洪荣、市新闻出版广电局副局长胡东等领导出席大会。同时，来自北京市 100 余所中小学校的代表参会并成为首批联盟会员单位。

2016 年 10 月 23 日，中共北京市委宣传部、中共北京市委教育工委、北京市教育委员会、北京市文联共同举行了“文学托起梦想 · 北京市中小学教师原创文学征文”颁奖暨北京教师作家协会揭牌仪式。

2016 年 11 月 3 日，北京市中小学社会主义核心价值观教育成果展示交流活动在北京市第十二中学召开。大会由市教委委员冯洪荣同志主持，市委教育工委副书记张雪同志出席会议并讲话。全市各区教委主管领导、科室负责同志及中小学校长代表 500 余人参加会议。

2016 年 11 月 9 日，北京市教委召开“北京市中小学教师开放型教学实践活动中期总结、中学教师开放型在线辅导计划试点启动、北京市教师管理信息系统启用工作”动员部署会。市教委副主任李奕同志出席会议并讲话。

2016 年 11 月 16 日，北京市扩大优质教育资源改革工作总结推进会在北京会议中心顺利召开。会议全面总结近三年来全市扩大优质教育资源改革的工作成效，展示交流经验做法，动员部署下一阶段扩优改革工作。市教委副主任付志峰同志出席会议并讲话。市财政局、市外专局等有关部门负责同志，全市16个区的区教委主管主任、有关科室负责人、市与区两级教科研部门负责人、各有关高校主管领导、各项目中小学校长和中外教师、民办教育机构项目负责人400余人参加会议。

2016年11月18日，北京市教委主任刘宇辉主持召开会议，就规范基础教育阶段引进课程和使用教材的管理、进一步加强社会主义核心价值观教育等问题进行专题研究。

2016年11月18日至19日，由首都师范大学、北京市教育学会联合主办，首师大首都基础教育发展研究院、北京市教委基教一处承办的“全国基础教育学校治理创新论坛”顺利召开。北京市教育学会副会长唐亦勤，首师大校长宫辉力、副校长孟繁华出席了会议。来自北京大学、北京师范大学、华东师范大学、东北师范大学等高校研究者和全国9个省市教育局教委领导近120人参加了会议。

2016年11月23日，北京市教委召开2015—2016学年度基础教育课程改革总结交流会。会议以“关注新中高考，深化课程改革”为主题，系统总结了全市2015—2016学年课改重要成果，全面部署了2016—2017学年工作。市、区教育行政部门、教育督导部门、教科研部门负责人以及中小学校长和教师代表约500人参加会议。

2016年11月26日，北京学生特色科技活动展示暨第34届北京学生科技节闭幕式在北京工业大学奥林匹克体育馆隆重举行。市政府教育督导室主任唐立军为获得第八届北京市中小学生科学建议奖的学生颁发了荣誉证书，市科协副主席刘晓勘为获得北京学生科技节优秀组织奖的区颁发奖牌。

2016年12月1日，北京市委教育工委、市教委在北京会议中心召开“北京市中小学干部教师培训工作会议”。会议由市委教育工委陈江华委员主持；市委教育工委常务副书记张雪宣读了市委教育工委、市教委《关于对“十二五”时期中小学干部教师培训工作成绩突出的集体和个人进行通报表扬的决定》。市委教育工委委员、市教委副主任李奕对“十三五”时期北京市中小学干部教师培训工作做了动员部署，市委教育工委副书记、市教委主任刘宇辉发表了“扎实做好干部教师培训工作，促进干部教师专业发展”的讲话。市教委相关处室和机构负责人、各区教工委、教委主要领导和分管领导，各区教工委组织科（组干科）科长，教委人事科科长、干部教师培训（研修）机构院（校）长、分管领导和部门负责人200余人参加了会议。

2016年12月1日，北京市教育学会小学教育研究分会召开第二届理事会会员代表大会。市教委委员冯洪荣出席大会并讲话，各区教委小学主管主任和第二届理事会会员 400 余人参加。

2016 年 12 月 2 日，首师大基教院与密云区教委联合举办了回归教育本真，探索学校发展新路向的“学校发展提升工程项目”总结大会。首师大副校长孟繁华、北京教育学院副院长汤丰林、密云区教工委书记张文亮、密云区教委主任杨华利，首师大基教院副院长王海燕及项目专家团队、首师大附校合作共同体以及区域教育合作项目学校干部教师代表、顺义区教师培训机构领导，密云区教委相关科室负责人、各中小学干部教师等近 200 余人到会。会议由密云区教委副主任王学军主持。

2016 年 12 月 15 日，北京市教委召开北京市第三批中小学学校文化建设示范校创建活动总结暨“激发文化原力 提升办学品质”主题研讨交流会。来自各区教育行政部门的负责同志以及全市 250 余所中小学的校长参加会议。

2016 年 12 月 20 日，北京市教委在平谷区组织召开 2016 年北京市中小学校园安全工作会暨校园欺凌整治工作部署会，市教委委员王定东同志，首都综治办、市公安局、市卫计委、市食药局相关负责同志，市教委学校后勤处等相关处室，各区教委有关领导及科室负责人参会。

2016 年 12 月 25 日，第二届京津冀中学生辩论赛决赛暨颁奖仪式在北京师范大学附属实验中学举行。北京市教委市语委副主任李奕、团中央社会联络部副部长王婷、北京市语委办公室主任贺宏志、西城区教育督导室主任赵蓬欣等领导出席活动。中国青年政治学院教授刘卫兵、中央电视台主持人徐卓阳、中国经济网评论部主任李淼等专家担任评委。京津冀三地参赛师生 150 余人参与了活动。

后 记

《首都基础教育发展报告·2016》由首都师范大学首都基础教育发展研究院组织撰写，力图反应北京市2016年度基础教育发展的重要方面与热点问题，但由于我们的观察视角和研究兴趣，也由于篇幅所限，面对众多的领域与热点，我们只能有所选择。

本报告经集体讨论确定撰写专题，张景斌主持了本报告的撰写组织工作。张景斌、刘晓玫、王海燕、苏尚锋、张彬福分别审读各专题书稿并提出了具体修改意见，对部分章节做了认真修改。

各专题的撰写者：专题一，杨朝晖、王志明；专题二，徐月、肖静；专题三和专题八，黄燕宁、刘晓玫；专题四，王海燕；专题五和专题十一，杨光；专题六，卢慕稚、黄鸣春；专题七，汪明；专题九，张景斌、党姗、辛晴；专题十，苏尚峰、王维维。陈妮娜负责大事记的撰写和最终稿件的编排工作。

在撰写本调研报告和资料收集的过程中，得到了北京市教育委员会与北京市教育科学研究院等单位和区县教育管理部门的领导和专家、大学专家、中小学一线教师和学校领导、学生和学生家长的热情支持与帮助。首都师范大学出版社对本书的出版给予了大力支持。在本书付梓之际，我们谨表诚挚的谢意。

尽管本报告在撰写过程中进行了多次修改，但鉴于我们的水平有限、掌握的资料还不甚全面，加之对所及资料的取舍和问题的思考受到执笔者个人视角的制约，不妥之处欢迎读者予以批评指正。

编　者

2017年3月